Tobias Steinbrück

Friedfisch FIEBER

Modern angeln auf Karpfen, Schleie, Brasse und Co.

Müller Rüschlikon

Einbandgestaltung: R2 I Ravenstein, Verden

Titelfoto: Mario Hochhaus / Erfurt

Bildnachweis: **Alan Blair** (11 Fotos), **Simon Crow** (7 Fotos), **David Frechou** (1 Foto), **Ronny de Groote** (8 Fotos), **Christian Henneberg** (1 Foto), **Mario Hochhaus** (2 Fotos), **Steven Höhne** (1 Foto), **Reiko Jung** (3 Fotos), **Felix Kaczmarek** (6 Fotos), **Daniel Konopatzki** (3 Fotos), **Nils Oetjen** (1 Foto), **Jan Pirzkall** (1 Foto), **Thomas Rechenbach** (3 Fotos), **Markus Schocker** (2 Fotos), **Jens Scholz** (2 Fotos), **Tobias Steinbrück** (104 Fotos), **Kay Synwoldt** (8 Fotos), **Klaus Trautmann** (1 Foto), **Thomas Ursinus** (1 Foto), **Marc Voosen** (12 Fotos), **Mario Winter** (3 Fotos), **Jens Wolber** (1 Foto)

ISBN 978-3-275-02175-8

Postfach 103743, 70032 Stuttgart
Ein Unternehmen der Paul Pietsch Verlage GmbH & Co. KG

1. Auflage 2019

Sie finden uns im Internet unter www.mueller-rueschlikon-verlag.de

Gesamtleitung: Claudia König
Lektorat: Gregor Bradler
Innengestaltung: R2 I Ravenstein, Verden
Druck und Bindung: Graspo CZ, 76302 Zlin
Printed in Czech Republic

INHALT

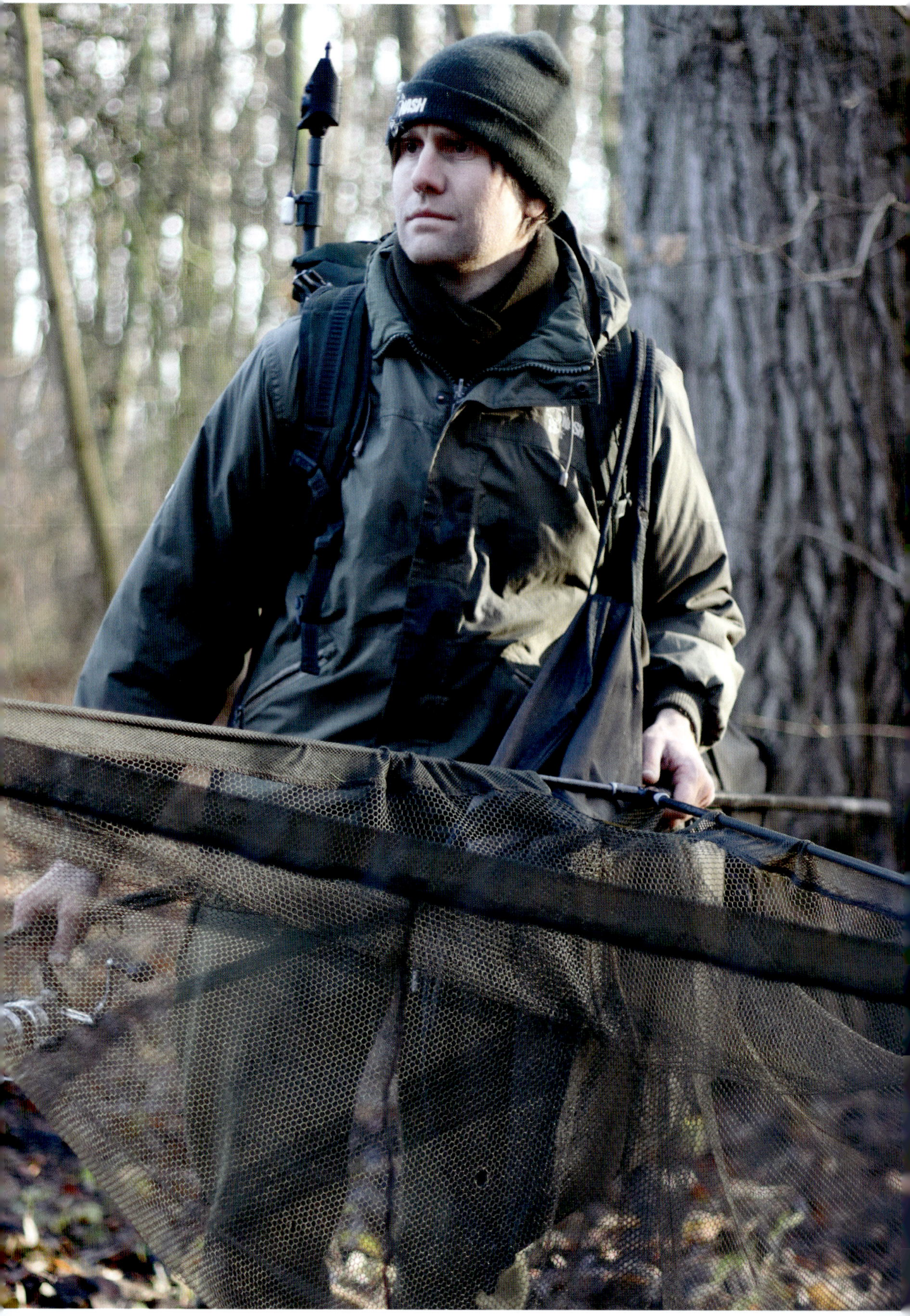
NASH

VORWORT

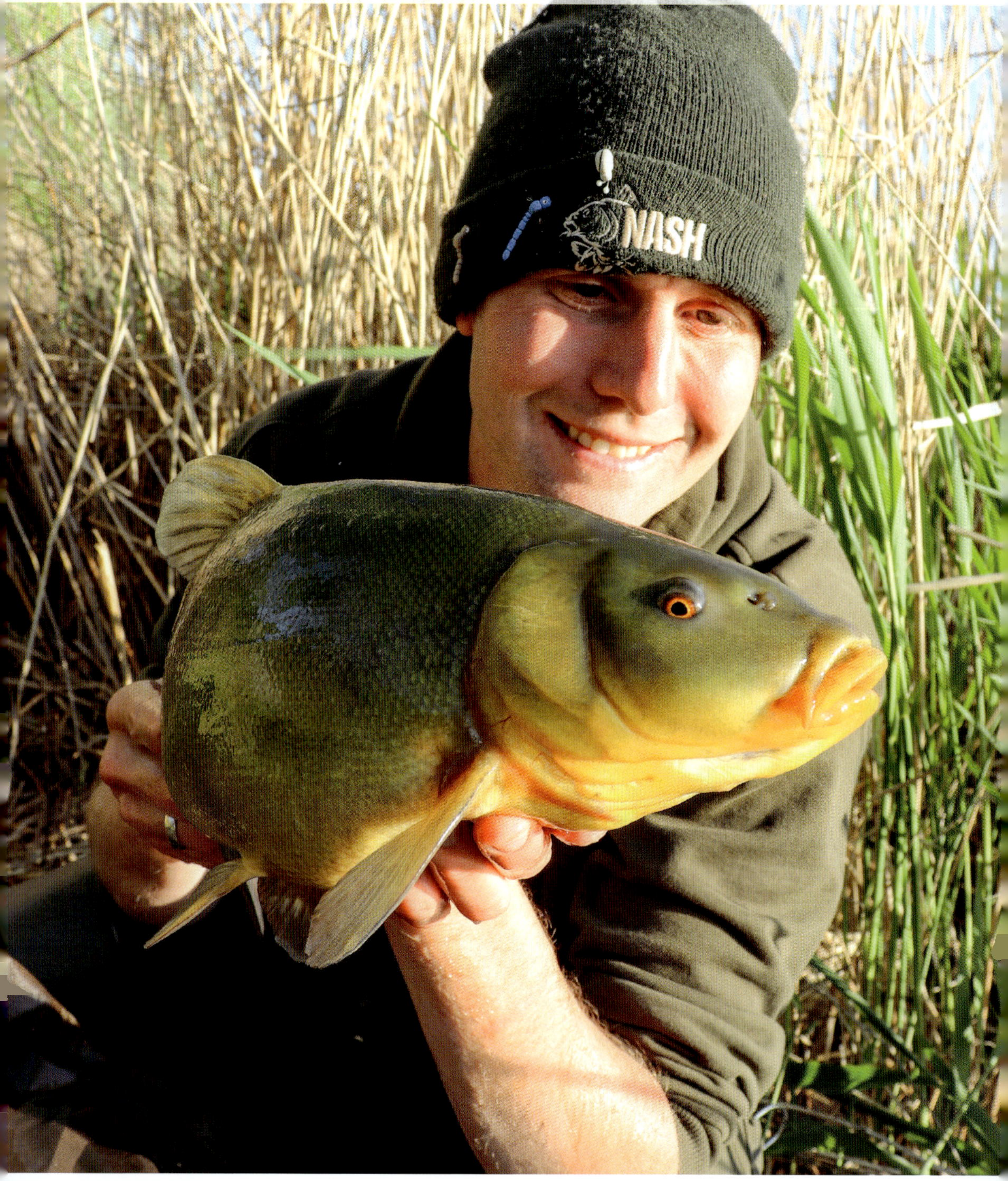

Es ist halb zwei. Früh am Morgen also, nein, mitten in der Nacht. Wir haben Ende September, draußen klopft der Herbst an. So richtig, mit Sturmböen, durchsetzt mit Schauern. An der Fensterscheibe schießen die Regentropfen nach unten, als wollten sie ein Wettrennen veranstalten. Der Herbst, dieser Rabauke, er gibt sich alle Mühe, mich, den Karpfenangler, nach draußen zu locken. In diesem Moment werde ich schwach. Bei solch einem perfekten Fangwetter muss ich raus, raus an einen der Baggerseen oder an die Unstrut, die sich durch meine Heimat Thüringen schlängelt. So stehe ich hinter dem Fenster und starre in die Nacht, voller Sehnsucht.

Eben erst bin ich von einer Party heim gekommen. Partys sind eigentlich nicht mein Ding, ich fühle mich da fehl am Platz. Lieber Natur, Ruhe, Abgeschiedenheit als viele Menschen, belangloser Smalltalk und laute Musik. Aber selbst auf Partys scheint es stets mindestens einen Angler zu geben. So war es auch diesmal. Ein Spinnangler war da, ein echter Fanatiker. Mit viel Hingabe erzählte er mir vom Texas-Rig, vom Carolina-Rig, vom Drop Shot-Rig, die er einsetzt, am liebsten an der Bleilochtalsperre. Seine Augen leuchteten, seine Gesten wurden immer ausladender und dummerweise wurde er auch mit jedem Bier belehrender.

Irgendwann verstieg er sich zu der These, nur Raubfischangeln sei das „richtige" Angeln. Das könne ich, der Friedfischangler, mir doch überhaupt nicht vorstellen. Das war zu viel des Guten. Ich fragte ihn, wie viele Fische er schon an der Oberfläche gefangen habe, mit einer Brutkruste. Und wie oft er schon Fische beim Fressen beobachtet habe, um sie dann, zitternd vor Aufregung, an freier Leine zu haken. Ich fragte ihn, ob er nachempfinden könne, wie es sich anfühlt, einen feisten 17-Kilo-Spiegler mit einem Method Feeder an einem 0,15er Vorfach zu drillen. Mein Gegenüber druckste herum. Der soeben noch so Gesprächige war in die Defensive geraten. Sagte er doch mal etwas, hörte sich das so an: „Ach so, das macht ihr also auch, das ist ja interessant!" Schließlich folgte die hinlänglich bekannte Phrase: „Und ich dachte immer ..." Ich fiel ihm ins Wort. „Ja, ja, Ihr denkt immer, Friedfischangeln sei nur etwas für Weichspüler. Aber ihr habt keine Ahnung, wie vielseitig das spezialisierte Friedfischangeln sein kann, wie anspruchsvoll es sein kann, wie viele Techniken und Taktiken es gibt."

Ich erklärte ihm, dass keine andere Angelart einen derart großen Erfahrungsschatz verlange und so viel anglerisches Geschick. So fanden wir doch noch zusammen. Er, der Raubfisch-Freak, konnte sich einfühlen in meine Welt, in die Welt des Friedfischangelns.

Es war eine Party wie viele und doch war diesmal etwas anders. Das spürte auch meine Frau. Im Auto auf dem Weg nach Hause fragte sie, was denn los sei. So kenne sie mich, den Party-Muffel, der ansonsten nur gelangweilt rumsteht, gar nicht. Man könne fast meinen, mir habe der Abend Spaß gemacht. Als hätte mich eine Art Fieber befallen. Ich und Fieber? „Schau Dir bitte das Wetter an!", antwortete ich, „klar habe ich Fieber – Friedfisch-Fieber."

Tobias Steinbrück mit einer schönen Schleie. Diese Fischart ist unter Friedfischanglern besonders begehrt.

ZIELFISCHE

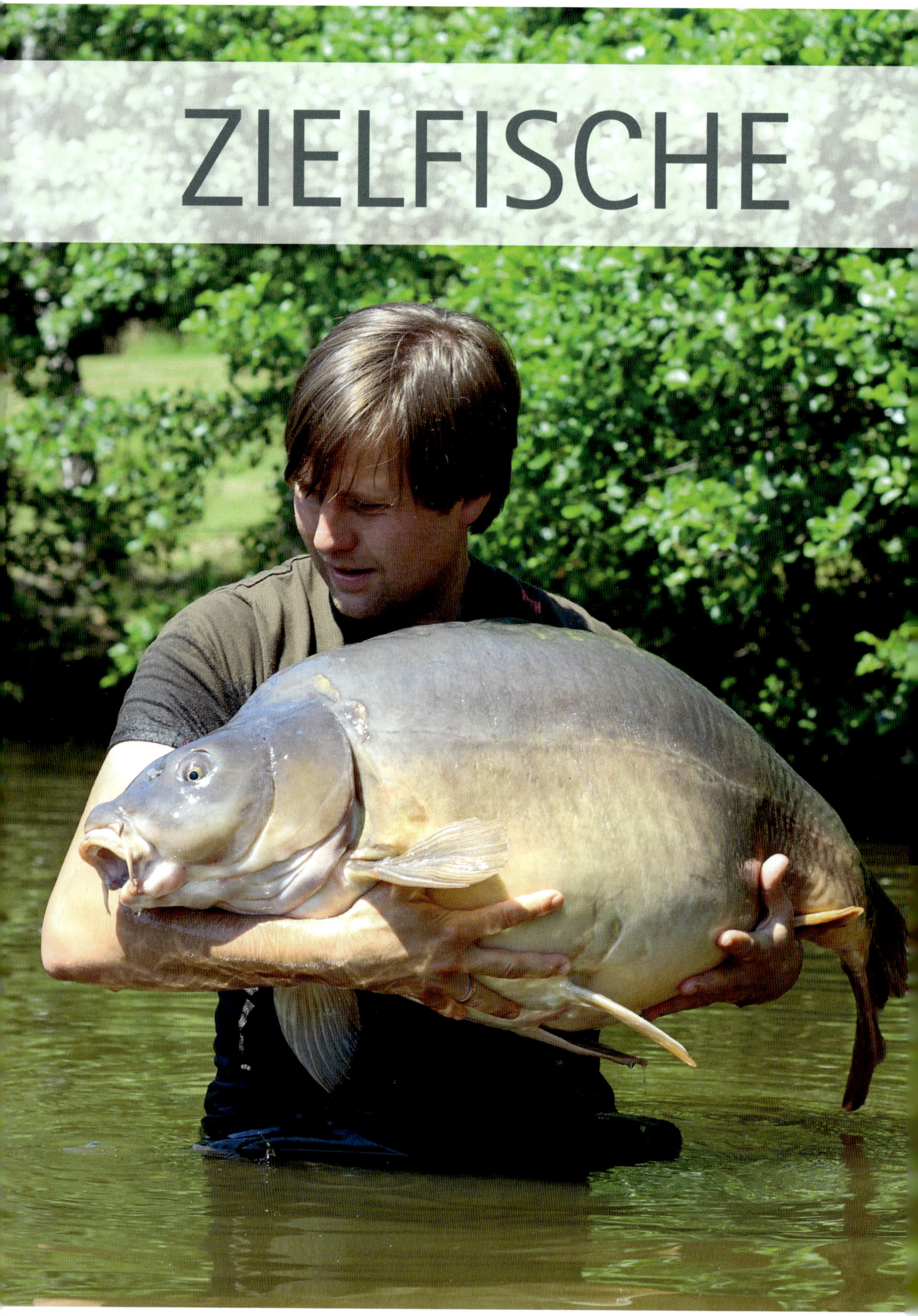

Der Karpfen gehört sicher zu den populärsten Zielfischen für Friedfischangler. Dieses 63,4 Pfund schwere Exemplar mit Namen Gordon stammt aus einem Gewässer in Frankreich. Um ihn zu fangen, musste der Autor eine Wochenkarte für 1800 Euro lösen. Es hat sich gelohnt.

Karpfen

(Cyprinus Carpio)

Ein Fisch mit Kultstatus. Und einer großen, zum Fanatismus neigenden Fangemeinde, für die Catch & Release, also das Zurücksetzen des Fisches, oberstes Gebot ist. Dass sie dabei in Konflikt mit dem Tierschutzgesetz geraten können, ficht die Wenigsten an.

Das Angeln auf seinen Lieblingsfisch inszeniert der Karpfenangler gerne als Lifestyle. Auf Karpfenmessen, wenn sich die Szene ein Stelldichein gibt, sieht man Angler, die sich ihren Lieblingsfisch tätowieren ließen, auf dem Kopf ein Käppie mit dem Logo ihrer Ausrüsterfirma. Und draußen auf dem Parkplatz zieren stilisierte Karpfen so manche Heckscheibe.

Es war in den 1980er-Jahren, als der Karpfenboom von England, dem Mutterland des spezialisierten Karpfenangelns, aufs Festland übergriff. Karpfangeln wurde zu einer Art Ersatzreligion. Nicht umsonst

Passt irgendwie nicht: dieses dickbäuchige 50-Pfund-Weibchen ist unter dem Namen „Bambi“ bekannt. Hier gefangen von Hendrik Steinbrück.

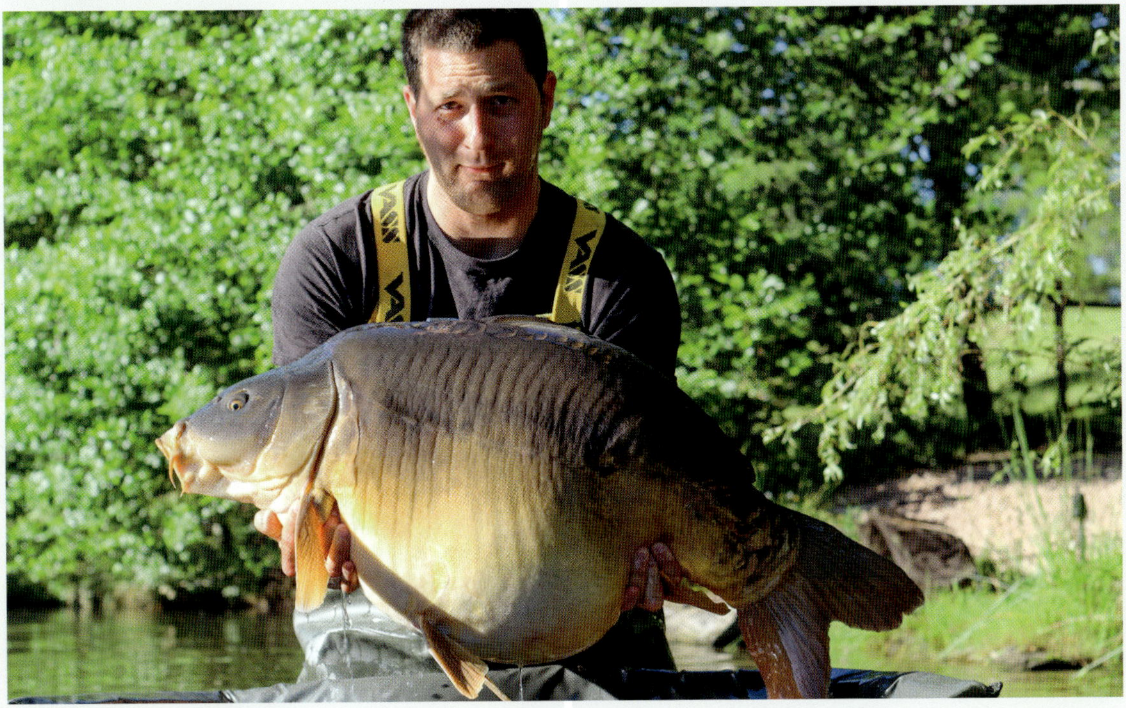

bezeichnen seine Verehrer den Karpfen als „heilige Kuh".

Ich weiß von Ehen, die am Karpfen zerbrochen sind. „Ich habe das Karpfenangeln mehr geliebt als meine Frau", sagte mir einer dieser Übeltäter. Solche Jungs sitzen weit über 100 Nächte pro Jahr am Wasser. Da nimmt die Ehefrau irgendwann Reißaus. Nicht selten auch, weil das gemeinsame Konto tief im Dispo steckt – aufgrund der Zehntausende Euro, welche der Gatte in Gerätschaften und Futter investiert hat.

Einer meiner Freunde, Klaus, kommt auf 300 Kilo Boilies und 300 Kilo Partikel pro Jahr, was sich auf rund 3000 Euro summiert. Damit gehört er zur moderaten Kategorie der Karpfenangler. Andere Angler versenken diese Jahresration von 600 Kilo Futter während einer einzigen Zwei-Wochen-Session in Frankreich. Wohlgemerkt nur zum Anfüttern, also um die begehrten Dickbäuche an den Angelplatz zu locken.

Zu den Futterkosten kommt die meist horrende Platzmiete an einem Karpfen-Paylake. Viele dieser privat bewirtschafteten Seen verfügen über kapitale 30-Kilo-Fische, der Angler kommt in den Genuss von WLAN und Security Service rund um den See, das Essen wird ihm drei Mal täglich, ähnlich wie bei Vollpension im Hotel, an den Platz gebracht.

Für solche Annehmlichkeiten sind Minimum 250 bis 600 Euro pro Woche fällig. Es gibt Seen, da kostet eine Woche über 1000 Euro. Dafür gibt's die Aussicht auf Karpfen mit über 30 oder gar 40 Kilo. Eines freilich gibt es nicht: eine Fanggarantie. Und so treten nicht wenige Angler den Heimweg an, ohne in der ganzen Woche einen einzigen Fisch gefangen zu haben.

Karpfenangeln birgt Suchtpotential. So überrascht es nicht, dass der Karpfen im Beliebtheits-Ranking unter den Friedfischen unangefochten an der Spitze steht. Er ist einer der kampfstärksten und schwersten Vertreter unter den Friedfischen. Hinzu kommt, dass der Karpfen fast in jedem Gewässersystem Europas schwimmt und zumindest theoretisch in jeder Jahreszeit zu fangen ist.

Aufgrund ihrer Kampfstärke werden Karpfen gerne als „Bullen" oder „Büffel" bezeichnet. Alternativ: „Wasserschwein". Letzteres bezieht sich auf die umfangreiche Vesper-Liste der Karpfen. Wasserpflanzen, Wasserkäfer, Krebse, Schnecken und Teichmuscheln sind neben Wasserflöhen und Mückenlarven nur ein kleiner Teil ihres Speiseplans.

Karpfen sind äußerst anpassungsfähig und zudem ein Stück weit bequem. Sie fressen nur, was unproblematisch zu beschaffen ist oder saisonal zur Genüge vorkommt. Kaulquappen oder Fischbrut, beides im Frühjahr bis Frühsommer, sind eine willkommene Abwechslung. Karpfen nehmen unsere Angelköder meist dankbar an, sie lassen sich anfüttern und damit auf unser eingebrachtes Futter positiv konditionieren.

Von winzigen, weichen Maden über Hundefutter bis hin zu großen, steinharten 28-Millimeter-Boilies fressen Karpfen so gut wie alles. Sie sind keine Kostverächter. Aber Vorsicht! Der Karpfen frisst nur, solange ihm die gebotene Nahrung gut tut. Wer Verdorbenes serviert oder Futter mit bitterem, chemischem Beigeschmack darreicht, wird von den Karpfen mit Ignoranz gestraft.

Dann mutiert das Wasserschwein schnell zum peniblen Gourmet. Gerade in Gewässern mit einem Überangebot an natürlicher Nahrung oder viel Angelfuttereintrag suchen sich Karpfen nur das Beste und Leckerste heraus. Es ist wie bei Hund und Katze zuhause: Haben Sie schon mal versucht, ihrem lieben Vierbeiner statt hochwertigem Futter irgendeinen Billigkram unterzujubeln? Ein Hungerstreik wäre die Folge. Ähnlich verhalten sich verwöhnte Karpfen.

Unter den Karpfen eines Gewässers gibt es verschiedene Charaktere. Da wäre zum einen der verfressene Kapitale, der häufig gefangen wird. Aber zum anderen auch der zurückhaltende, scheue Fische, der infolgedessen vergleichsweise selten gefangen wird und deutlich weniger auf die Waage bringt.

Am französischen Etang de Brigueuil beispielsweise fing ich Jahr für Jahr einen Karpfen mit dem Namen „The Big Common", also „der große Schuppi". Dieser Fisch und noch einige andere Exemplare dieses Gewässers wie „Franks Common" wurden bis zu zehn Mal pro Jahr gefangen. Zwei Spiegler hingegen, „Starburst" und „Forked Barbel", wurden nur ein bis drei Mal pro Jahr gefangen, im (für die Angler) schlimmsten Fall sogar kein einziges Mal. Solche Fische sind von Natur aus vorsichtiger, sie verkörpern nicht den Draufgänger-Typus. Auf Futterplätzen zählen sie nicht zu den dominanten Platzhirschen, vielmehr fressen sie im Verborgenen und meiden den Trubel.

Als der Etang de Brigueuil vor vielen Jahren abgelassen wurde, kamen sogar

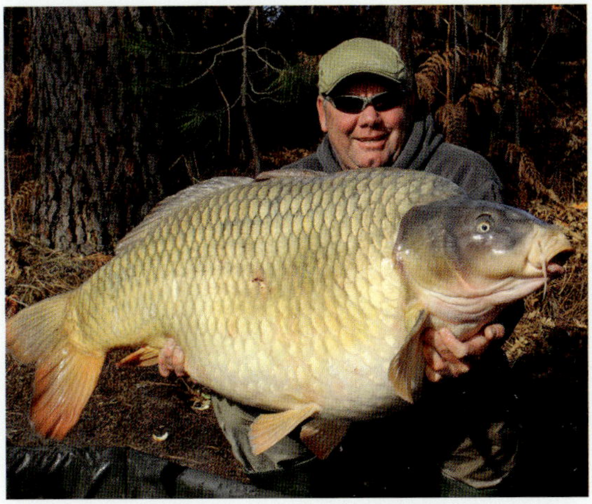

Nils Oetjens 79 Pfund schwerer Schuppi-Gigant aus dem Rainbow Lake im Südwesten Frankreichs: Als Köder dienten zwei 14-Millimeter-Fischmehlboilies.

Karpfen zum Vorschein, die noch gar nicht bekannt waren. Einige von ihnen schienen sehr alt zu sein, wiesen jedoch kein hohes Gewicht auf. Das sind meist Fische mit besonderen Vorlieben und Eigenheiten. Muschelfresser zum Beispiel. Ein solcher Muschelfresser bleibt an Gewässern, an denen nicht mit Muschelfleisch geangelt wird, ewig im Verborgenen, soll heißen: über Jahre hinweg ungefangen.

Einzigartig ist die Ästhetik der Karpfen. Keiner ist dem anderen gleich, jeder ist auf seine Weise ein Unikat. Der eine eher schlank, der andere eher dickbäuchig, der eine mit (vom Laichspiel) eingerissenen Flossen, der andere makellos, und das Schuppenbild eines Karpfens ist ohnehin so einzigartig wie der Fingerabdruck eines Menschen. Das macht es leicht, die einzelnen Fische eines Gewässers wiederzuerkennen. In England und Frankreich, aber auch an manchen deutschen Gewässern tragen viele Karpfen Namen.

Der deutsche Rekordkarpfen (zeitweise war er sogar Weltrekordler), beheimatet in einem kleinen See im Großraum Rhein-Neckar, trug einst den Namen „Mary".

Unter den Dicken und Kapitalen nehmen die nackten, gänzlich unbeschuppten Zuchtformen eine Sonderstellung ein. Leder- oder Nacktkarpfen nennt sich diese seltene und zugleich geschätzte Zuchtform. Spiegelkarpfen mit wenig Schuppen und Schuppenkarpfen mit gänzlich bedecktem Schuppenkleid (wie die Urform der Wildkarpfen) sind eher Standard.

Begehrt unter den Anglern sind seltene und abnorme Schuppenbilder. Wie Zeilenkarpfen (Schuppenzeile entlang der Seitenlinie), Streuschupper (Körper teilweise bedeckt mit einzelnen, unregelmäßigen Schuppen) oder Fully Scaled Karpfen (gänzlich bedeckt mit unregelmäßigen Schuppen). Solche Karpfen stehen auf der Wunschliste vieler Angler ganz oben. Sie verkörpern das Schönheitsideal vieler Specimen Hunter, wie sich Karpfenangler gerne bezeichnen.

Wussten Sie, dass Karpfen weit über einen Meter lang und über 40 Kilo schwer werden können? Dazu muss freilich das Umfeld passen. Möglichst warmes Wasser infolge milden Klimas beispielsweise – weshalb im warmen Süddeutschland die Karpfen gemeinhin schwerer werden als im kühlen Mecklenburg-Vorpommern. Auch eine gute

Schuppenkarpfen in Übergröße: Jan Pirzkall drillte diesen kroatischen 82-Pfund-Riesen aus sechs Metern Tiefe herauf.

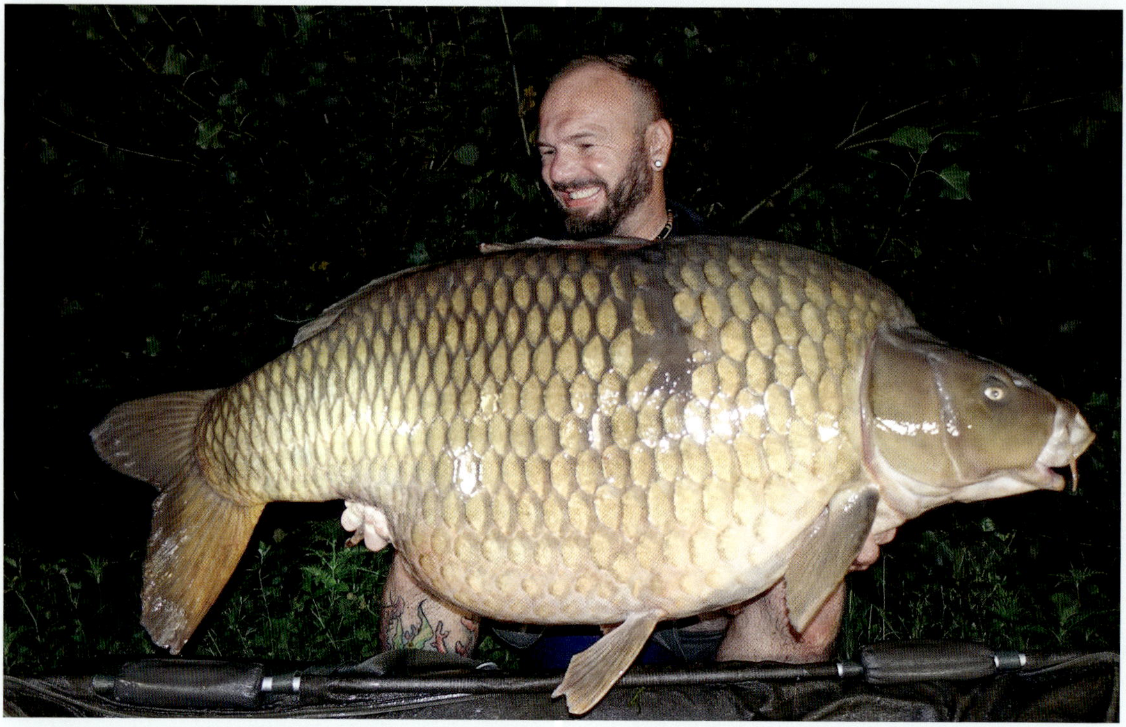

Wasserqualität mit möglichst hoher Sauerstoffanreicherung lässt den Karpfen schnell heranwachsen. Zudem ist sauberes Wasser meist ein Garant für viel natürliche Nahrung wie Krebse und Muscheln – und auch das befördert das Karpfen-Wachstum.

In Frankreich, Italien, Ungarn und Kroatien wurden 40-Kilo-plus-Fische bereits gefangen, selbst unsere Mary schaffte es zu Lebzeiten auf über 40 Kilo. Und die Tendenz der Gewichte ist steigend.

Derartige Kolosse stammen meist aus Gewässern, welche einem hohen Eintrag an Angelfutter unterliegen. Kritiker sprechen bei solchen Seen von Mastbetrieben. Nicht zu Unrecht, wenn man bedenkt, dass dort wöchentlich von den zahlenden Anglern Hunderte Kilo an Boilies, Pellets und Partikel versenkt werden.

Im Echo Pool in Frankreich, einem winzigen Ein-Hektar-Teich, brachten es Fische wie „Colin the Common“ bereits nach rund 17 Jahren Lebenszeit auf fast 40 Kilo Gewicht – nicht zuletzt dank des massiven Zufütterns durch Angler. Und der Seebetreiber füttert einmal wöchentlich eine beträchtliche Menge Futter hinterher. Denn es gilt die Gleichung: viel Futter = dicke Fische = mehr zahlende Gäste.

Auch ich bin dem Karpfen verfallen, bereits seit etlichen Jahren. Nicht zuletzt, weil ich Karpfen mit vielen Techniken beangeln kann: mit Grundblei am Gewässerboden, mit dem Zig-Rig im Mittelwasser und mit Schwimmbrot an der Oberfläche. All dies ist abhängig von Jahreszeit, Gewässertyp und den spezifischen Vorlieben der vorhandenen Karpfen. Wer den Karpfen als Zielfisch hat, verfällt in puncto Angeltaktik definitiv nicht in Monogamie.

Schleie

(Tinca tinca)

Die grüne Diva mit den rubinroten Augen und den runden Flossen verkörpert Liebe auf den ersten Blick. Ich kenne keinen Angler, der die Schleie nicht hübsch findet.

Um die Schleie ranken sich Mythen und Sagen. Schleien, so heißt es, seien extrem vorsichtige und feinfühlige Fische. Sie würden den Angler ein ums andere Mal austricksen. Damals in der Jugendgruppe des Angelsportvereins, ich war zehn Jahre alt und wissensdurstig, erzählte man mir glaubwürdig, Schleien könnten die Hakenspitze sehen. Darum solle ich immer ein Dosenmaiskorn auf die Hakenspitze stecken, nur dann hätte ich die Chance, beim Schleien-Angeln im Vereinssee erfolgreich zu sein.

Doch im folgenden Frühjahr kam alles ganz anders: In der Unstrut, einem kleinen Fluss in Thüringen, fing ich drei kapitale Schleien auf einen kleinen, weißen Gummi-Twister, mit dem ich es eigentlich auf Barsche abgesehen hatte.

Schon als Jungangler interessierte ich mich für das geheimnisvolle Fabelwesen Schleie. Doch schon damals ahnte ich, dass bei der Schleie viele Angler mit ihren Thesen und Techniken auf dem Holzweg waren. Wer erfand nur diese Märchen, dachte ich. „Die kapitalen Schleien haben studiert“, bekam ich einmal von einem älteren Anglern zu hören. Und immer wenn es kurz an der Schnur zupfte, wenn die Pose leicht wackelte oder wenn mal wieder der Köder vom Haken gefressen worden war – dann hieß es: „Das war bestimmt eine Schleie.“

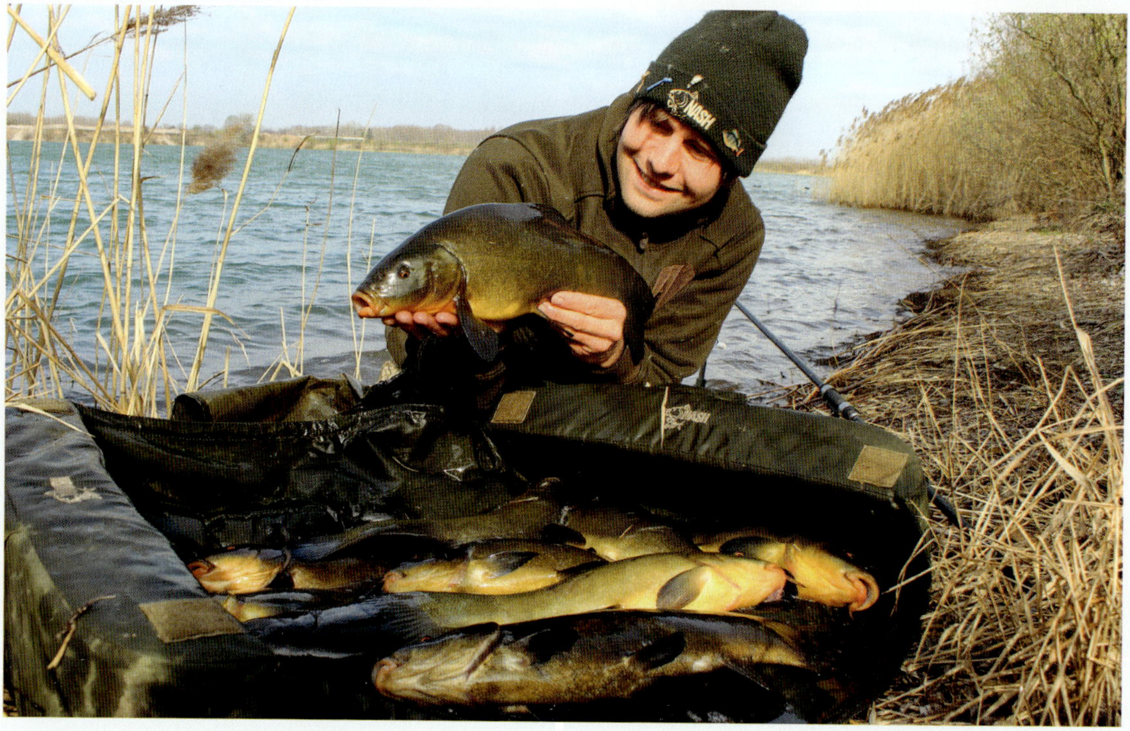

Schleien, heißt es, seien vorsichtige Fische. Wer sie richtig beangelt, wird vom Gegenteil überzeugt.

Soviel darf ich an dieser Stelle vorweg nehmen: Keine Schleie auf dieser Welt hat je ein Examen gemacht, und jede von ihnen ist fangbar.

Es ist ein großer Hokuspokus, der um die Schleie veranstaltet wird. Gründe für schlechte Fangquoten gibt es beim Schleien-Angeln zur Genüge:

• Der Angler fischt schlichtweg an Gewässern mit einem zu geringen Schleienbestand. Jeden Fehlbiss schiebt er dann der Schleie unter. Auf die Idee, dass es eine winzige Rotfeder war, die sich an der Posenmontage zu schaffen gemacht hat, oder ein Krebs, der den Wurm am Gewässergrund demontierte – nein, darauf kommt er nicht. Jeder Zupfer muss eine Schleie gewesen sein.

• Der Angler fischt an den falschen Stellen. In tiefen Löchern beispielsweise, weit draußen im See. Wo doch Schleien gerne ufernah im Flachwasser umherziehen, entlang des Kraut- und Schilfgürtels.

• Der Angler bietet den falschen Köder an der falschen Montage an. Natürlich lassen sich Schleien mit der Pose fangen. Das ist sogar die spannendste Taktik und funktioniert im Übrigen auch bei Karpfen gut – vor allem weil man damit die Schleien auf Sicht anwerfen kann, ohne viel Lärm zu verursachen.

Besser sind jedoch fortschrittliche Grundmontagen, weil a) diese im Gegensatz zur Pose nicht abtreiben, b) man damit den Köder dort präsentiert, wo die Schleie ihre Nahrung sucht, nämlich am Boden, c) man

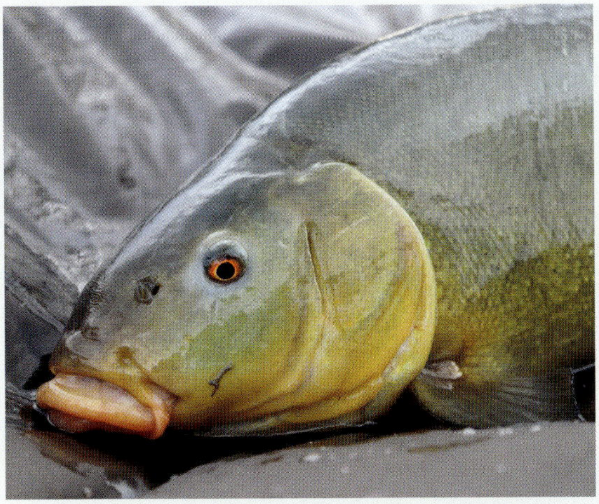

Um die Schleie ranken sich viele Mythen und Sagen.

sich den Selbsthakeffekt zu Nutze machen kann, d) sich ein Grundblei leichter werfen lässt und e) kaum ein Angler über Stunden hinweg konzentriert seine Pose im Auge behalten kann, wohingegen er beim Grundangeln vom elektronischen Bissanzeiger informiert wird. Kurzum: Mit einer Grundblei-Montage fangen Sie in den meisten Situationen mehr Schleien.

Schon oft hatte ich das große Glück, Schleien in Gewässern mit klarem Wasser beobachten zu dürfen. Siehe da: nichts war zu sehen von der ach so vorsichtigen, sensiblen Schleie. Stattdessen verhielten sich die Schleien bei der Nahrungsaufnahme wie Elefanten im Porzellanladen.

Sie drängelten sich um das Futter, es wurde geschoben und gedrückt. Alles erinnerte an einen Wühltisch im Kaufhaus in den ersten Stunden des Sommerschlussverkaufs.

Schleien durchpflügen mit totaler Hingabe das Bodensediment, um ihre natürliche Nahrung zu finden. Von Vorsicht keine Spur. Zudem sind sie futterneidisch und verfressen. Unterwasseraufnahmen an Futterplätzen von Karpfen zeigen immer wieder, dass sich erstaunlich viele Schleien eingefunden haben. Und während sich Karpfen oftmals als kamerascheu erweisen, turnen Schleien munter vor der Linse herum, gerne auch im Kopfstand fressend. Interessant ist bei solchen Aufnahmen, dass es die Schleien sind, die sich bereits nach kurzer Zeit am Karpfenfutter laben – lange bevor die eigentlichen Adressaten des Futters eintreffen. Dieses Szenario (erst treffen die Schleien ein, später die Karpfen) wurde in meiner Thüringer Heimat an Kiesgruben gefilmt, in denen bis dahin kein nennenswerter Schleienbestand vermutet wurde.

Schleien können Boilies und Partikel in rauen Mengen vertilgen. Sie treten in Schulen auf und verraten sich beim Fressen

Der Method Feeder ist ideal, um Schleien am Gewässerboden anzulocken und sie sicher zu haken.

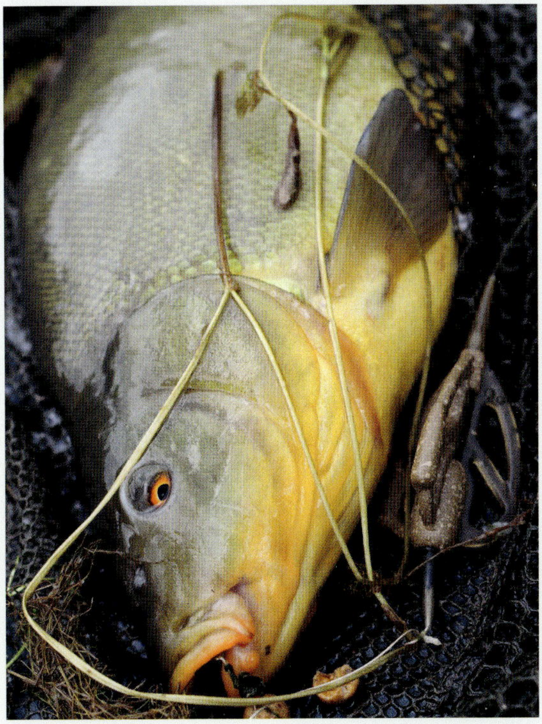

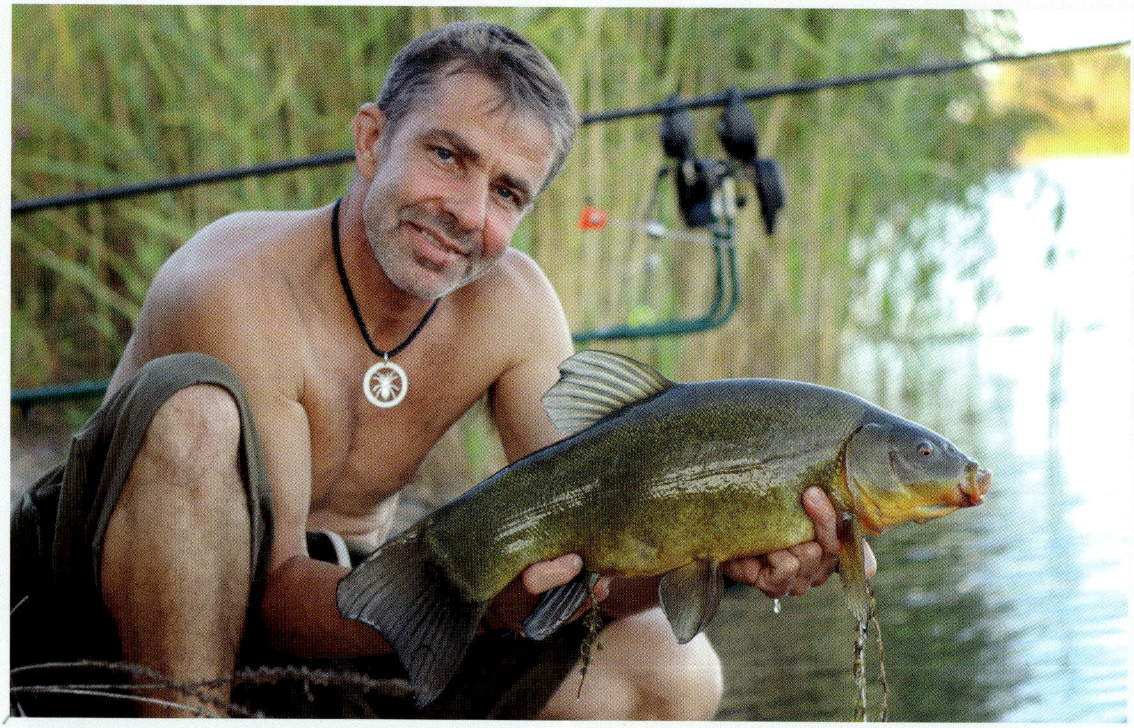

Kapitale Schleien mögen Futterplätze aus Boilies. Dieser besondere Fang gelang Sven Möller beim Karpfenangeln.

durch Wassereintrübungen. Die Blasenteppiche, wenn sie den Grund auf Nahrung durchwühlen, ähneln jenen der Karpfen.

Kapitale Schleien teilen ihren Lebensraum und Speiseplan mit Karpfen. Ihre zwei Barteln scheinen bei der Futtersuche exzellente Informationen zu liefern.

Große Schleien fängt man am besten mit Partikeln oder – noch besser – mit Boilies. Exemplare bis zu sechs Kilo gehen vor allem in den warmen Monaten, also von Ende April bis September, an den Haken, wenn die Wassertemperatur 14 Grad aufwärts beträgt. Dann sind sie besonders aktiv auf der Suche nach Nahrung.

Ja, die Schleie ist ein Saisonfisch. Im Winter sind mir nur wenige Fänge bekannt. Ich selbst konnte in all den Jahren nur zwei Winter-Schleien überlisten. Solche Winterfänge setzen einen guten Schleienbestand sowie eine gute Gewässerkenntnis voraus.

Zu guter Letzt noch ein wichtiger Hinweis: Schleien lieben es grün, denn im Kraut- und Schilf-Dickicht fühlen sie sich sicher. Dort können sie sich vor ihren natürlichen Feinden, allen voran dem Hecht, verstecken.

Zudem finden sie in den Wasserpflanzen Nahrung und Sauerstoff. Es gibt somit für Schleien kaum Gründe, ihr grünes Zuhause zu verlassen. Schilffelder und Wasserpflanzen bilden das Wohnzimmer der Schleie, dort liegt ihre Komfortzone.

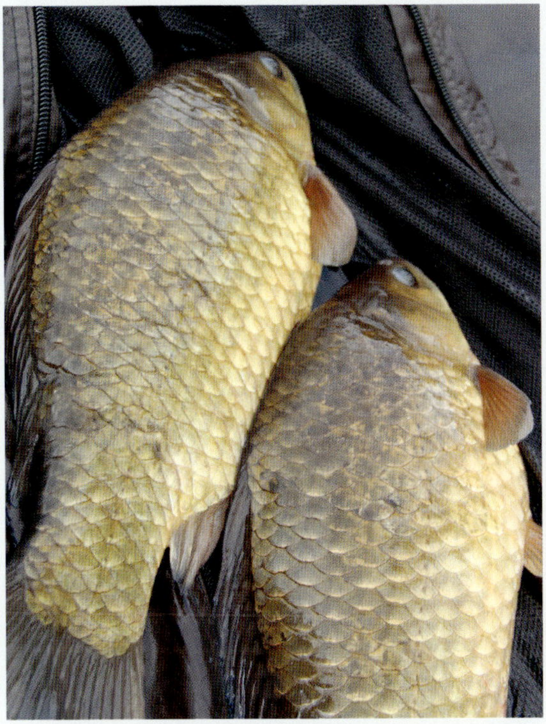

Karausche und Giebel stehen sich nahe – und sind sogar einkreuzbar.

Karausche
(Carassius carassius)

und Giebel
(Carassius gibelio)

Zwei Fische, welche uns zum Narren halten. Zumindest kann man zu diesem Schluss kommen, wenn man beide Fischarten in kapitalen Größen fangen und sicher unterscheiden will.

Beide Fische haben eines gemeinsam: Sie sind rar gesät – oder treten in großer Anzahl auf. Das Angeln auf Karausche und Silberkarausche (Giebel) gerät entweder zu einer anspruchsvollen, schwierigen Schatzsuche – oder zu einer Fangorgie.

Karausche und Giebel sind anspruchslose Fische. Selbst ein niedriger Sauerstoffgehalt des Wassers kann ihnen nichts anhaben. Es gibt regelrechte „Karauschentümpel“, in denen andere Fischarten aufgrund schlechter Wasserqualität das Zeitliche gesegnet haben, die Karauschen und Giebel sich aber bester Gesundheit erfreuen. Die Schattenseite dieser Robustheit: So manches Gewässer verkommt zu einer Karausche/Giebel-Monokultur. Sie dominieren dann das Gewässer, wachsen jedoch kaum zu nennenswerten Größen heran. So findet man speziell in kleinen Teichen und Tümpeln verbuttete, kleinwüchsige Bestände.

Tatort: ein winziger Dorfteich. Fische: ausschließlich kleinwüchsige Giebel, andere Fische leben hier nicht. Ich fing sie in Unmengen.

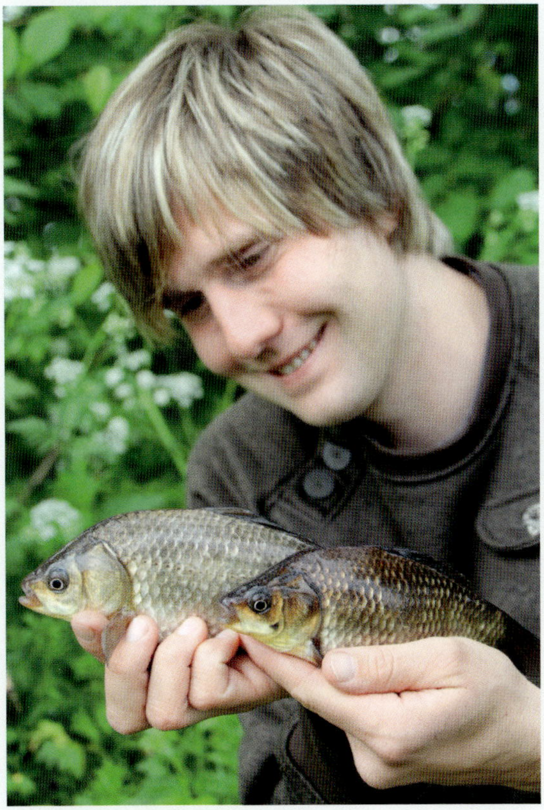

Für kapitale Exemplare muss man also das richtige Gewässer ausfindig machen. Diese weisen oftmals einen soliden Raubfischbestand auf, was einer Verbuttung vorbeugt.

Ein geringer Bestand an Karauschen oder Giebeln garantiert meist kapitale Fische. Wer diese großen Fische fangen möchte, dem sei Durchhaltevermögen gewünscht. Denn die Jagd auf große Karauschen und Giebel kann einen Angler zur Verzweiflung treiben. Glückt schließlich der Fang, stellt sich die Frage: Karausche oder Giebel? Beide Fische ähneln sich. Also seien Sie darauf gefasst: Selbst nach dem Fang werden Sie, der Angler, zum Narren gehalten.

Kapitale Giebel aus einem Löschwasserteich: Mit einer Futterwolke am Seerosenbeet überredete ich sie zum Fressen. Als Hakenköder dienten Maden.

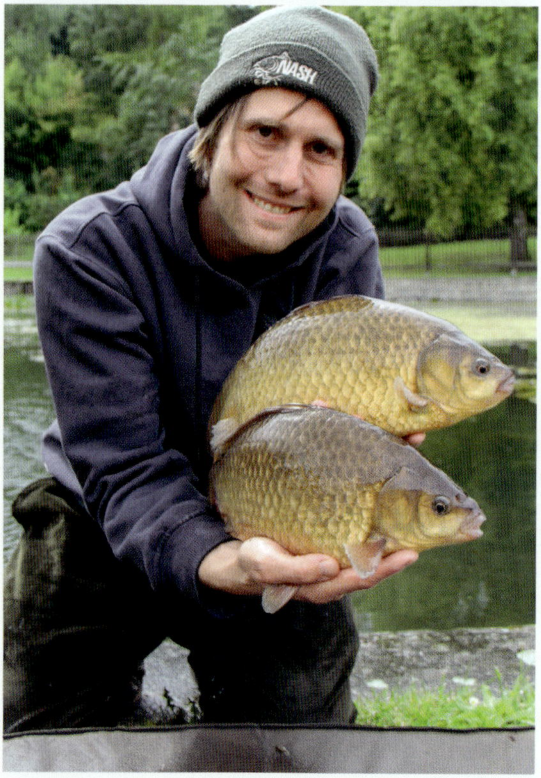

Giebel und Karausche treten in vielen Mischformen auf. Sie haben sich eingekreuzt. Beide gehören zu den Karpfenfischen und sind der Gattung Carassius untergeordnet. Sie besitzen keine Barteln und relativ kleine, endständige Mäuler.

Aber wie können Sie beide Arten unterscheiden? Es ist die Rückenflosse! Im Vergleich zum Giebel (Carassius gibelio) ist die Oberkante der – gespreizten – Rückenflosse der Karausche (Carassius carassius) konvex nach außen gewölbt.

Ich erinnere mich an den Fang von kapitalen Exemplaren in einem Löschwasserteich. Zur Bestimmung holte ich mir den Rat von Experten ein. Unter anderem vom Fischwirtschaftsmeister Christian Steinbuch. Doch niemand konnte die von mir gefangene Spezies exakt definieren. Womöglich hatte ich eine Mischform gefangen.

Bevorzugt nehmen Giebel wie auch Karauschen kleine Köder auf. Diese müssen nicht zwingend am Gewässerboden präsentiert werden. Es genügt, den Köder im Sichtbereich der Fische anzubieten. Das unterscheidet sie von Karpfen und Schleien, die ihre Nahrung bevorzugt vom Grund aufnehmen. Giebel und Karauschen tun das zwar auch, aber nicht überwiegend. Nicht umsonst haben sie ein endständiges Maul.

Auffällig ist, dass sich beide Arten nur schwer beobachten lassen. In vielen Teichen und Tümpeln bekam ich sie nie zu sehen. Denn Karauschen und Giebel verstecken sich mit großer Perfektion unter Seerosenblättern und Büschen. Nicht einmal das Anfüttern mit Brotstückchen – dem Karpfen, Schleien und Weißfische kaum widerstehen können – lockt sie aus der Reserve.

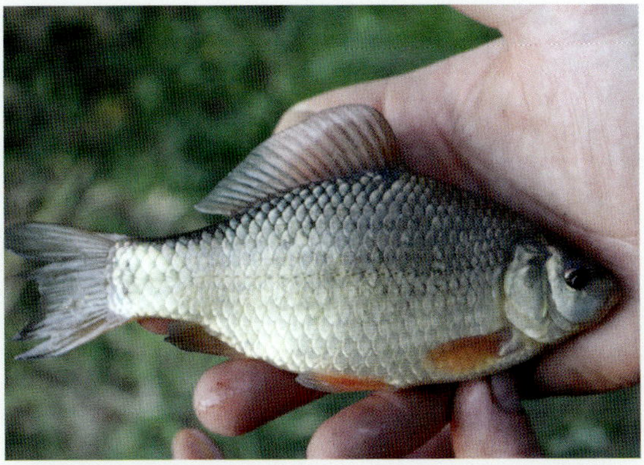

Eine echte Karausche. Gut zu erkennen: die konvex nach außen gewölbte Rückenflosse.

Nicht zuletzt halten sich Karauschen und Giebel tief in den Schilfgürteln auf – unerreichbar für uns Angler. In solchen Schilfgebieten ist das Wasser oft nur einen halben Meter tief und der Boden schlammig. An solchen Stellen kocht das Wasser im heißen Hochsommer förmlich, während andere Fischarten aufgrund der im schlammigen Schilf niedrigen Sauerstoffsättigung längst das Weite gesucht haben.

Giebel und Karausche stört der wenige Sauerstoff kaum. Nicht zuletzt deshalb tragen sie so fragwürdige Beinamen wie „Moorkarken" oder „Kotbuckel".

Barbe

(Barbus barbus)

Angeln am Fluss ist stets etwas Besonderes. Fließendes Wasser inspiriert, es vermittelt das Gefühl von Freiheit. Im Gegensatz zum begrenzten Lebensraum der Fische in stehenden Gewässern verfügen Flussfische über unbegrenzte Möglichkeiten.

Das macht das Angeln auf die Barbe, respektvoll auch „Flusskönigin" genannt, zu etwas Besonderem. Dieser kampfstarke Flussfisch mit seinen wulstigen Lippen und dem silber schimmernden Schuppenkleid ist unverwechselbar. Die Barbe zog schon viele Angler in ihren Bann. In England brach vor einigen Jahren gar ein regelrechter Barben-Boom aus.

Die Kampfkraft der Barben ist enorm, die geeigneten Angelmethoden vielfältig, Langeweile kommt beim Angeln auf Barben nie auf. Barben halten sich bodennah auf, bevorzugt auf sandigem oder kiesigem Grund. Mit Hilfe ihrer vier Barteln und dem extrem unterständigen Maul suchen sie dort nach Nahrung. Sie leben zumeist in

Die Barbe ist eine Flusskönigin mit vielen Vorlieben.

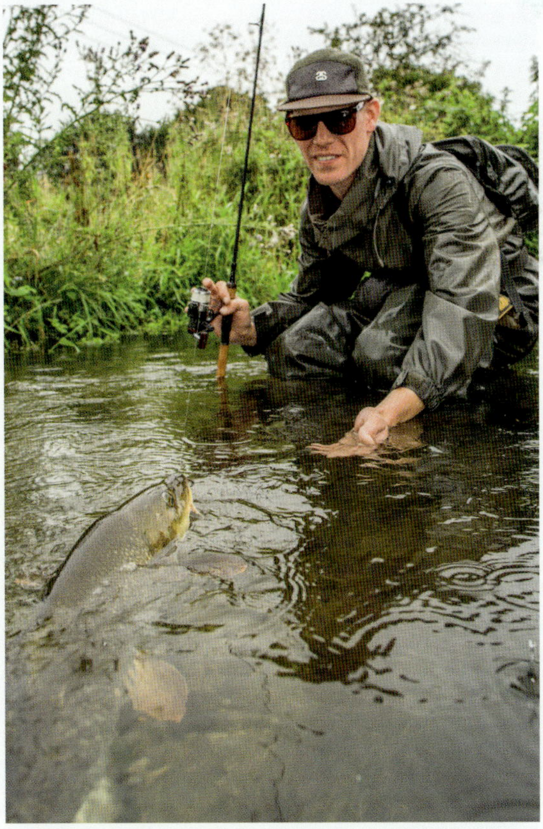

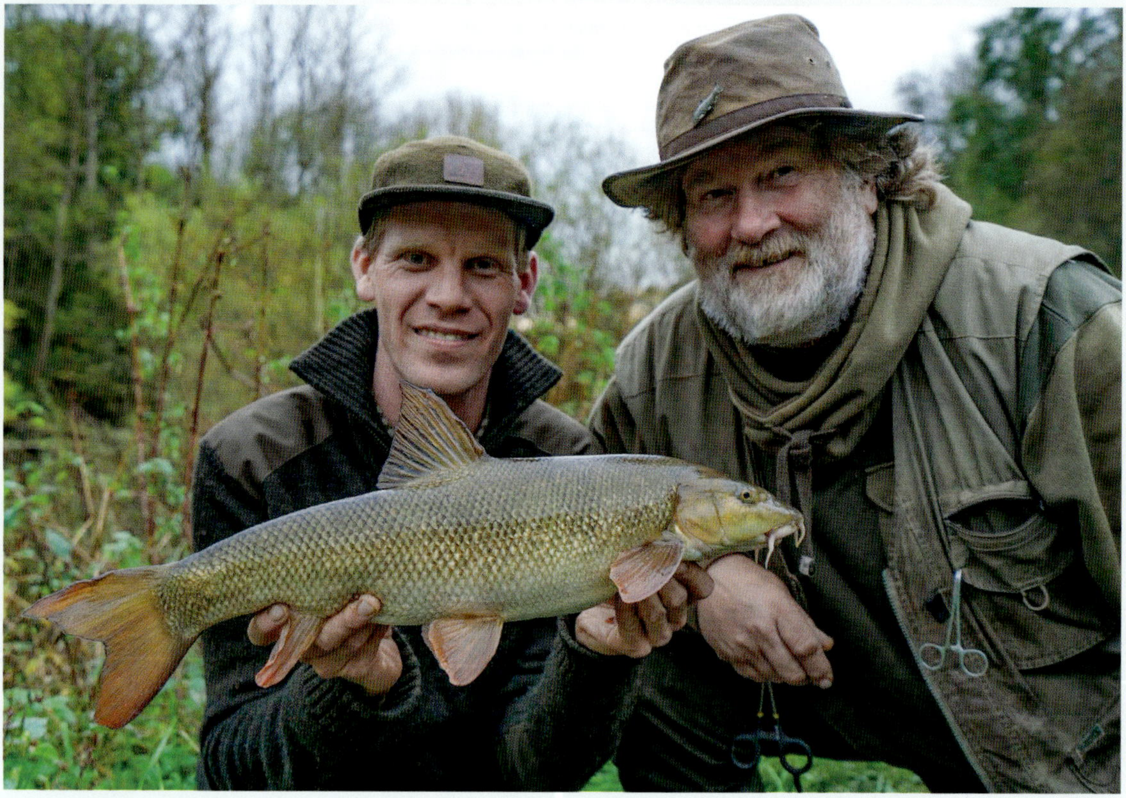

Barben begeistern Generationen: Alan Blair und Des Taylor, zwei leidenschaftliche Flussangler.

Schulen, womit gilt: Für den erfolgreichen Angler bleibt es selten bei einem Fisch.

Uns kommt dabei zugute, dass Barben a) höchst verfressene Fische und b) Allesfresser sind. Das ist ihrem Lebensraum Fluss geschuldet, welcher permanent Bewegung und damit Energie verlangt. Da darf die Barbe in puncto Nahrung nicht sonderlich wählerisch sein. Bei Anglern steht als Köder Frühstücksfleisch hoch im Kurs, ebenso wie Würmer und Maden bis hin zu Boilies, Käse und Köderfischen (kleine Flussfische wie Gründlinge oder Elritzen).

Doch wo im Fluss findet man die Barbe? Ich empfehle Strömungskanten und Unterstände wie überhängende Bäume oder Felsen. Ist dort der Grund kiesig oder sandig – perfekt. Präsentieren Sie Ihren Köder bodennah und halten sie ihn in Bewegung. Taumelt der Köder verführerisch in der Strömung, wird die Barbe aufmerksam.

Die beste Fangzeit ist die Zeit nach dem Laichen (Mai/Juni) bis hinein in den Oktober. Selbst das zeitige Frühjahr ist in vielen Flüssen schon erfolgversprechend. Da Barben vor allem zur Laichzeit auf Wanderschaft gehen, sind sie keine standorttreuen Fische. Das bedeutet für uns Angler: Wir müssen die Barbe suchen und unseren Köder an vielen Stellen zu Wasser lassen. Derart mobil gerät das Barbenangeln zu einer Herausforderung, die viel Ehrgeiz und Motivation verlangt.

Brassen

(Abramis Brama)

Der Brassen schafft, was andere Friedfische nicht zu leisten vermögen: Karpfenangler terrorisieren. Glauben Sie nicht? Aber hallo! Mit viel Hingabe lutschen Brassen selbst große 28-Millimeter-Boilies klein – bis sich die einst große Kugel in einen für sie portionsgerechten Happen verwandelt und sie sich schließlich zum Ärger des Karpfenanglers haken.

Zweite Version: Der Brassen hakt sich zwar nicht, schafft es jedoch, das Karpfen-Vorfach derart zu verdrehen, dass ein Karpfenbiss nahezu ausgeschlossen ist. Das Schlimme daran: Der Karpfenangler am Ufer bekommt von all dem lustvollen Gelutsche und Gezerre dort unten am Gewässergrund nichts mit. Höchstens gibt sein elektronischer Bissanzeiger ein, maximal zwei Piepser von sich, doch das war‘s. Denn das schwere Grundblei vermögen die Brassen kaum zu verziehen. Erst am nächsten Morgen, beim Einkurbeln seiner Montage, wird das Grauen für den Karpfenangler sichtbar. Brassen!

Und noch ein Ärgernis: Brassen fressen ganze Futterplätze leer, welche der Karpfenangler mit vielen Kilos Boilies (und Euros) über Tage und Wochen hinweg angelegt hat.

Ist Hanf im Spiel, bleiben Brassen so lange vor Ort, bis das letzte Korn verschlungen ist. Brassen besetzen Futterplätze förmlich. Partikel und Boilies werden von ihnen rigoros bearbeitet und vertilgt, notfalls sogar weggeschleppt. Ich konnte Brassen beobachten, wie sie einen 20-Millimeter-

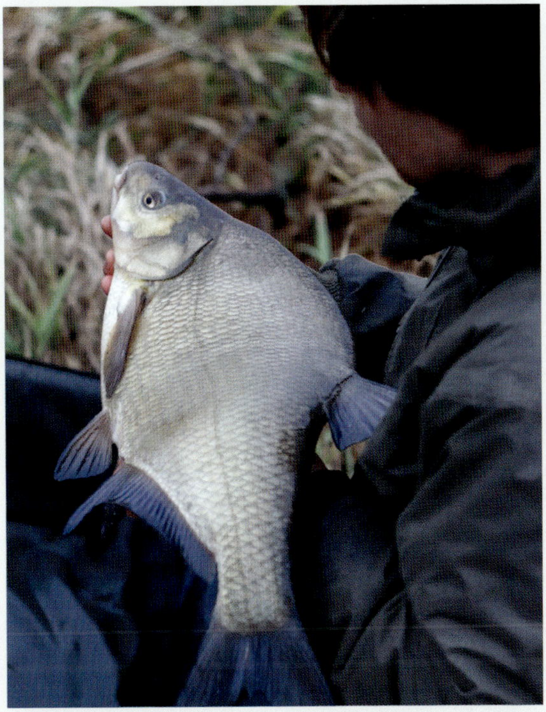

Mit Respekt und Hingabe: Ich liebe das Angeln auf Brassen.

Auch von zwei angeköderten Boilies lassen sich die Brassen nicht abschrecken.

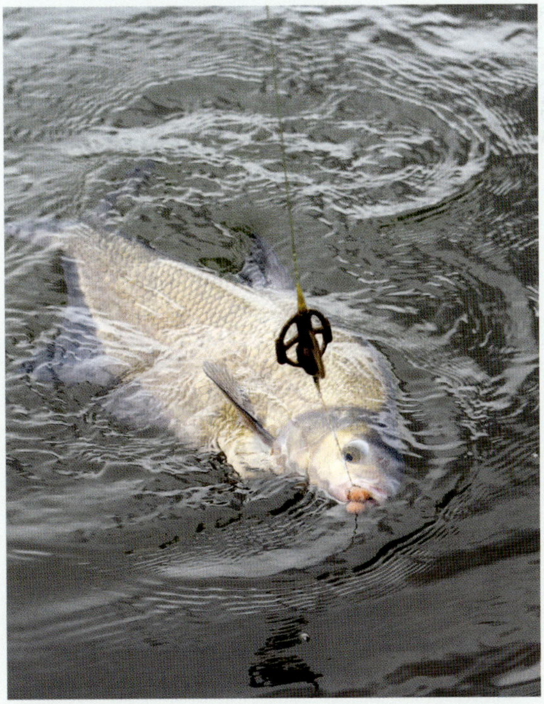

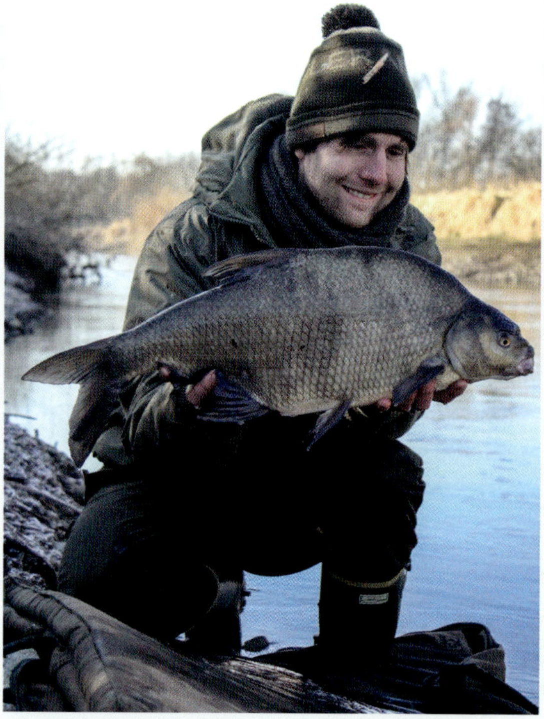

Kapitaler Winterbrassen aus der Unstrut: Ich fand den Unterstand der Fische, fischte mit Maden und Mini-Boilies – Volltreffer.

Boilie ansaugten, am Maul hielten und davontrugen.

Brassen treten meist in Schulen auf. Die kleinen, jüngeren Exemplare nenne ich Silberlinge. Sie unterscheiden sich aufgrund ihrer Körperfärbung und Größe von den kapitalen Artgenossen. Große Brassen schwimmen in separaten Gruppen, welche deutlich kleiner sind als die riesigen Schulen der Jungfische. Brassen lieben es, den Boden mit ihrem vorstülpbaren Maul zu durchpflügen. Sie sind ein unmittelbarer Nahrungskonkurrent für Schleie und Karpfen.

Bei all dem stellen sie wenige Ansprüche an ihre Nahrung. Weich sollte sie allerdings sein. Wer mit steinharten und wenig löslichen Boilies angelt, beugt dem Brassen-Terror vor.

Sollten Sie es auf kapitale Brassen abgesehen haben, dürfen Sie ruhigen Gewissens bis zu 15 Millimeter große Köderhappen servieren. Aber noch einmal sei es erwähnt: Weich sollte der Köder sein. Als Brassenmagnet schlechthin haben sich deshalb alle Arten von Pellets erwiesen.

Der Fang kapitaler Brassen ist durchaus eine Herausforderung und ist zudem – die richtige Platzwahl vorausgesetzt – vom zeitigen Frühjahr bis tief in den Winter hinein möglich. Einzige Auszeit: die Laichzeit (bei Wassertemperaturen von 14 bis 16 Grad) im Mai und Juni, welche sich bei den Brassen mit einem deutlichen Laichausschlag ankündigt.

Döbel

(Leuciscus cephalus)

Der Döbel – das Großmaul unter den Friedfischen! Ursprünglich nur in Flüssen beheimatet, ist er mittlerweile auch in vielen stehenden Gewässern vertreten. Im Mischbesatz von Weißfischen schleust sich der Döbel oftmals unbemerkt in die Gewässer der Angelvereine ein. Dann gibt es für ihn kein Halten mehr. Denn Döbel setzen sich durch. Sind sie erst einmal in einem Gewässer sesshaft, bauen sie rasch eine starke Population auf. Junge Döbelbrut fand ich in unserem Vereinssee bereits zwei Jahre, nachdem einige wenige Elterntiere versehentlich über den Mischbesatz ins Gewässer gelangt waren. Dann

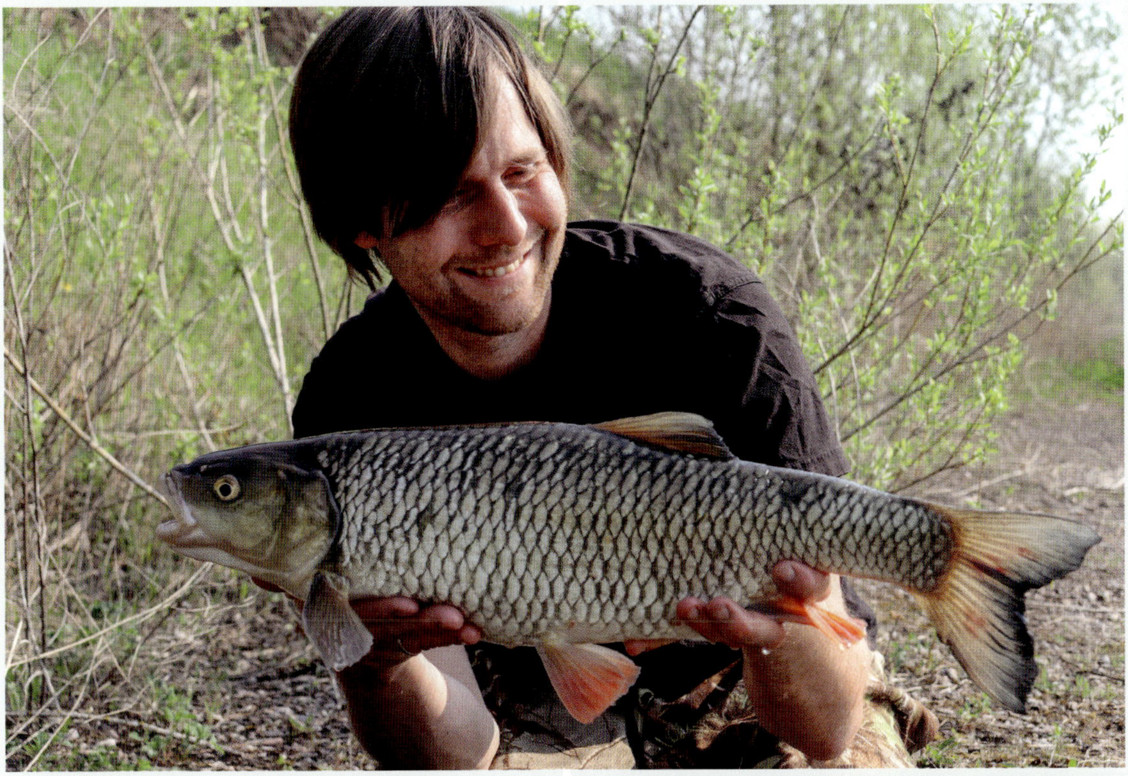

Wenig Zeit zum Angeln? Dann ist der Döbel ein dankbarer Zielfisch: verfressen, das ganze Jahr hindurch.

Großmaul Döbel: Ich fange sie nie mit Kirschen, dafür mit allen anderen Ködern.

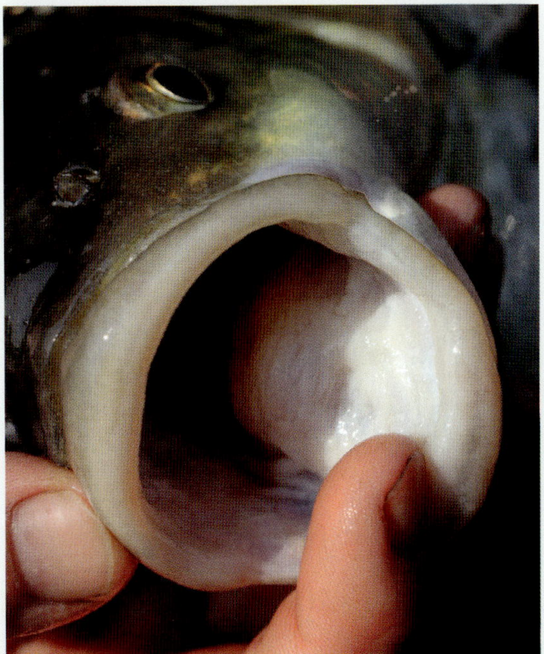

konnte ich nachts mit der Taschenlampe in Ufernähe unzählige handlange Jung-Döbel ausmachen.

Kapitale Döbel sind gerne in Gruppen unterwegs und werden gelegentlich sogar mit jungen Graskarpfen verwechselt.

Wo finden wir den Döbel? In Flüssen in unterspülten Uferbereichen, hinter Brückenpfeiler und unter überhängenden Bäume, wo er sowohl Nahrung als auch Deckung findet.

Der Speiseplan der Döbel ist umfangreich: von der winzigen Insektenlarve bis hin zum jungen Grasfrosch. Also alles, was irgendwie fressbar ist.

Nur auf die gute, alte Kirsche, welche seit jeher als klassischer Döbel-Köder gepriesen wird, habe ich noch nie einen Döbel gefangen. Schon mein Opa berichtete von Döbeln, welche er in der Unstrut auf Kirschen gefangen habe. Heute bin ich mir sicher, dass sie zu den damaligen Zeiten die Döbel auch auf Ananas, Bananenstückchen oder Gott weiß was sonst noch gefangen hätten. Es gab schlichtweg zu viele verfressene Döbel in der Unstrut. Und wie es bei einer derart großen Nahrungskonkurrenz eben ist: Wer den auffälligen Köder, damals die Kirsche, zuerst schnappt, hat gewonnen.

Die hervorstechende Eigenschaft des Döbels ist seine extreme Beißfreudigkeit. Eine Winterpause kennt er nicht. Selbst bei Wassertemperaturen von drei Grad fing ich im Fluss zuverlässig meine Döbel. Dabei legen Döbel keine zurückhaltende Herangehensweise an den Tag: Ihre Bisse erfolgen abrupt und rigoros. Nein, Sensibelchen sind sie wahrlich nicht. Auch nicht im tiefen Winter.

Als einmal Anfang März über Nacht der von mir beangelte Baggersee zufror und ich am nächsten Morgen das Eis aufhacken musste, um meine Montagen einholen zu können, spannte sich plötzlich die Schnur. Und so zog ich durch das Eisloch einen dicken Döbel an Land.

Daniel Konopatzki mit einem stattlichen Fluss-Döbel. Bei der ersten Flucht vermutete Daniel einen Karpfen.

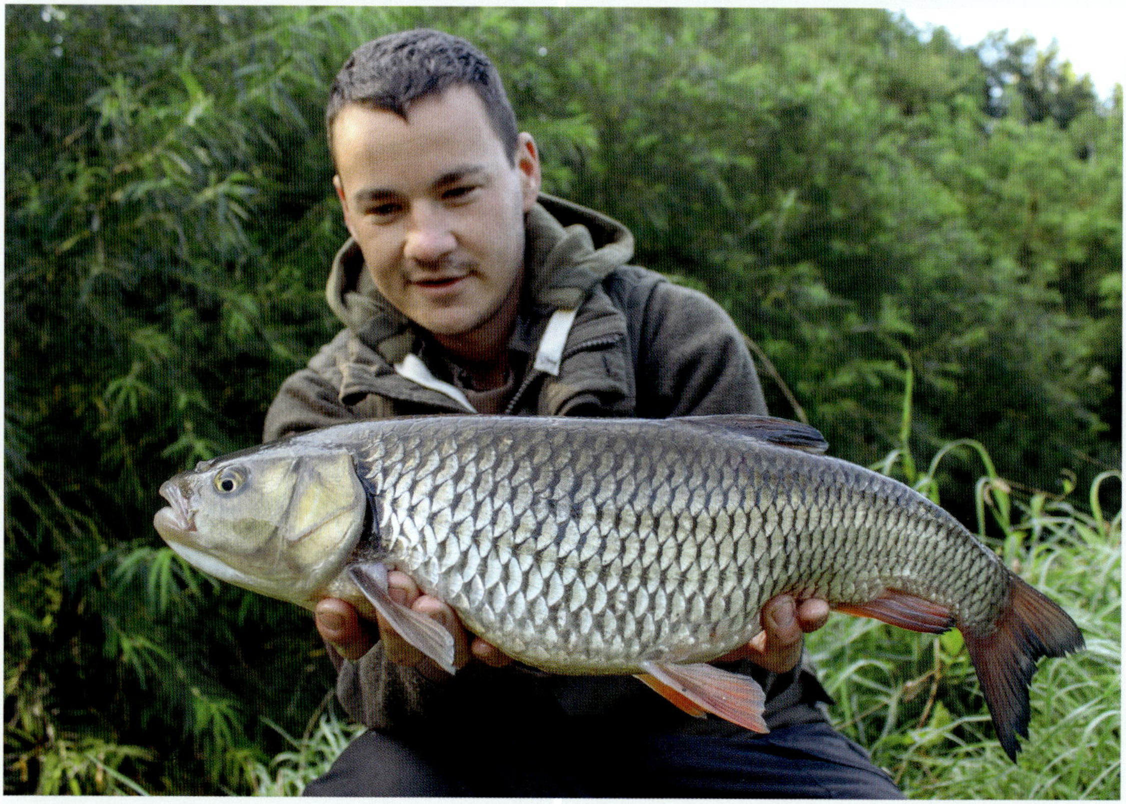

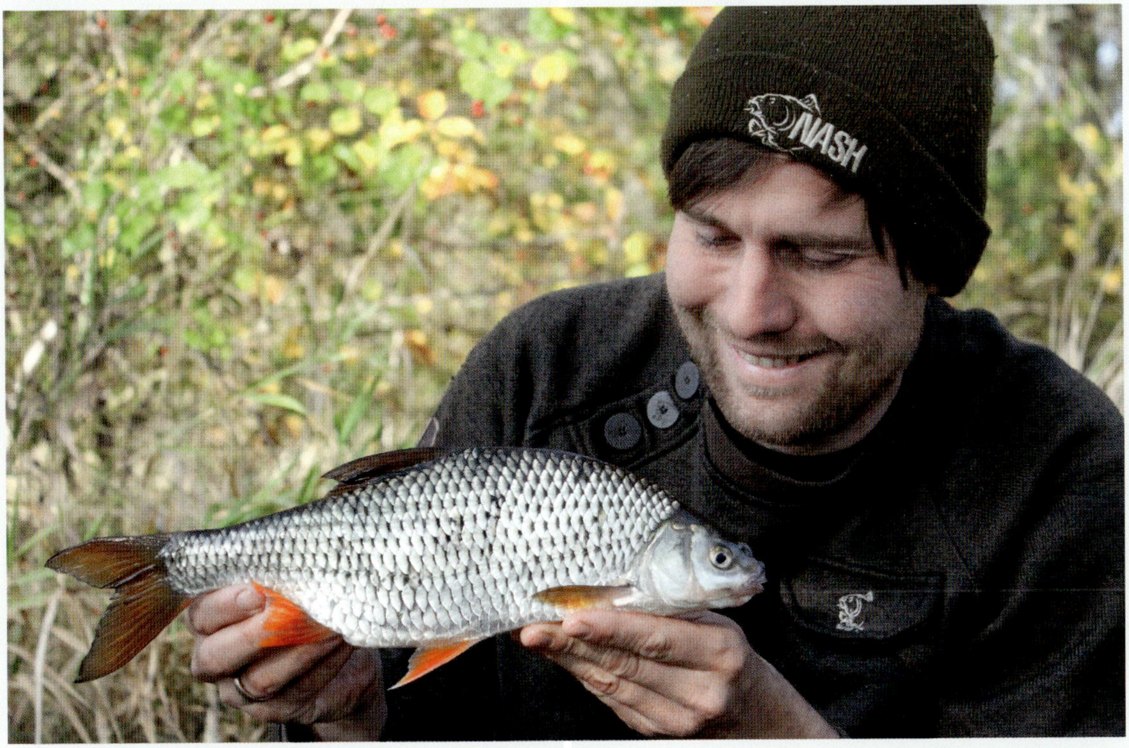

Der Fisch meiner Jugend am Vereinsgewässer. Bis heute begeistere ich mich für die Rotaugen, doch die Bestände haben unter den Kormoranen gelitten.

Rotfeder

(Scardinius erythrophtalmus)

und Rotauge

(Rutilus rutilus)

Die Rotfeder, der Fisch der Leichtigkeit. Und der Fisch meiner Jugend. In jungen Jahren angelte ich mit Freunden oft auf diese kleinen Weißfische. Meist abends, ganz spontan, am Dorfteich nebenan. Ja, in jungen Jahren brauchte es nicht viel, um glücklich zu sein. Lediglich eine vormontierte Posenrute, ein Brötchen oder einige Scheiben Toastbrot – schon hielten wir ein spontanes Wettangeln auf Rotfedern ab. Mit feinem Gerät versteht sich: Matchrute, 0,10er- oder 0,15er-Schnur, 16er-Häkchen. Da waren Aufmerksamkeit und Präzision gefragt.

Rotfedern und Rotaugen (Plötzen) schwimmen in fast jedem Gewässer, zumeist in großen, hungrigen Schulen. Nahrung suchen sie mit Vorliebe im Mittelwasser und an der Wasseroberfläche.

Kapitale Rotfedern mit Gewichten bis zu zwei Kilo werden freilich selten gefangen. Mir scheint ohnehin, dass die Bestände der Rotfedern und Rotaugen in den letzten Jahren stark unter dem Kormoran-Aufkommen gelitten haben. Vielleicht ist das der Grund, weshalb vielerorts die Fische nur noch selten Gewichte über 300 Gramm erreichen.

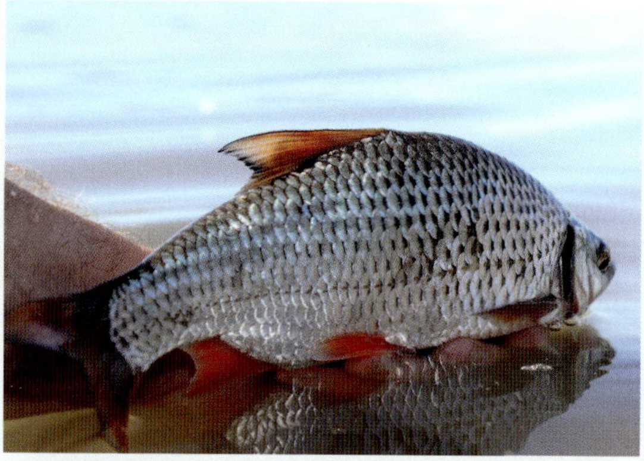

Pures Silber: ein Rotauge auf dem Weg zurück in die Freiheit.

Es kann also eine große Aufgabe sein, kapitale Rotfedern oder Rotaugen zu fangen.

2017 machte ich die Bekanntschaft mit einer dieser mittlerweile raren XXL-Rotfedern. Es war beim Angeln auf Graskarpfen in einer Kiesgrube. Dort schwimmen 16 dieser Fische und alle diese 16 Graser hielten sich in einer flachen Bucht auf, dicht unter der Wasseroberfläche.
In der Mittagssonne servierte ich ihnen einige Brotflocken. Doch die Graser ignorierten meine treibenden Krusten, weshalb ich schließlich die Brotflocken auf die Größe einer Fingerkuppe verkleinerte. Das schien das richtige Rezept zu sein, denn umgehend begannen die Graser, die verkleinerten Brotstücke aufzusammeln. Mit zitternden Knien harrte ich am Ufer aus, mein Herz pochte. Einer der Graskarpfen steuerte direkt auf meinen Hakenköder zu. Doch just als der Graser sich das Brot einverleiben wollte, schoss eine kapitale Rotfeder empor und schnappte ihm das Häppchen vor dem Maul weg! Ihre anschließende Flucht am Haken verursachte Panik unter den Graskarpfen, ich sah nur noch große Bugwellen. So flüchteten die Graser und mein Ansitz war gelaufen. Der Rotfeder sei Dank.

Rotfeder und Rotauge, wie lassen sie sich unterscheiden? Eindeutig anhand ihrer Flossen und ihrem Schuppenkleid. Während das Rotauge ein silbernes Schuppenkleid aufweist, besticht die Rotfeder mit bronzenen bis goldenen Schuppen. Und entsprechend ihrem Namen sind die Flossen der Rotfedern rot, wohingegen es beim Rotauge – wer hätt's gedacht – das Auge ist, das rot-orange untersetzt ist. Zudem besitzen Rotfedern im Gegensatz zu den Rotaugen einen ausgeprägten, kräftigen Unterkiefer.

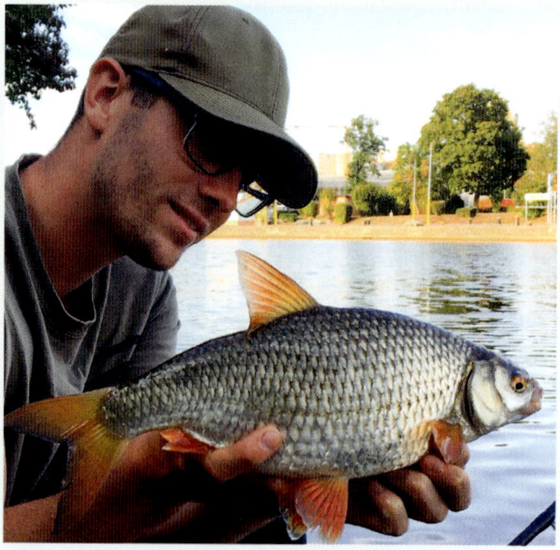

Mario Winter fängt große Rotaugen bevorzugt in großen Flüssen. Seine Köder: Maden und Würmer.

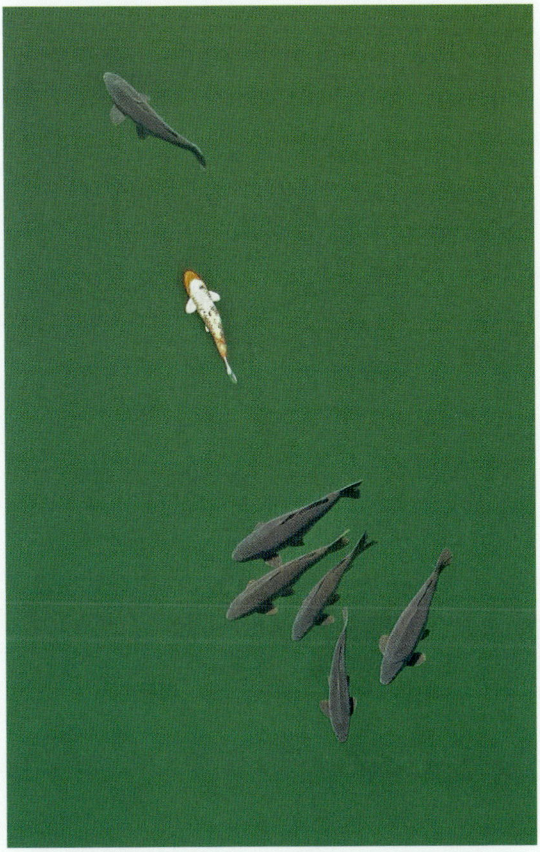

Neozonen sind nicht immer eine Bereicherung für unsere Gewässer.

Neozonen

In Mitteleuropa gibt es hier und da neue Fischarten, unter ihnen echte Exoten, welche nicht zur Grundausstattung hiesiger Gewässer gehören.

Oftmals sind es gewissenlose Gartenteichbesitzer oder Privatpersonen, welche ihr Aquarium oder ihren Teich um einige Fische erleichtern wollen. Also werden selbige kurzerhand in ein öffentliches Gewässer verfrachtet. Ganz in der Tradition von Hundebesitzern, die ihren lästigen Vierbeiner auf der Fahrt in den Urlaub an der Autobahnraststätte anketten.

So kam es in deutschen Gewässern zu einem Neubesatz der besonderen Art. Störe und Kois sind die häufigsten Vertreter dieser Ausgesetzten. Aber auch der Graskarpfen ist auf dem Vormarsch, wenngleich dieser am ehesten auf das Konto argloser Vereinsvorstände geht, die ihren Mitgliedern etwas Abwechslung verschaffen wollen oder glauben, das Krautwachstum im Vereinssee mit Graskarpfen bekämpfen zu müssen.

Graskarpfen

(Ctenopharyngodon idella)

Dieser Fisch mit seinen tief stehenden Augen stammt aus Ostasien, konkret aus dem Fluss Amur, weshalb der Graskarpfen den Beinamen „Weißer Amur" trägt.

Aber handelt es sich beim Graskarpfen wirklich um einen Karpfen? Nein. Ohne Barteln und mit einem endständigen Maul entspricht er eher einem Weißfisch. Lediglich in puncto Kampfkraft, mit seinen panischen Fluchten, kommt der Graskarpfen dem echten Karpfen nahe. Ja, er übertrifft ihn bisweilen sogar.

Grundsätzlich gilt: je schwerer ein normaler Spiegel- oder Schuppenkarpfen, desto träger. Beim Graskarpfen gilt: Je schwerer, desto explosiver. Von dieser schieren Kampfeskraft zeugen kaputte Kescher und zerbrochene Ruten.

Graskarpfen können über 30 Kilo schwer werden und Längen über 1,20 Meter erreichen. Deshalb erfreut sich der Graskarpfen unter Anglern großer Beliebtheit. Die Spezialisten unter ihnen haben sich ganz und gar diesem Fisch verschrieben, nicht zuletzt an Flüssen wie der Elbe.

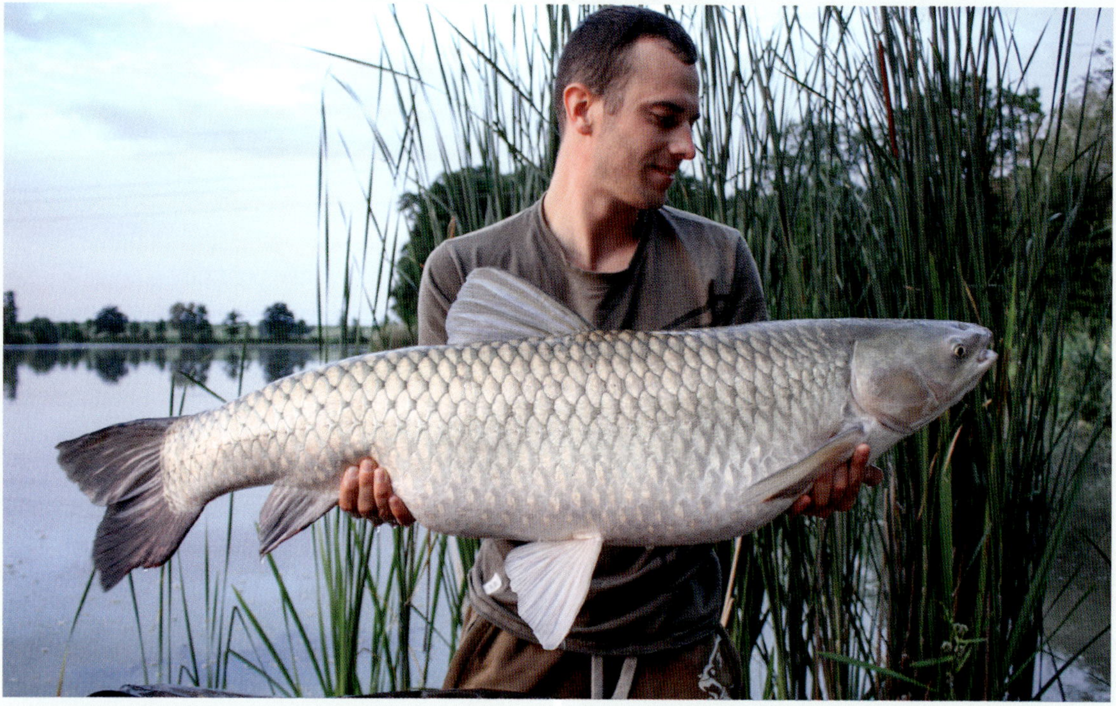

Weißer Amur, hier in den Händen von Mario Winter: äußerst gefräßig und explosiv im Drill.

Der Graskarpfen wird gerne zur Eindämmung von exzessivem Krautvorkommen in Gewässer eingesetzt. Denn er ist, vor allem im Jungstadium, ein Krautfresser vor dem Herrn.

Doch Vorsicht! Ich kenne einen Angelverein, der in einen etwa fünf Hektar kleinen, stark verkrauteten Teich 600 junge Graskarpfen einsetzen ließ. Sechshundert! In der Tat haben die Fische das vorhandene Kraut bis heute, zehn Jahre nach dem Besatz, gänzlich vertilgt. Sie leisteten ganze Arbeit. Doch die Konsequenz ihres Treibens: Mit den Wasserpflanzen verschwand auch die natürliche Nahrung wie Wasserschnecken und Krebse. Und damit verschwanden die meisten übrigen Fischarten, denen die Nahrungsgrundlagen und die schützenden Unterstände geraubt wurden. Kurzum: Das Vereinsgewässer ist heute weitestgehend leer, befreit von Fischen.

Angle ich heute an diesem See, finde ich in den Ausscheidungen der Graskarpfen zerkleinerte Pappelblätter. Die fliegen jeden Herbst zuhauf ins Wasser. Pappelblätter als

Christian Henneberg fängt seine Graskarpfen mit gekochten und über Wochen abgestandenen Partikeln, beispielsweise mit Mais.

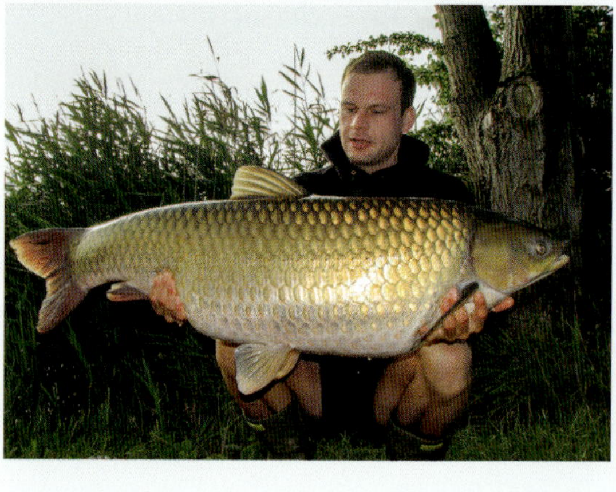

Fischnahrung? Nun, was sollen die Graser auch sonst fressen angesichts eines nahezu „leeren“ Gewässers? Dieses Beispiel verdeutlicht, dass der Besatz von Graskarpfen nicht immer dienlich ist.

Wer auf Graskarpfen aus ist, sollte üppige Partikelteppiche servieren. Die Fische lieben viel Futter auf engem Raum. Es empfehlen sich Partikel wie Mais und Weizen, aber auch Tigernüsse und Boilies. Geschmack und Größe der Boilies ist den Fischen egal, solange viel davon serviert wird.

Immer wieder keimen Mythen von Graskarpfen auf, die angeblich auf Spargelspitzen, Löwenzahnblätter und Gurkenstücken gefangen wurden. Vergessen Sie‘s. Für Graskarpfen sind Partikel der mit Abstand beste Köder.

Störe *(Acipenseridae)* und Kois *(Cyprinus carpio)*

Die kleinste Unterart der Störe, die sogenannten Sterlets, werden gerne in Gartenteichen gehalten. Doch wehe wenn der Sterlet seinen Meter erreicht, zu groß und zu gefräßig wird. Dann wird er nicht selten der Natur überlassen. Raus aus dem Gartenteich, rein in den nächsten See.

So gelangen Störe und auch Koi-Karpfen in Angelgewässer. Dort füllen sie die Rolle der Kuriositätenfische aus.

Während der immer gefräßige Stör stets auf Futtersuche umher patrouilliert, macht sich der Koi rar. Kois sind zwar gut beobachtbar, jedoch alles andere als einfach zu fangen.

Zu groß für den Gartenteich: Störe sind verfressen, kampfstark und bringen mit ihrem Bewegungsdrang viel Unruhe ins Gewässer.

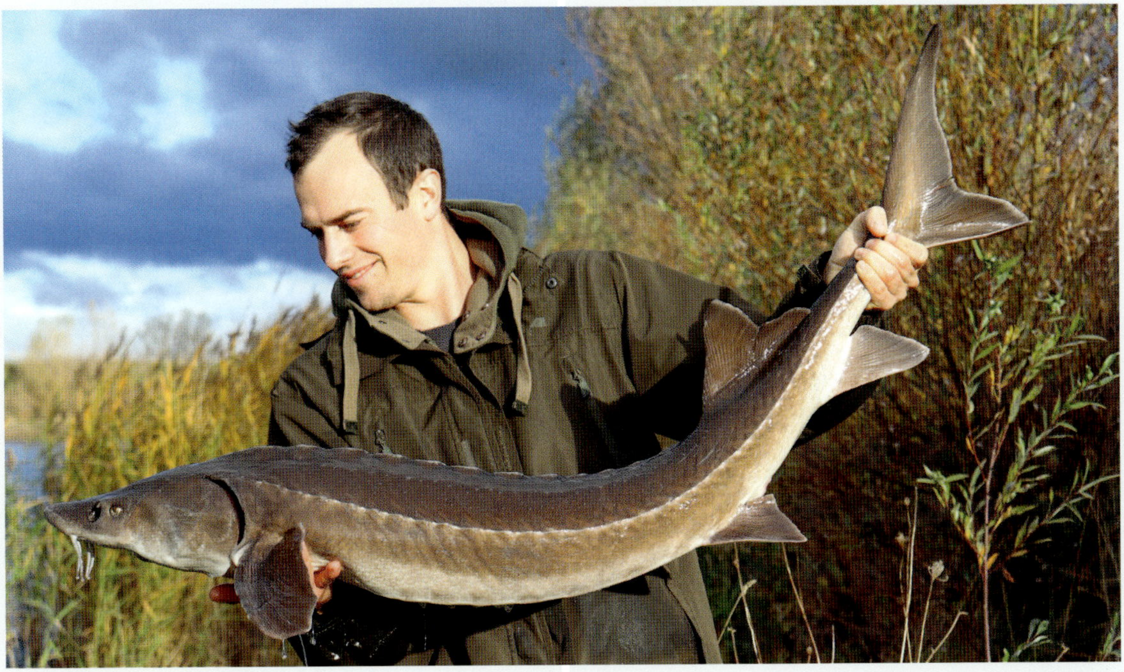

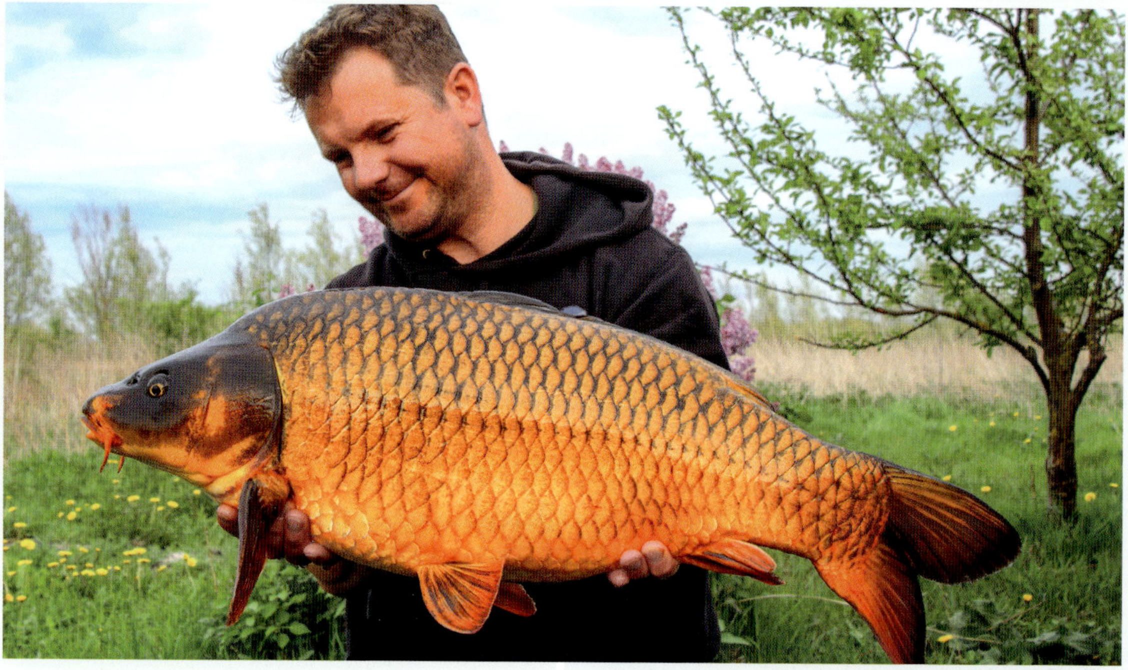

Jens Scholz weiß: Kois lassen sich eher mit kleinen Ködern fangen. Ideal sind Partikel wie Mais.

Denn sie tragen ihre Prägung als Gartenteichfisch mit sich und sind es gewöhnt, das Futter von oben regelmäßig serviert zu bekommen. Deshalb können sie sich selten gegen die etablierten Spiegel- und Schuppenkarpfen durchsetzen.

Für große Köder scheinen sie nichts übrig zu haben, weshalb man sie am ehesten auf Partikel oder kleine Boilies fängt. Wer im Vereinsgewässer einen Koi gesichtet hat und ihn fangen will, muss sich auf ein Katz-und-Maus-Spiel einstellen: Du siehst ihn, aber fängst ihn nicht.

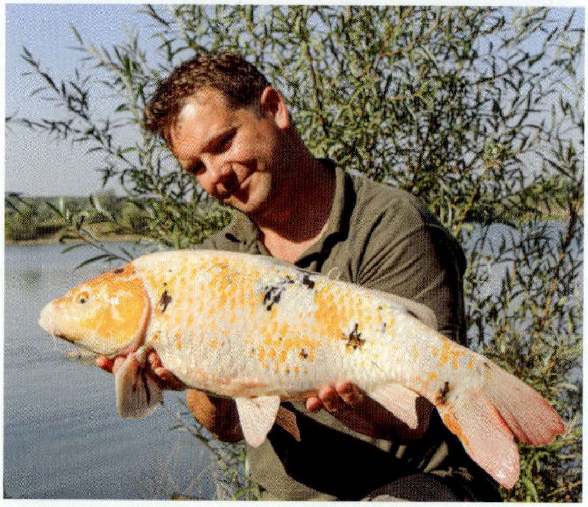

Unzählige Nächte verbrachte Jens Scholz am Vereinsteich. Dann endlich wurden die Kois schwach – sie standen dicht am Ufer.

Störe hingegen sind dankbare Futterabnehmer. Große Futterplätze sind ideal, um Störe auf den Plan zu rufen. Mit fischmehlhaltigen Ködern (Boilies oder Halibuttpellets) ist der Angler gut beraten.
In Forellenseen werden Störe hier und da sogar auf Räucherlachs gefangen.

Solche Störe sind jedoch nicht mit denen in öffentlichen, großen Seen vergleichbar. Denn der Stör im Forellensee bekommt kaum natürliche Nahrung. Er wartet vielmehr auf eingebrachtes (Angel-)Futter. Wenn es sein muss auch auf Räucherlachs.

GASTKAPITEL

Kay Synwoldt

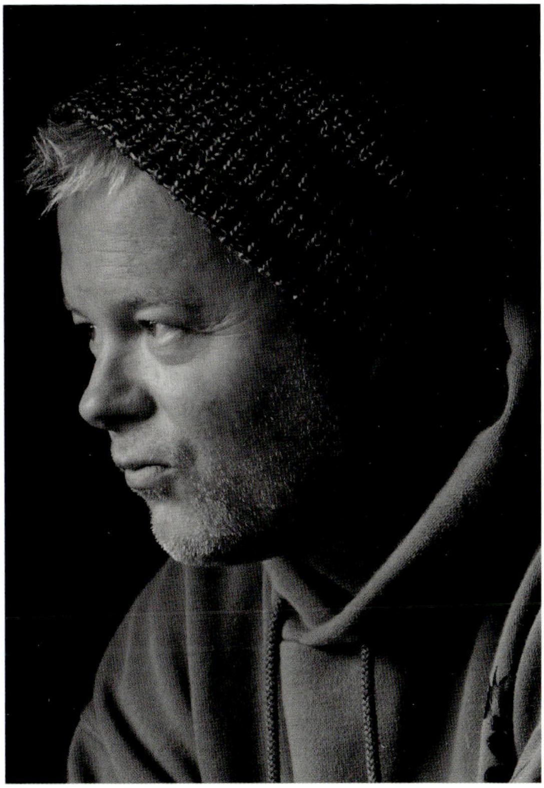

Der gebürtige Braunschweiger blickt auf über 35 Jahre Angelerfahrung zurück und fischt seit den späten Siebzigern spezialisiert auf Karpfen. 1995 veröffentlichte Synwoldt sein Buch „Abenteuer Karpfenangeln". 2006 machte er sein Hobby zum Beruf, indem er das Karpfenmagazin „Carp in Focus" gründete. Synwoldt wohnt in Bocholt, fischt etwa 50 Nächte pro Jahr – zumeist an Baggerseen entlang des Niederrheins und in den benachbarten Niederlanden.

Kay Synwoldt über die sogenannten Graskarpfen, denen er wenig abgewinnen kann.

Graslümmel

Ich will nicht lange um den heißen Brei herumreden: Ich mag sie nicht, die Graslümmel. Das liegt nicht nur an ihrer unaussprechlichen wissenschaftlichen Bezeichnung *Ctenopharyngodon idealla*.

Graskarpfen, wie der Fisch bei uns zumeist genannt wird, ist ohnehin irreführend. Graskarpfen haben nichts mit den Karpfen, meinen eigentlichen Zielfischen, gemein. Sie gehören nicht einmal zur Familie der Cypriniden. Deshalb sind sie bei mir eher unerwünschte Beifänge.

Beifänge, mit denen ich freilich regelmäßig konfrontiert bin. Denn die aus China stammenden Exoten wurden in vielen hiesigen Gewässern eingebürgert: Aufgrund ihrer Vorliebe für Grünzeug dienen sie etlichen Angelvereinen als „biologische Rasenmäher".

Gewiss, als Pflanzenfresser sind sie eine wirkungsvolle Waffe gegen das von vielen Anglern so verhasste Kraut. Was jedoch oftmals nicht bedacht wird: Die vielleicht zwei oder drei Kilogramm schweren Besatzfische wachsen in wenigen Jahren zu zehn Kilogramm schweren Burschen heran. Unter guten Bedingungen erreichen sie gar Gewichte von über 30 Kilo.

Mit der Körpermasse steigt ihr Appetit. Da sie, genau wie die echten Karpfen, keine

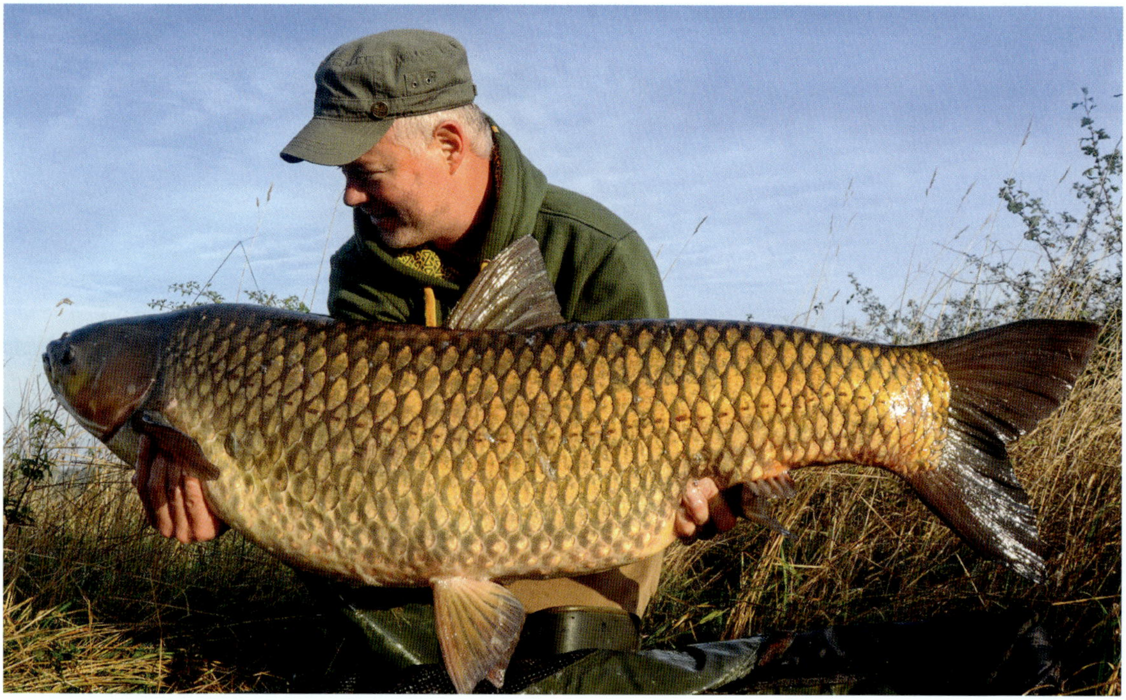

Bis über 30 Kilo schwer: An einem kapitalen Graskarpfen hat man schwer zu heben.

Kostverächter sind, machen sie mir auf meinem mühevoll angelegten Futterplatz das Leben schwer.

Von wegen Vegetarier

Haben die Graslümmel meine Leckereien entdeckt, schwimmen sie erst weiter, wenn kein Krümel mehr übrig ist. Das gilt nicht nur für den beliebtesten Graser-Köder, den Mais. Meine teuren Boilies werden ebenfalls vertilgt, sämtliche Partikel sowieso. Bei den Boilies lassen sich die Graser nicht, wie gerne fälschlich behauptet, von einem hohen Fischmehlanteil abschrecken. Denn Graskarpfen sind, wie ihr Name vermuten lässt, beileibe keine reinen Vegetarier. Tierische Proteine sind ihnen ebenso willkommen. Nein, wählerisch sind sie nicht, die Exoten. Wer glaubt, mit Tuna- oder würzigen Spicy-Boilies die Graser auf Distanz halten zu können, irrt.

Allerdings: Mit Fischmehl-Boilies steigt das Durchschnittsgewicht der Fänge.

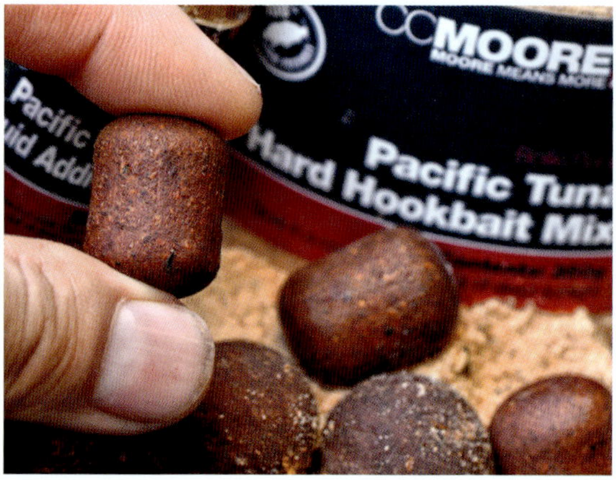

Fischmehl-Boilies: eine gute Option für alle, die es auf kapitale Exemplare abgesehen haben.

Ein interessanter Ansatzpunkt für jene, die es auf die kapitalen Exemplare abgesehen haben.

Verfressene Biester

Ansonsten scheint beim Füttern nur ein Grundsatz zu gelten: Hauptsache viel! Bei Wassertemperaturen zwischen 18 und 25 Grad, wenn die Graslümmel in Fahrt kommen, sind selbst 20 Kilo morgens und 20 Kilo abends nicht zu viel.

Wobei ich die weit verbreitete These ins Reich der Fabeln verweise, wonach der Graskarpfen täglich Futtermengen in der Größenordnung seines Körpergewichts frisst.

Wie soll das gehen? Da müsste ein 20-Kilo-Graser nach dem Fressen 40 Kilo wiegen. Selbst unter Berücksichtigung der Durchlaufzeit der Nahrung im Darm und der Tatsche, dass der Graskarpfen nicht alles auf einmal frisst, entbehren solche Thesen jeglicher Grundlage.

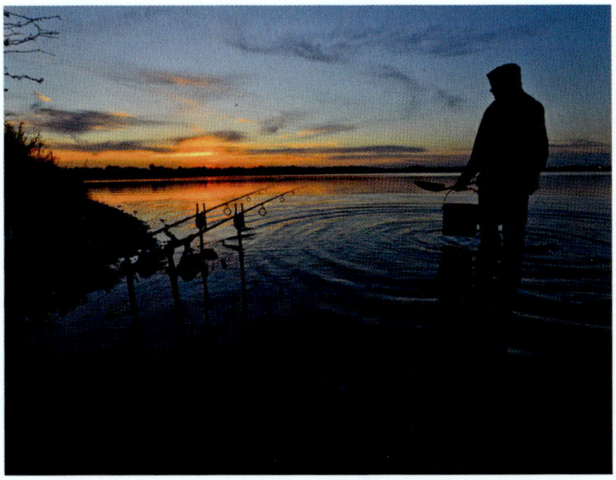

Ein Traum in Blau, Gelb und Rot. Wären da nur nicht die Graser, die ständig meinen Futterplatz leer räumen.

Dennoch: Werden Graser an meinem Futterplatz vorstellig, haben Spiegler und Schuppis das Nachsehen. Diese mögen die Unruhe nicht – und ich fange fortan nur noch Graslümmel. Unzählige Male habe ich erlebt, dass der erste Graser das Ende eines anfänglich gut laufenden Platzes einläutete. Da hilft nur noch: Stelle wechseln.

Ich habe Gewässer erlebt, an denen von Mai bis Oktober selbst Instant-Angeln auf Karpfen kaum möglich war. Die Lümmel waren (fast) immer schneller am Haken. Welch Plage!

Nerviges Gebimmel

Da gibt es diesen Zwei-Hektar-Teich, maximal drei Meter tief, vor vielen Jahren im Sommer völlig verkrautet, effizientes Angeln geriet beinahe zur Unmöglichkeit. Im Angelverein herrschte breiter Konsens: Graskarpfen müssen her. 30 Exemplare wurden eingesetzt. Drei Jahre später gab es kaum noch einen Stängel Grünzeug im See.

Doch die eingesetzten Graser, mittlerweile über zehn Kilo schwer, hatten weiterhin Appetit, stürzten sich nun gierig auf alles, was die Angler an Futter einbrachten. Schon bimmelte der nächste Graslümmel am Bissanzeiger.

Ihre Bisse waren unverkennbar. Kein Run, stattdessen ein harter Ausschlag der Rutenspitze, gefolgt von einem kurzen, ruckhaften Schnurabzug. Danach geht der auf der Schnur hängende, optische Bissanzeiger (Hanger, Bobbin) hoch-runter, hoch-runter. Es wirkt, als würden die Fische in ihrer Gier ungehemmt weiter fressen, obwohl bereits ein Haken in ihrem Maul hängt.

Explosionsgefahr!

In puncto Drill möchte ich an dieser Stelle ein Lanze für diese Spezies brechen. Fälschlicherweise wird gerne behauptet, Graser leisteten kaum Gegenwehr und ließen sich wie nasse Säcke heran kurbeln. Das mag auf die kleineren Exemplaren zutreffen. Doch Fische jenseits der 20-Kilo-Marke können richtig Gas geben! Manchmal mehr als ein gleich schwerer Spiegler oder Schuppi.

Man beachte ihre Torpedoform, die sie für explosive Fluchten prädestiniert. Ich habe Fische erlebt, die im Drill wie ein Hecht aus dem Wasser schnellten. Ein Glück, dass mir dabei noch keine Rute in tausend Teile zerborsten ist.

Der Weiße Amur, wie er auch genannt wird, bleibt im Drill unberechenbar. Bis kurz vor dem Kescher. Eben noch scheinbar ermüdet, spurtet er im nächsten Augenblick wie ein Pfeil in die Tiefe. Dann ist eine fein justierte Bremse wichtig, will man den Schnur- oder/und Rutenbruch vermeiden.

Auch was ihre Ausdauer betrifft, zolle ich den Grasern Respekt. Nicht selten war ich über eine halbe Stunde beschäftigt, bevor ich die Bahnschwelle im Kescher hatte. Und dies, obwohl ich mein Material im Drill bis an die Schmerzgrenze ausreizte. Wenn ich sicher bin, dass ich einen Graslümmel gehakt habe, möchte ich den Fisch so schnell wie möglich im Netz haben. Selbst ein Ausschlitzen nehme ich in Kauf – schließlich sind sie ohnehin nur Beifang.

Hat man einen Graser an der Rute, gibt's gerne einen Kampf auf Biegen und Brechen.

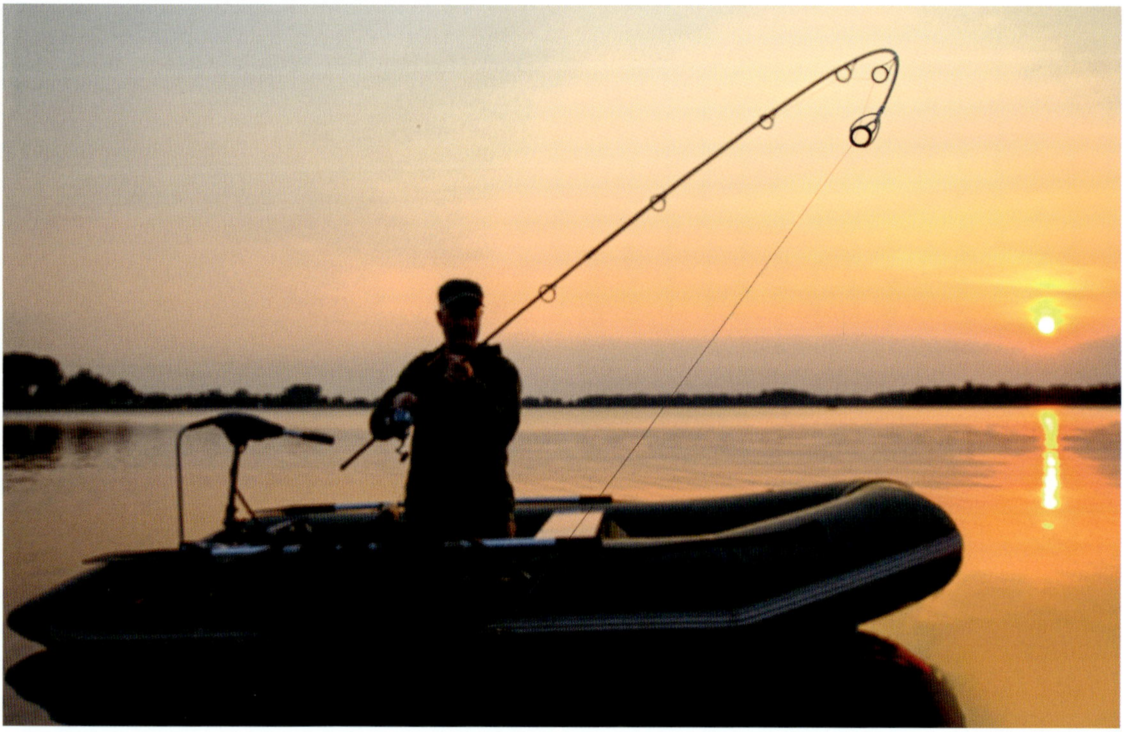

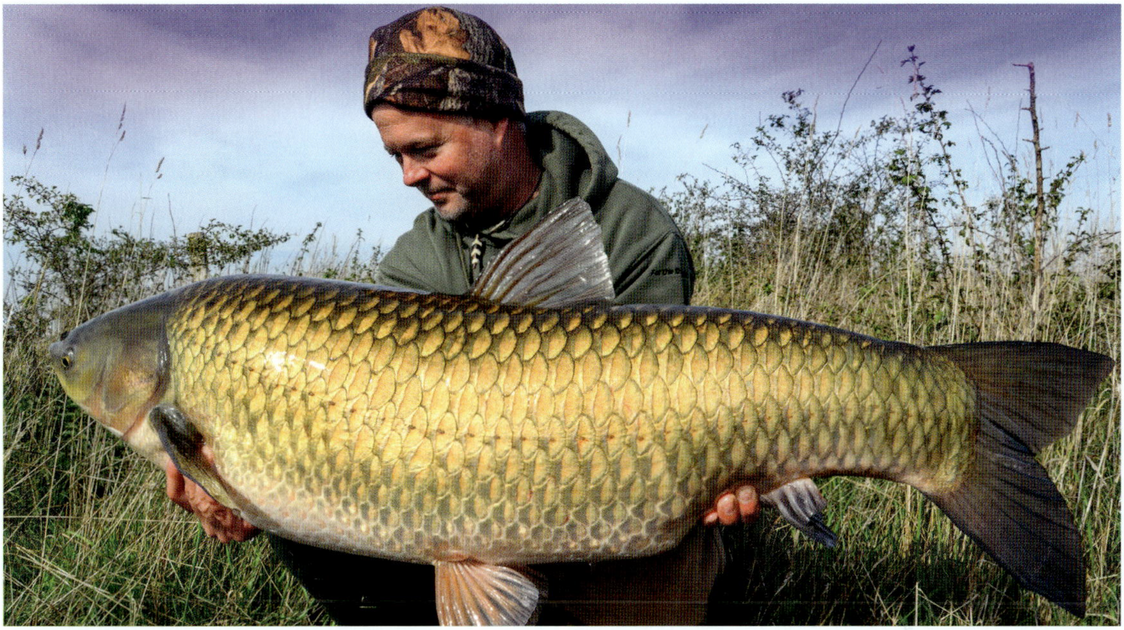

Schnell ein Erinnerungsfoto – dann darf dieser imposante Fisch wieder schwimmen.

Trotz meines kompromisslosen Drillverhaltens habe ich noch nie einen Graser geschlitzt. Was wohl meinen kräftigen 6er-Haken ebenso geschuldet ist wie den knorpeligen Graser-Mäulern.

Unerwünschter Beifang

Graser tendieren selbst im Kescher und später auf der Abhakmatte zu Gewaltausbrüchen, heißt es. Nicht bei mir. Die meisten Lümmel zeigten sich nach dem Drill ausgepowert, trieben teilweise sogar Kiel oben im Netz. Nur kleinere Fische, die sich an schwerem Gerät ohne große Gegenwehr heran kurbeln lassen, haben nach dem Keschern noch Kraftreserven.

Das Hältern von Graskarpfen ist ein viel diskutiertes Thema. Sie seien empfindlich und könnten nicht gehältert werden, wird behauptet. Ich finde: Hier unterscheiden sie sich nur unwesentlich von anderen Karpfen. Zeigt ein Graser im Kescher Schlagseite, gebe ich ihm nach dem Hakenlösen die Möglichkeit, in meinem im Wasser hängenden Kescher wieder zu Kräften zu kommen. Das funktioniert häufig ziemlich gut. Die meisten Fische richten sich nach wenigen Minuten wieder auf. Selbst ein Erinnerungsfoto wäre dann kein Problem. Zumal die Fische so ermattet sind, dass sie nicht wild um sich schlagen.

Wer jedoch seine Fänge über Stunden hältert, sollte sich bei Grasern wie bei normalen Karpfen bewusst sein: Der anschließende Umgang mit den im Sack wieder regenerierten Fischen birgt die größten Verletzungsrisiken für den Fisch.

Ich jedenfalls entlasse meine unerwünschten Beifänge sofort wieder in die Freiheit. Mit dem nächsten Biss landet dann hoffentlich wieder ein echter Karpfen auf meiner Matte.

ZUM FRESSEN GERN – NATÜRLICHE NAHRUNG

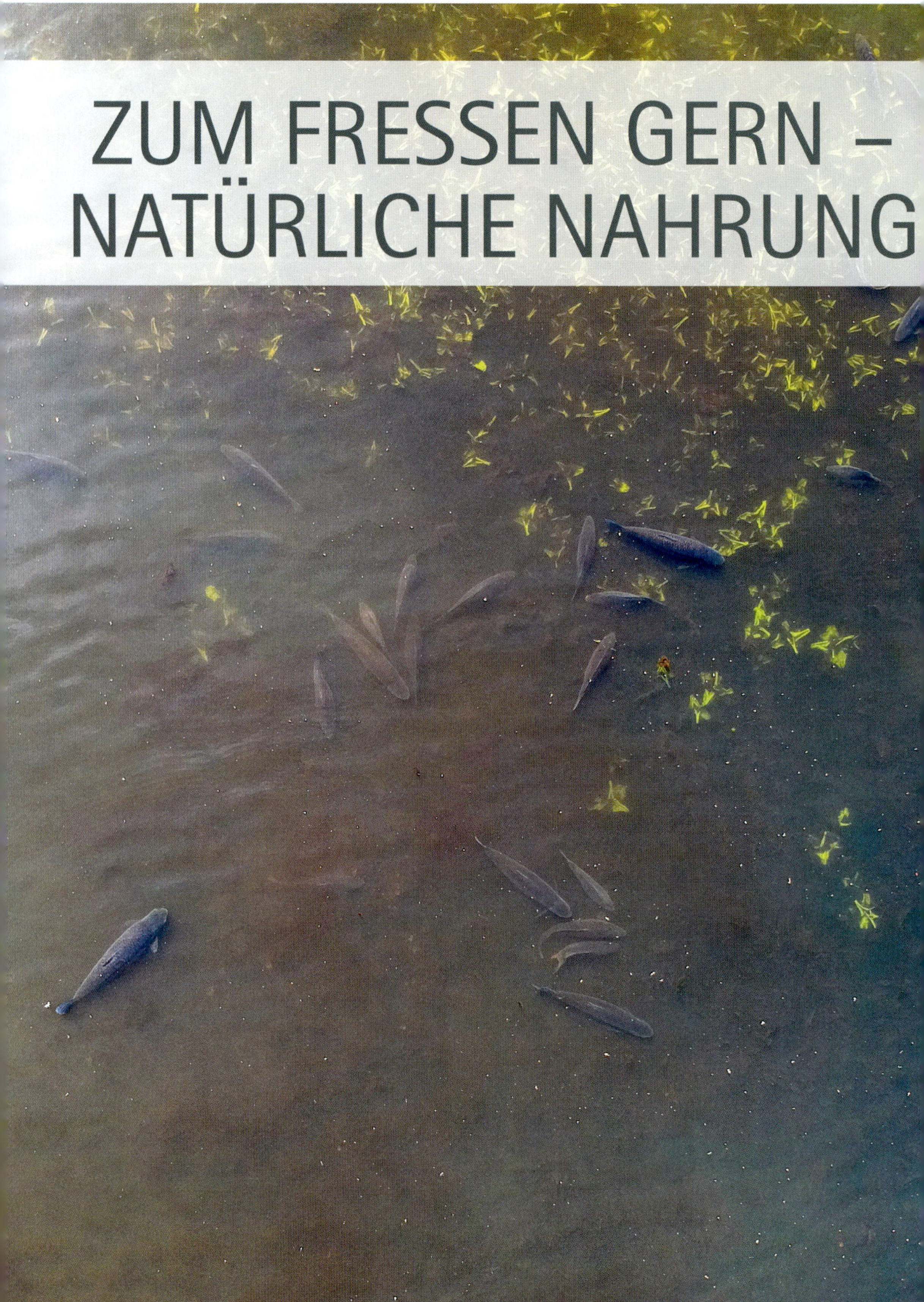

Quizfrage: Was fehlt auf diesem Bild? Bingo, unsere Montage. Hier sind hungrige Karpfen auf Futtersuche.

Sie glauben, Friedfische seien friedlich? Da muss ich Sie enttäuschen. Friedfische nehmen zwar auch pflanzliche Kost zu sich, sie bevorzugen jedoch tierische Nahrung. Je älter der Friedfisch, desto ausgeprägter dieser Sinn für herzhaft-tierische Kost.

Wie stark die natürliche Nahrung vorhanden ist, hängt von der Art des Gewässers (Kiesgrube, schlammiger Natursee, Fluss etc.), dem exakten Spot im Gewässer (Flachwasserbereich, Kante, tiefe Bereiche etc.) und der Jahreszeit ab. Stellen mit viel natürlicher Nahrung sind für uns Angler besonders interessant. Denn diese natürlichen Speisekammern sind nicht selten die Standorte unserer Zielfische.

Anhand der Ausscheidungen von gefangenen Fischen können wir erkennen, welche natürliche Nahrung in einem Gewässer vorhanden ist und bevorzugt gefressen wird. Deshalb lohnt ein Blick auf die Abhakmatte, wenn wir einen Fisch gefangen haben: Scheidet er Muschelreste aus? Wenn ja: welche Muscheln? Oder Krebse? Oder Pflanzenteile? Wir können auch selbst aktiv werden, indem wir Bodenproben entnehmen. Sei es mit der Futterschaufel im Flachwasser oder bei Tauchgängen mit Schnorchel und Taucherbrille. Auch ein Blick mit einem Aquaskop (ein Trichter, der ins Wasser gehalten wird) auf den Gewässerboden liefert interessante Einblicke.

Wer mit natürlicher Nahrung als Köder angelt, hat den ersten Grundbaustein seines Erfolgs gelegt. Leider können wir nicht jede Naturkost am Haken oder am Haar anbieten. Bei einem winzigen Schlammröhrenwurm oder einem Wasserfloh wäre das schwierig. Wir müssen also einen Kompromiss finden: Wir angeln dort, wo sich Wasserflöhe aufhalten, zum Beispiel an der Wasseroberfläche, und bieten dort Köder an, die dem Wasserfloh nahe kommen. Dafür eignen sich beispielsweise winzige Zig-Köder.

Wasserschnecken & Muscheln

Außen hart und innen ganz weich. Was Herbert Grönemeyer einst uns Männern nachgesagt hat, gilt auch für Muscheln wie Teichmuscheln, Körbchenmuscheln und Dreikantmuscheln. Diese werden vorrangig von Karpfen gefressen, denn nur Karpfen verfügen über sogenannte Schlundzähne, dank derer sie Muschelschalen knacken können. Wasserschnecken mit ihren dünnen und nicht so harten Gehäusen werden auch von anderen Friedfischarten konsumiert.

Wenn sich Friedfische an Muscheln und Schnecken laben, erzeugen sie markante Knack-Geräusche beim Aufbrechen der Gehäuse. Dieses Knacken ist für Artgenossen wahrnehmbar – und ruft zahlreiche Mitesser auf den Plan. Für uns Angler ein Effekt, den wir uns zunutze machen sollten. Dazu später mehr.

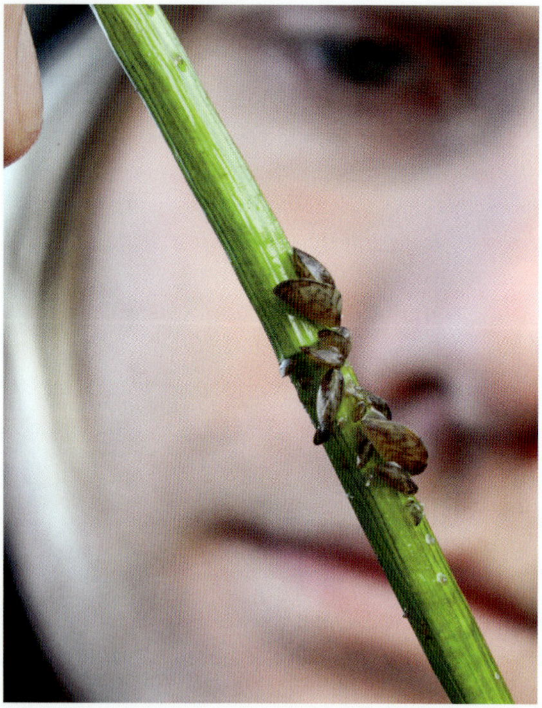

Dreikantmuscheln: Sie leben in Kolonien, besitzen kaum einen Nährwert für den Fisch, werden aber dennoch gefressen.

Dreikantmuscheln

Dreikantmuscheln, auch Wandermuscheln genannt, sind vorrangig in Kiesgruben und in Steinpackungen von Flüssen zu finden. Sie sind eher klein (bis fünf Zentimeter) und setzen sich im Erwachsenenalter an Holz und Gestein fest. Jüngere, kleine Dreikanter fand ich oft an Pflanzenstengeln klebend, meist in Kolonien.

Dreikantmuschelbänke sind ganzjährige Hot Spots für den Fang aller kapitalen Friedfische. Die Muscheln bevorzugen harten Untergrund (Spundwände, Plateaus oder Totholz). Wer in unmittelbarer Nähe von Dreikantmuscheln angelt, sollte unbedingt eine abriebfeste, monofile Schnur (Durchmesser mindestens 0,50 Millimeter) benutzen. Die ultra-scharfen Muschelkanten durchtrennen eine dünne Leine im Nu.

Leider ist das Fleisch der Dreikantmuschel sehr weich. Es eignet sich deshalb nicht als Köder. Angle ich auf Dreikantmuschelbänken, bevorzuge ich kleine Tigernüsse als Köder. „Tigers“ haben in etwa dieselbe Größe wie Dreikantmuscheln und müssen ebenso wie diese geknackt werden. Alle Fische, die sich auf Dreikanter eingeschossen haben, nehmen eine kleine Tigernuss ohne Argwohn auf.

Teichmuscheln

Die eiförmige Große Teichmuschel wird bis zu 20 Zentimeter groß, die ihr ähnliche Gemeine Teichmuscheln hingegen nur bis zu zehn Zentimeter. Die jungen, kleineren Muscheln sind für Friedfische eine willkommene Nahrungsquelle. In Gewässern mit hohem Teichmuschelaufkommen gibt es meist kapitale Friedfische. Ich führe das auf

Teichmuscheln en masse: ein Indiz für gute Wasserqualität und kapitale Fische.

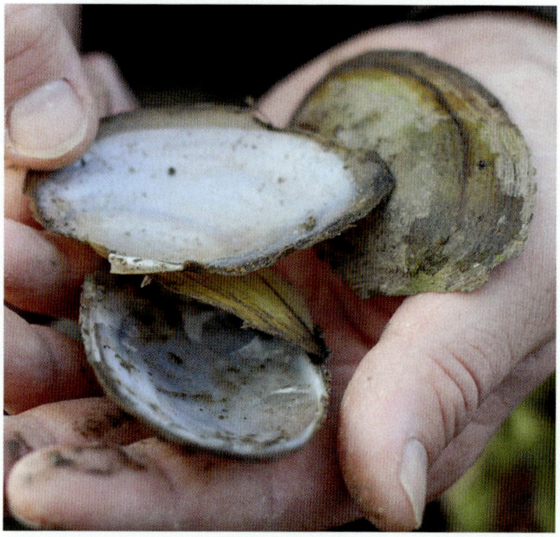

den besonders hohen Nährwert dieser Muscheln zurück.

In sandigem oder auch schlammigem Bodensediment vergraben sie sich fast gänzlich. Kein Wunder das Teichmuscheln häufig in Stauseen, Teichen und Flüssen zu finden sind. Das Fleisch der Teichmuschel ist relativ fest. Es eignet sich als Hakenköder. An der französischen Saone angelte ich mit Teichmuschelfleisch auf Karpfen und fing nebenbei sogar eine kapitale Schleie. Eine Schleie in diesem Fluss zu fangen, gleicht einem Sechser im Lotto.

Teichmuscheln sind für jedes Gewässer eine Bereicherung. Sie filtern das Wasser und ernähren die Fische vorzüglich. Ich nutze alternativ größere Boilies in den sandigen und schlammigen Bereichen, um die Teichmuscheln zu imitieren. Oft mit Erfolg.

Körbchenmuscheln

Im Gegensatz zur Teichmuschel ist die Körbchenmuschel eher klein. Mit einer Größe bis zu drei Zentimetern sind sie eine potenzielle Nahrungsquelle für die meisten kapitalen Friedfische. Die Schale der Körbchenmuscheln ist sehr hart. Es kommt vor, dass sogar Karpfen, Störe und Döbel sie nicht knacken können.

In Ausscheidungen von Karpfen konnte ich bis zu 0,5 Zentimeter kleine, junge Körbchenmuscheln gänzlich unversehrt entdecken. Sie wurden also als Ganzes wieder ausgeschieden. Das machte mich stutzig. Größere Körbchenmuscheln werden von den Fischen zerdrückt und ihr Inhalt verdaut.

Große Körbchenmuscheln werden von den Fischen geknackt, kleine werden unversehrt ausgeschieden.

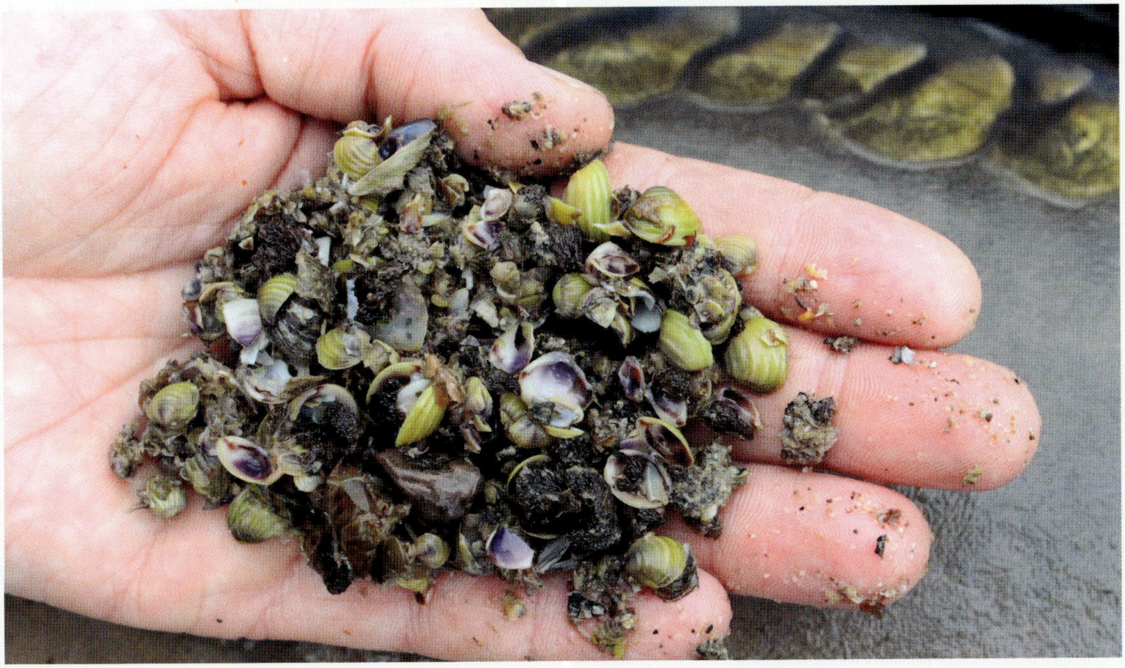

Körbchenmuscheln leben bevorzugt in kiesigen und sandigen Bodensedimenten, in die sie sich eingraben. Das macht Flüsse und Kiesgruben zu ihren bevorzugten Revieren. Dort wiederum sind es die sandigen Badestrände, die für Körbchenmuscheln einen idealen Lebensraum bilden.

Harte und durchgetrocknete halbierte Boilies sind eine ideale Imitation für Körbchenmuscheln – sowohl was Größe als auch Form betrifft. Je nach Zielfischart können Sie als Angler mit der Größe der halbierten Boilies spielen. Für kapitale Brassen und Schleien halbiere ich 15er-Boilies. Für Karpfen und Döbel nehme ich 20- bis 24-Millimeter-Boilies.

Wasserschnecken

Mit ihrer leicht zerbrechlichen Schale und ihrer geringen Größe zwischen einem und drei Zentimetern sind Wasserschnecken eine einfach zu beschaffende Nahrungsquelle für alle Friedfische. Sie müssen die Wasserschnecken nur einsammeln und nicht aufwändig aus dem Bodensediment filtern.

Die **Posthornschnecke** kommt mit sauerstoffarmem Wasser aus. In Teichen mit hohem Krautvorkommen oder vielen Seerosen scheint sie sich besonders wohl zu fühlen. Immer wieder konnte ich beobachten, wie Schleien, Brassen und Karpfen die Posthornschnecken von Schilfhalmen, Seerosenblättern und Stengeln zupften. Gerade in den frühen Morgenstunden macht sich dies durch ein auffälliges Zucken von Seerosenblättern oder Schilfhalmen bemerkbar. Ideale Köder sind dann Wurmstücke oder Maden, mittels Posenmontage dicht am Grünzeug serviert. Der Köder muss nicht am Gewässerboden platziert werden, da die Schnecken vorrangig im oberen Bereich der Pflanzen kleben.

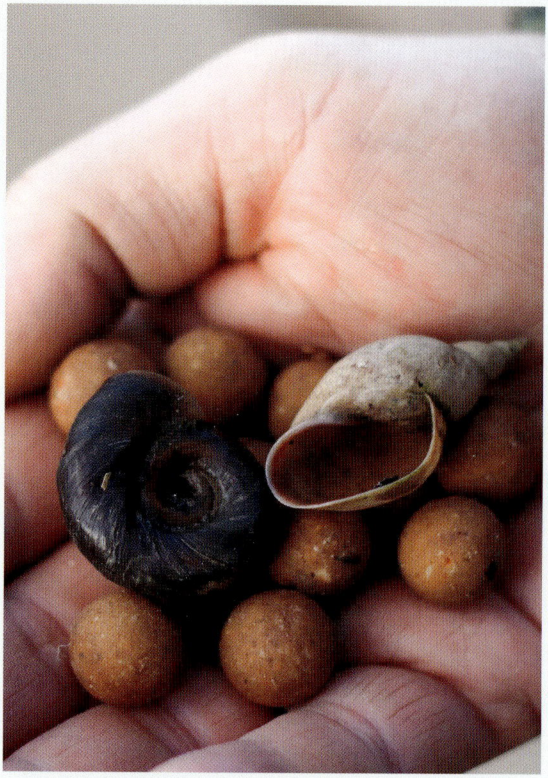

Posthornschnecke (li.) und Spitzschlammschnecke (re.) sind bei allen Friedfischen beliebt und können von uns Anglern mit kleinen Boilies imitiert werden.

Die **Spitzschlammschnecke** ist eine vereinnahmende Schneckenart. Bei zu großer Population verdrängen sie andere Schneckenarten und decken gleichzeitig den Tisch für Friedfische. In einem kleinen Löschwasserteich fand ich diese Schneckenart vor. Lange Zeit fragte ich mich, wie die Fische in diesem winzigen Gewässer zu kapitalen Größen heranwachsen konnten. Sie bekamen zwar oft Brötchen über den Zaun geworfen, aber das allein macht den Kohl bzw. den Fisch bekanntlich nicht fett. Vielmehr war es die Spitzschlammschnecke, welche das gute Abwachsen von Schleie, Karausche und Karpfen beförderte. Sie lebt nicht, wie ihr Name vermuten lässt, im Schlamm, sondern wie andere Schneckenarten an Unterwasserpflanzen. Sie braucht den geebneten Weg zur Wasseroberfläche, um Luft zu holen.

Ideal für die Spitzschlammschnecke sind Seerosen und Schilf sowie Steinpackungen an Uferkanten. Ihr Feind ist der Sauerstoffmangel in den warmen Sommermonaten. Da obiger Löschwasserteich einen konstanten Zufluss mit Frischwasser hatte und über ein reges Pflanzenwachstum verfügte, fand dort die Spitzschlammschnecke optimale Lebensbedingungen vor. Entdecken Sie die Spitzschlammschnecke in Ihrem Gewässer, sollten Sie mit kleinen Ködern nahe der Oberfläche angeln, schön dicht am Ufer, direkt an Schilf- oder Seerosenfeldern.

Da das Fleisch einer Wasserschnecke von allen Friedfischen geschätzt wird, kann es als Hakenköder genutzt werden. Mit großen Wasserschnecken haben Sie beim Anködern leichtes Spiel, bei kleinen Exemplaren wird es schwieriger. Als Alternativköder bieten sich kleine Wurmstücke an.

Kaulquappen

Kaulquappen sind eine Saisonkost, die von April bis Mai auf der Speisekarte steht. Die jungen Frösche im Entwicklungsstadium treten nach dem Schlüpfen (beim Grasfrosch zirka zehn bis 14 Tage nach Eiablage) aus den Eiern im Flachwasser aus und überschwemmen förmlich das Wasser in unmittelbarer Ufernähe. Dort färbt sich das Wasser schwarz vor lauter Mini-Kaulquappen.

Die Friedfische kennen diese Bereiche nur zu genau – und suchen sie gezielt auf. Generell gilt: Friedfische aller Art sind Laichräuber und auch Kaulquappenfresser. Im Zeitraum April/Mai spezialisieren sie sich förmlich auf die Froschbrut, sie scheinen dann kaum etwas anderes fressen zu wollen.

In England fürchten sich viele spezialisierte Friedfischangler vor der Kaulquappen-Schwemme. Sie nennen diese Phase im Jahr die „Tadpole Time“, die Kaulquappenzeit. Dann fällt es besonders schwer, mit herkömmlichen Grundködermontagen zum Erfolg zu kommen. Die Angler versuchen deshalb, mit kleinen, schwarzen und auftreibenden Schaumstoffstückchen als Hakenköder die Kaulquappen zu imitieren. Oft mit Erfolg.

Saisonkost Kaulquappe: In unmittelbarer Ufernähe ist der Tisch reich gedeckt.

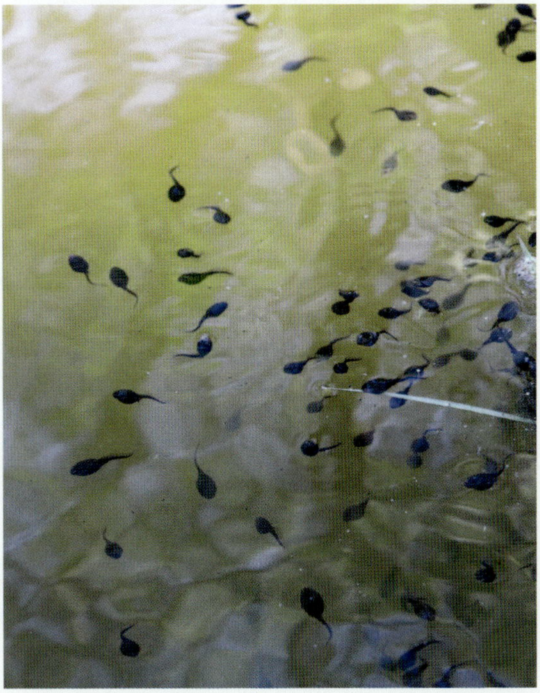

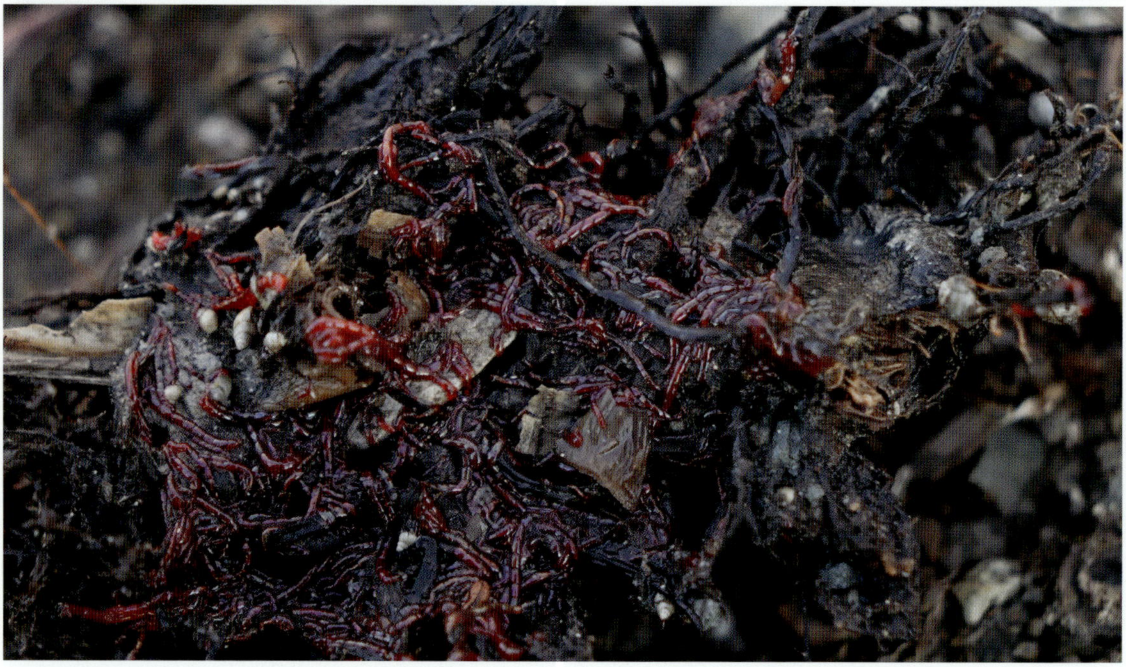

Klein und rot glänzend: Tubifex lieben Schlammböden.
Und Friedfische lieben … jawohl: Tubifex.

Minikost Zooplankton

Der Begriff Zooplankton umfasst kleinste Lebewesen in Teichen, Seen und Flüssen. Zum Zooplankton zählen unter anderem Insektenlarven und Wasserflöhe (Daphnien).

Wasserflöhe *(Daphnien)*

Die nur wenige Millimeter kleinen Leckerbissen sind alles andere als ein geeigneter Hakenköder. Doch alle Friedfischarten lieben Wasserflöhe, welche meist in den mittleren bis oberen Wasserschichten auftreten.

Es gab Angeltage, da wunderte ich mich über die vermeintliche Interessenlosigkeit der Fische an meinen Futterplatz. Woche für Woche standen die Karpfentrupps wie regungslos im Freiwasser und ich blieb ohne Biss. Meine Kollegen befürchteten einen Sauerstoffmangel. Doch ich bin mir sicher, dass das große Aufkommen von Zooplankton für unsere Erfolglosigkeit verantwortlich war. Denn bei der Aufnahme von Zooplankton müssen sich die Fische kaum bewegen: Sie filtern das Wasser nahezu bewegungslos.

Lediglich der Einsatz von Zig-Rigs im Mittel- bis Oberwasser kann dann Anbisse provozieren. Zooplankton tritt das ganze Jahr hindurch auf. Sogar im Winter durfte ich mich schon über riesige Schwärme von Wasserflöhen wundern! An Stauseen stellte ich fest, dass vor Schilfgebieten und Staumauern besonders viel Zooplankton vorhanden war. In diesen Bereichen hielten sich folgerichtig auch die Fische vermehrt auf.

Tubifex *(Rote Zuckmückenlarven)*

Sie leben bodennah und bevorzugen schlammige Böden. Selbst in abgelassenen Teichen konnte ich im tiefsten Winter noch lebendes Tubifex im Bodenschlamm ausfindig machen.

Es gibt regelrechte Zuckmückenlarvenfelder. Diese Bereiche sind wahre Hot Spots für uns Angler. Wer seine Grundbleimontage nach dem Einholen regelmäßig kontrolliert, wird über kurz oder lang fündig. Kleben Tubifex am Blei, am Haken oder am Köder, kann man sicher sein: Ein Hot Spot ist gefunden!

Kleine Köder wie Maden oder Mistwurmstücken, an der Grundmontage mit kurzen Vorfächern angeboten, können uns Anglern dann wahre Sternstunden bescheren.

Fischlaich

Fisch frisst Fisch. Das gilt auch für Friedfische. Des einen Freud ist des anderen Leid. Unter Wasser wird Gleiches mit Gleichem vergolten, getreu dem Motto: Frisst du meinen Laich, fresse ich deinen.

Für uns Friedfischangler ist es deshalb interessant, welcher Friedfisch wo und wann seine Eier ablegt. In diesen Gebieten können wir erfolgreich angeln. Laichen die Brassen, fangen wir dort Karpfen. Und laichen die Karpfen, fangen wir dort kapitale Brassen.

Zwischen April und Juni laichen die meisten unserer Friedfische. Alle Fischarten (ausgenommen Barben) nutzen dann mit

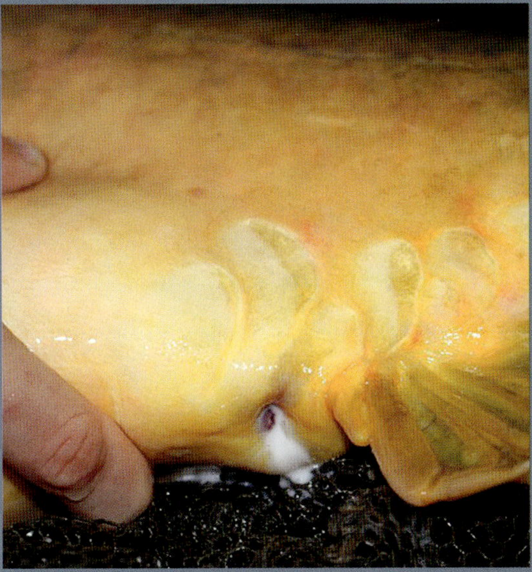

Der Ausfluss eines Milchners kündigt die bevorstehende Laichzeit an.

Laichzeiten

Karpfen: *Mai bis Juni (Wassertemperatur 18 – 20 Grad), Ablage der Eier an Pflanzen im Flachwasser.*

Brassen: *April bis Juni (Wassertemperatur ab 15 Grad), Eiablage an Pflanzenstängeln oder Steinen.*

Rotfeder: *April bis Juli (Wassertemperatur 18 Grad), Eiablage am dicht bewachsenen Ufer.*

Döbel: *April bis Juni, Eiablage bevorzugt auf kiesigem Untergrund.*

Schleie: *April bis Juni (Wassertemperatur ab 18 Grad), Eiablage an Wasserpflanzen.*

Karausche: *Mai bis Juni (Wassertemperatur ab 14 Grad), Eiablage an Wasserpflanzen.*

Barbe: *Mai bis Juli, Eiablage in Laichgruben, bestehend aus lockerem Kies.*

Vorliebe Wasserpflanzen im seichten Uferbereich zur Eiablage. In diesem Zeitraum gibt es also kaum einen Grund, weit draußen im Freiwasser zu angeln. Karpfen wurden übrigens schon beobachtet, wie sie nach der Laichzeit die eigenen Eier verspeisten.

Krebse

Der selten gewordene und vom Aussterben bedrohte Edelkrebs und der etwas kleinere Flusskrebs (auch als Kamberkrebs bekannt) stehen auf dem Speiseplan aller Friedfische. Die winzigen Jungtiere, aber auch stattliche Alttiere werden von vielen Fischarten mit Vorliebe verspeist.

Da Krebse gerne in Krebsburgen leben, finden wir sie zuhauf überall dort, wo sich gute Versteckmöglichkeiten bieten. Steinpackungen, versunkene Äste, unterspülte Schilfgürtel oder ein altes Fahrrad am Gewässergrund sind Hot Spots für Krebse. In der Regel verlassen sie ihr Quartier erst im Schutz der Dunkelheit. In den Nachtstunden werden sie von unseren Zielfischen bevorzugt nahe dieser „Krebsburgen“ erwartet. Besonders interessant sind die Zeiten, in denen sich die Krebse häuten. Kurz vor der Häutung drosseln sie nämlich ihre Nahrungsaufnahme beträchtlich. Dann können wir beruhigt angeln, ohne befürchten zu müssen, dass unsere Köder von den Krebsen abgefressen werden.

Die Krebse sind in dieser Häutungszeit kaum in Bewegung. Das machen sich die Fische zunutze, denn nun müssen sie die Krebse nicht aufwändig fangen. Durch den

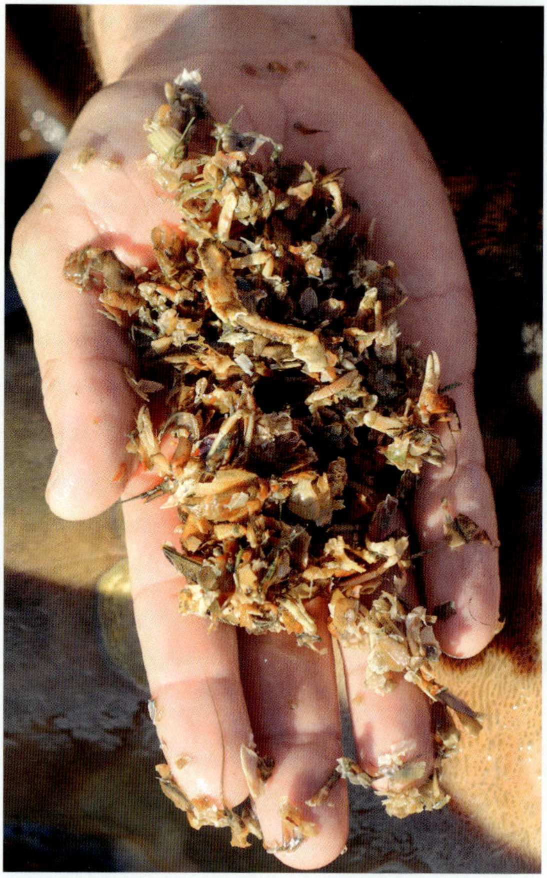

Wenn sich die Krebse häuten, geht's heiß her. Diese Ausscheidungen legen den Verdacht nah, dass sich die Fische dann von nichts anderem ernähren.

Wechsel des Chitinpanzers sind die Krebse zudem nun weich und somit für die Fische leichter zu verspeisen. Ihre gefährlichen Scheren müssen erst wieder nachwachsen. Die weichen und wehrlosen Krebse nennt man übrigens Butterkrebse.

In krebsreichen Gewässern ist das Angeln mit Naturködern wie Wurm und Made sowie Boilies außerhalb der Häutungszeit fast unmöglich. Denn die Krebse finden unsere Köder meist schneller als die Fische. Krebse eliminierten mir bereits steinharte 30-Millimeter-Boilies innerhalb weniger Stunden.

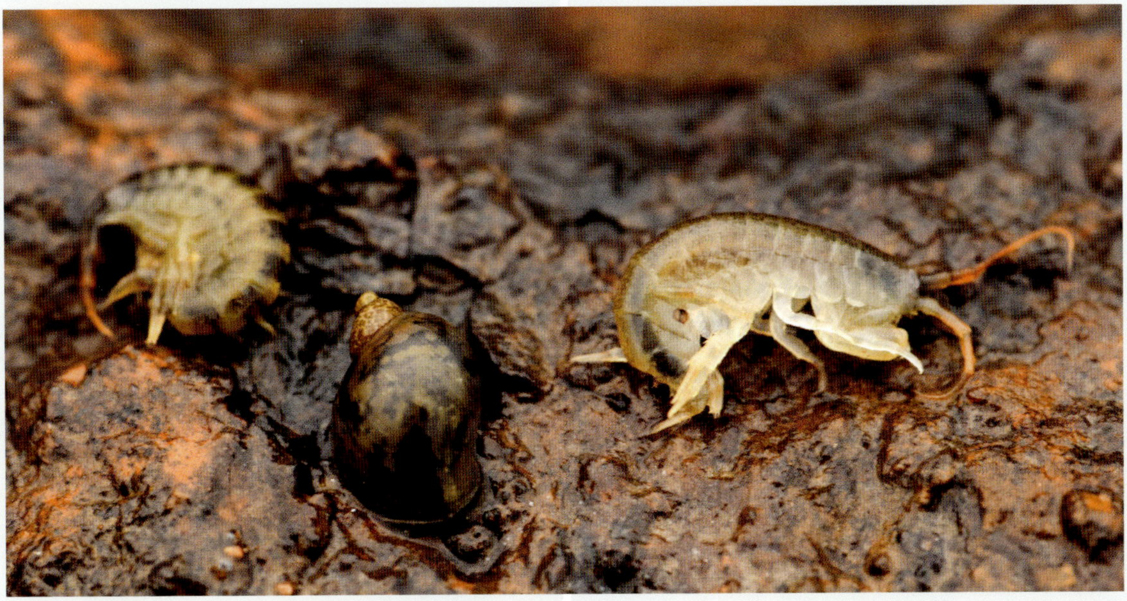

Der Bachflohkrebs ist eine Delikatesse für alle Friedfische.

Abhilfe schaffen in solchen Zeiten spezielle Plastikhüllen für Boilies oder künstliche Köder wie Plastikmais. Ich greife jedoch auf Partikelköder wie Mais oder Tigernüsse zurück. Diese sind erfolgversprechender und werden von den Krebsen weniger aggressiv attackiert.

Bachflohkrebse

(Gammarus fossarum)

Der Bachflohkrebs hat seinen Namen im Grunde nicht verdient. Denn er bevorzugt stehende oder maximal langsam fließende Gewässer. Womit der kleine Leckerbissen häufig in Seen vorkommt. Und eben weniger in schnell dahin plätschernden Bächen. Eine weitere Anforderung an seinen Lebensraum sei noch erwähnt: Das Wasser sollte klar sein. Trübe, schlammige Gewässer sind nicht so sein Ding.

Wo exakt hält sich der Bachflohkrebs auf? In der kalten Jahreszeit bevorzugt er Mischböden aus feinkörnigem Sand und Kies, dort versteckt er sich unter Steinen. Für das Frühjahr und den Sommer zieht der Bachflohkrebs in ufernahe, krautreiche Bereiche um. Maximale Wassertiefe: zwei Meter. Hier ernährt er sich von abgestorbenen Pflanzenteilen.

So ein Gammarus misst gerade mal 14 bis 21 Millimeter. Damit ist er ein klassisches Opfer für alle Friedfische. Da sein Panzer weich ist, können ihn auch Jungfische problemlos vertilgen. Vor allem bei Dunkelheit kommen die Fische zielgerichtet in die Uferzonen, um Jagd auf den kleinen Krebs zu machen.

Als Angler können Sie den Bachflohkrebs mit Maden imitieren. Aber nochmal sei's gesagt: Angeln Sie in den Nachtstunden – denn dann haben die Fische den Gammarus im Visier.

ANGELFUTTER UND KÖDER

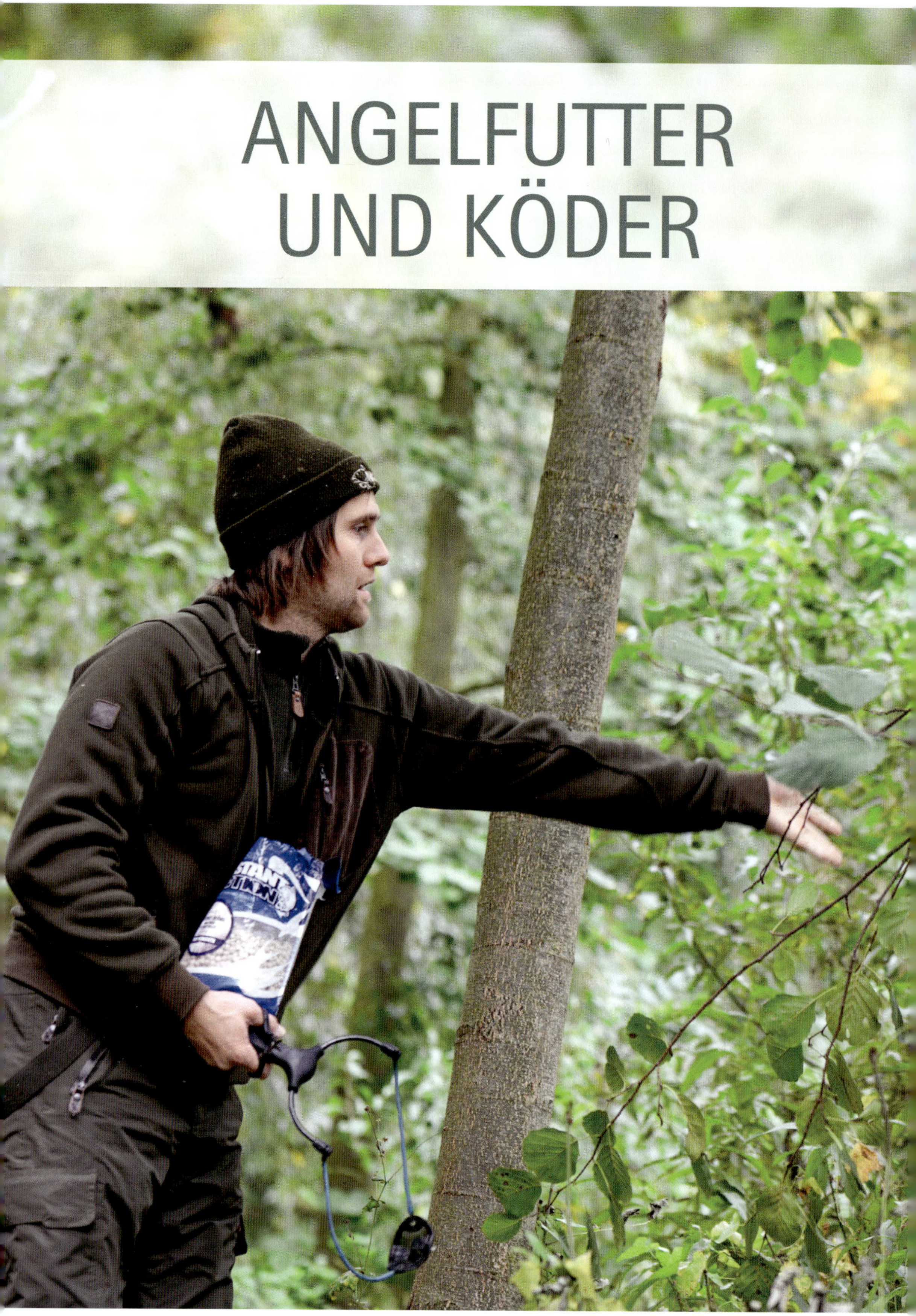

Füttern und der richtige Köder sind der Schlüssel zum Erfolg.

Würmer

Der Wurm ist der Klassiker unter allen Angelködern. Bestens bewährt haben sich große Tauwürmer und quirlige Rotwürmer (Dendrobena). Alle Zielfische begegnen Würmern mit großer Futterakzeptanz, sie fressen sie ohne jegliche Bedenken. Selektiv sind Würmer jedoch nicht: Zu oft ziehen sie Krebse oder kleine Barsche an, die dem Köderwurm schnell den Garaus machen.

Würmer eignen sich im Idealfall als Stalking-Köder, wenn Sie also die Fisch direkt auf Sicht beangeln. Sie sind unsicher, welcher Köder beim Pirschangeln der richtige ist? Dann haben Sie mit einem lebendigen Wurm immer ein Ass im Ärmel.

Rotwürmer sind kleiner als Tauwürmer und sehr lebhaft. Sie sind bei Schleien und Döbeln besonders beliebt. Der stattliche Tauwurm (90 bis 300 Millimeter Länge) ist, bedingt durch seine Größe, ein auffälligerer Happen. Karpfen, Barbe und Brassen sind seine großen Fans. Rotfeder und Plötze lassen sich gut mit kleinen Wurmstücken beangeln.

Beide Wurmarten verströmen über einen erdigen Eigengeruch, der Friedfische sofort anspricht. Durch ihre Bewegungsfreiheit am Haken sind sie visuell sehr auffällig und werden vom Fisch schnell wahrgenommen. Würmer sind ein Köder für alle Jahreszeiten.

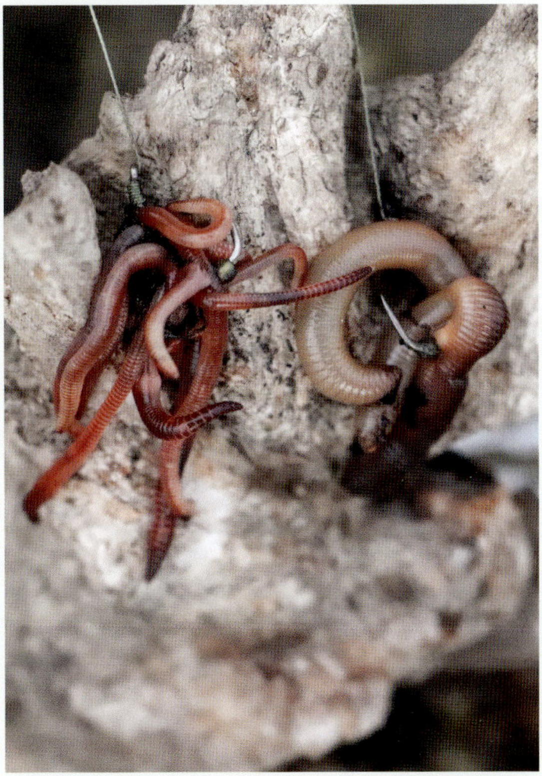

Mit Würmern bringen Sie Bewegung ins Spiel. Man achte auf die kleinen grünen Gummiperlen auf dem Hakenbogen: Damit wird der Wurm gesichert.

Rotwürmer finden Sie häufig im Komposthaufen, Tauwürmer in der Nacht im Blumenbeet. Wenn Sie abends noch einmal gießen, stehen die Chancen besonders gut. Suchen Sie die Tauwürmer auf leisen Sohlen mit Rotlicht. Ansonsten verschrecken Sie die flinken Tiere und gehen leer aus.

Im Fachhandel gibt es Tau- und Rotwürmer zu ansprechenden Preisen. Bei Rotwürmern zahlen Sie für das Kilo-Gebinde 30 bis 35 Euro. 150 Tauwürmer kosten zwischen 25 und 30 Euro. Wer Würmer im großen Gebinde kauft, spart viel Geld. Eine Kleinpackung Tauwürmer (zehn Stück) kostet 2,50 bis 3,50 Euro.

Maden

Maden, insbesondere Pinkies (eine kleine Madenart), genießen einen sehr guten Ruf. Zurecht. Ob im Grundfutter oder als Hakenköder – sie machen immer eine gute Figur. Aus meiner Sicht sind sie die einzigen Köder, die für Friedfische absolut unwiderstehlich sind.

Es gibt keinen Friedfisch, der Maden links liegen lässt. Maden machen müde Fische munter. In schwierigen Situationen, etwa im eisig kalten Winter konnte ich dank Maden schon so manchen „Schneider-Tag" abwenden. Sind Friedfische in der Nähe, bleibt ein quirliges Madenbündel nie unangetastet. Selbst an Gewässern mit enormen Angeldruck und hohem Futtereintrag war ich dank Maden in Kombination mit Grundfutter in der Lage, die Aufmerksamkeit der negativ konditionierten Karpfen auf meinen Futterplatz zu lenken.

Lecker, lecker: Ein Madenbündel macht jeden Friedfisch heiß. Wichtig aber: Anhieb zügig setzen! Sonst schlucken die gierigen Fische den Haken zu tief.

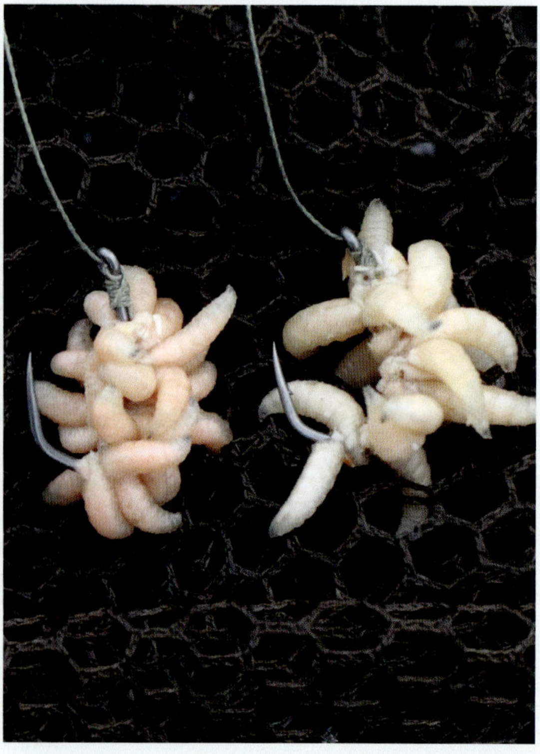

Leider verlassen Maden still und heimlich den Futterplatz oder graben sich ins Sediment ein. Ich wirke diesem Effekt entgegen, indem ich die Maden einen Tag lang im Eiswürfelfach einfriere. Sie glauben, dass die Maden danach tot sind? Sind sie nicht. Sie verfallen in eine Art Starre, die ich mir zunutze mache.

Maden selber zu produzieren ist unangenehm. Ich rate zum Kauf. Große Liter-Gebinde eigenen sich für einen Futterplatzaufbau und kosten zirka sechs Euro inklusive Kühlung. Eine kleine Dose Maden für die Hakenköder kostet um die 1,50 Euro. Sie sollten die Maden jedoch zeitnah aufbrauchen, da sie sich ansonsten verpuppen.

Teig

Teig ist neben den Pellets einer der besten Instantköder. Also ein Köder für die schnelle Nummer, wenn man zuvor nicht angefüttert hat. Zugleich ist Teig der klassische Oldschool-Köder schlechthin. Unzählige Friedfische in allen Gewässertypen gingen über viele Jahre auf das Konto eines verführerisch duftenden Teigs.

Kaum ein anderer Köder arbeitet im Wasser derart schnell und aktiv und ist zudem immer verfügbar. Die individuelle Gestaltung von Aroma, Farbe und Konsistenz,

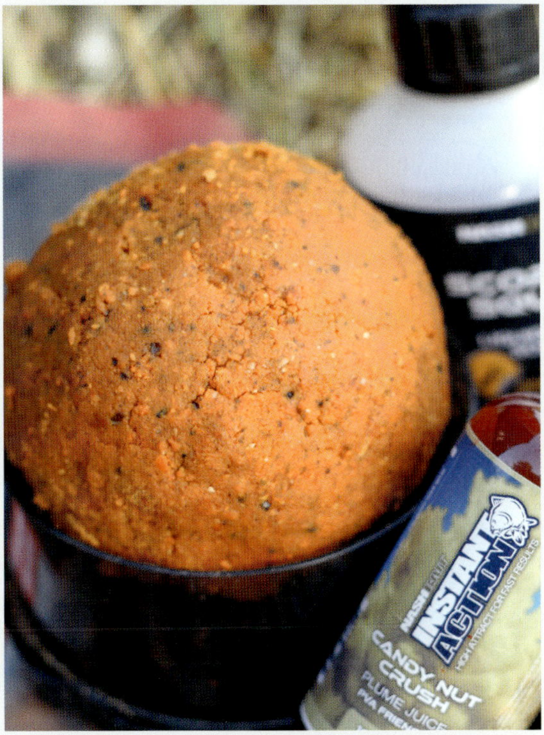

Teig befeuchtet man besser mit Flüssiglockstoffen als mit Wasser.

ganz nach dem Gusto des Anglers, machen ihn zu einem unverwechselbaren Köder, zu einem Fischmagneten der Extraklasse. Egal ob Sie es auf Rotfedern, Schleien, Brassen, Barben oder Karpfen abgesehen haben – mit Teig liegen Sie nie falsch.

Leider hat das Angeln mit Teig drastisch an Popularität eingebüßt. Der Grund liegt im Boilie-Boom. Alle Welt angelt fast nur noch mit Boilies, weil die Kugeln das Angeln erleichtern. Vergessen sollte man jedoch nie die Entstehung des Boilie als Angelköder: Er ist nichts anderes als gekochter (oder gedämpfter) und danach getrockneter und damit gehärteter Angelteig. Allerdings: Durch den Kochvorgang bei der Boilie-Herstellung verliert der Teig an Attraktivität. Denn wasserlösliche und fressstimulierende Inhaltsstoffe wie Muschelextrakt (GLM) oder Leberextrakt gehen während des Kochvorgangs weitestgehend verloren.

Teig hat also im Gegensatz zu Boilies Vorteile. Auch weil er kaum noch benutzt wird und dadurch in keinem Gewässer als überfischter Köder gilt. Er ist das Ass im Ärmel, wenn mit Boilies nichts mehr geht. In schwierigen Phasen wie im zeitigen Frühjahr, wenn das Wasser noch kalt ist, oder im heißen Hochsommer, wenn die Fische träge und inaktiv sind, oder auch im Winter, wenn die Fische dauerhaft wenig fressen, spielt der Teig seine Trümpfe aus. Dann verspricht er mehr Erfolg als alle anderen Köder.

Der Vorteil der Boilies wiederum liegt in ihrer Selektivität. Man kann mit ihnen gezielt Karpfen fangen und unerwünschten Beifang gut ausschließen. Zudem bleiben Boilies lange auf dem Haar und werden, wenn sie hart genug sind, kaum von Weißfischen abgeknabbert.

Teig hingegen ist ein Köder, der um den Haken geknetet wird und mehr Aufmerksamkeit beim Angeln verlangt. Teig fällt beim heftigen Auswerfen auch mal vom Haken und er fängt mitunter nicht den gewünschten Zielfisch. Eigenschaften, die auch mich beim Karpfenangeln seit vielen Jahren zum Boilie greifen lassen.

Angelteig ist einer der individuellsten Köder. Der Angler hat die Möglichkeit, seinen Teig nach eigenen Ideen, Rezepten und Wünschen zusammenzustellen – in puncto Farbe, Konsistenz und Aroma. Zäher Angelteig eignet sich nicht nur als Hakenköder, sondern auch als potentielles Lockmittel, wenn er um das Grundblei oder den Pellet Feeder geknetet wird. Auf diese

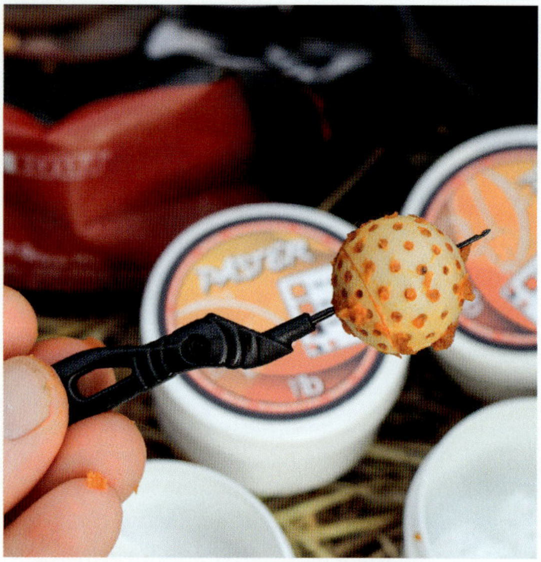

Der Paster: ein Käfig für den Teig, ideal zum selektiven Angeln auf große Friedfische.

Weise nutze ich Teig als Lockmittel an meiner Grundmontage. Dann gebe ich dem Teig viele wasserlösliche Lockstoffe wie Squid-Extrakt oder GLM (Green Lipped Mussle-Extrakt) bei. Auch lassen sich in den Teig hervorragend Partikel kneten.

Als Hakenköder eingesetzt sollte ein guter Angelteig eine zähe Konsistenz aufweisen. Zum Angeln auf Sicht ist er hervorragend geeignet. Da er sofort seine Lockstoffe abgibt, ist Teig ein sehr guter Instantköder für alle Friedfische. Wenn Sie nicht mit einem zeitnahen Biss rechnen können, sollte der Teig in einen Käfig: Ich nutze dafür den „Paster“ der Firma Naturebaits. Der Paster besteht aus zwei Halbkugeln, welche mit Teig gefüllt zusammengesetzt werden. Durch die Löcher in den Halbschalen treten die Lockstoffe aus. Angeködert wird der Paster wie ein Boilie am Haar.
Ein solcher Paster von Naturebaits (www.naturebaits.de) kostet im Dreier-Pack 9,90 Euro. Der Paster ist wiederverwendbar, sein Einsatzgebiet ist das Karpfenangeln.

Herkömmlicher Angelteig kostet im gebrauchsfertigen Zustand in der 250-Gramm-Dose zirka 2,50 Euro.

Ein bewährtes Teig-Rezept

Zutaten:
150 Gramm Toastbrot
100 Gramm Kartoffeln
1 Esslöffel Fischöl oder Olivenöl

Anleitung:
Entfernen Sie die Rinde des Toastbrotes und befeuchten Sie diese so lange, bis sie sich mit Wasser vollgesogen hat. Drücken Sie die Feuchtigkeit durch ein Küchentuch aus dem Toast.
Kochen Sie die Kartoffeln nach dem Schälen weich und pürieren Sie sie im Anschluss.
Vermengen und verkneten Sie alle drei Komponenten (Toast, Kartoffelstampf, Fischöl/Olivenöl) zu einem homogenen Teig.

Den Teig können Sie nach Belieben aufpeppen. Zum Beispiel mit:
- *geriebenem Gouda-Käse (für Barben)*
- *Squid Extrakt und Fischprotein (für Karpfen und Stör)*
- *Shellfish Concentrate von Nash Bait (für Döbel)*
- *Tandoori (indische Gewürzmischung) für Schleien*
- *Micro Pellets (für Brassen und Rotaugen)*

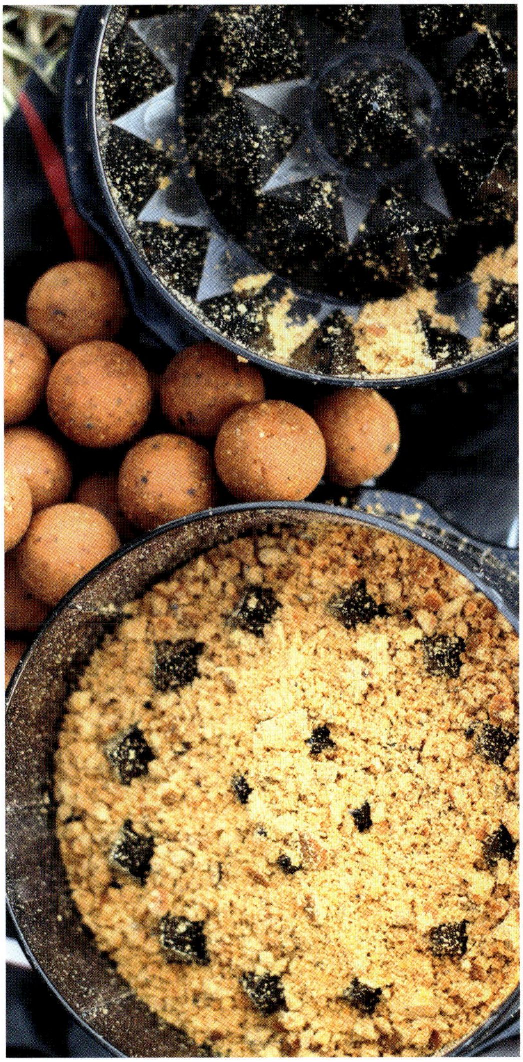

Mit einem Mörser mahlen Sie alte Boilies klein – und hauchen ihnen damit neues Leben ein.

Teig aus Boilieresten

Sie wollen mit Teig angeln, haben aber keine Zutaten zur Hand? Kein Problem. Wenn Sie ein paar Boilies dabei haben, sind Sie bestens vorbereitet. In hochwertigen Boilies gibt es mehr als genügend attraktive Inhaltsstoffe. Aktivieren Sie diese, indem Sie harte Boilies in einen unwiderstehlichen Teig verwandeln.

Anleitung:

1. Hochwertige Boilies fein zerrmörsern und in ein Gefäß füllen.

2. Den pulverisierten Boilie reichhaltig mit wasserlöslichen Attraktoren (Squid Extrakt etc.) und Flüssiglockstoffen (Fischöl, Instant Action Plum Juice etc.) anreichern.

3. Kein Seewasser hinzugeben, sondern nur Flüssiglockstoffe wie Food Dip etc.

4. Die Masse gut durchkneten, bis der Teig eine feste Konsistenz erlangt.

5. Paster befüllen und diesen auf das Haarvorfach fädeln, abschließend mit einem Boiliestopper sichern.

6. Etwas Teig vor dem Auswerfen um das Blei kneten (steigert die Attraktivität des Angelplatzes).

Boilies

Die gekochten Teigkugeln sind ein Leckerbissen für jeden Friedfisch. Boilies gibt es in unendlichen Variationen. Sie sind die vielfältigsten Angelköder überhaupt: Es gibt sie in unzähligen Geschmacksrichtungen, Farben, Konsistenzen und Größen, womit der Angler sie für jeden Zielfisch maßgeschneidert einsetzen kann.
Für Rotfedern und Plötzen eignen sich Mini-Boilies in Größen bis zehn Millimeter. Schleien, Döbel, Brassen, Karauschen, Giebel und Barben fangen Sie gut mit 15er- bis 18er-Boilies. Karpfen und Stör fressen neben kleinen Boilies auch große Varianten zwischen 20 und 30 Millimeter Durchmesser.

Härte
Harte, durchgetrocknete Boilies bieten Weißfischen und Krebsen wenig Angriffsmöglichkeiten. Steinharte Boilies werden eingesetzt, um selektiv auf Karpfen zu angeln. Umso größer und härter ein Boilie ist, desto besser stehen die Chancen, einen Karpfen zu fangen.

Weiche Boilies hingegen geben schneller ihre Lockstoffe ab. Sie sind für Schleien, Brassen und Co. ohne große Anstrengungen, zu fressen. In der kalten Jahreszeit haben weiche Boilies auch beim Karpfenfang Vorteile. Denn je weicher ein Boilie, desto kürzer scheint die Verdauungsphase zu sein. Das spielt eine große Rolle, wenn der Stoffwechsel der Karpfen im kalten Wasser auf Sparflamme läuft.

Attraktiv und selektiv: Boilies sind nichts anderes als hartgekochte Teigkugeln.

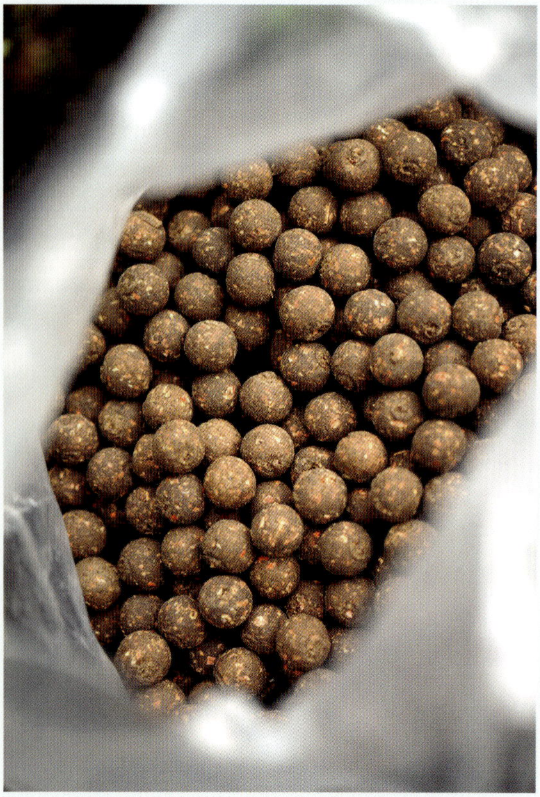

Ich empfehle, Boilies bei kalten Wassertemperaturen (drei bis sechs Grad) in Seewasser vorzuweichen, mindestens für 24 Stunden. Haben Sie wenig Zeit, dann überbrühen Sie die Boilies mit siedendem Wasser. Dadurch öffnen sich die Poren und der Boilie beginnt zu arbeiten. Ich bin mir sicher: So wird ein Boilie attraktiver und besser verdaulich für die trägen Winterfische.

Während im Winter trockene, harte Boilies keine Bisse bei kurzen Angelsessions brachten, hatte ich auf rehydrierte, also vorgeweichte Kugeln mehr Fischkontakte.

Der Härtegrad der Boilies kann durch den Einsatz härtender Zutaten (siehe Rezepte), der Variation von Garzeit (kurze Garzeit = weiche Boilies) und des Trocknungsgrades (lange Trocknungsphase = Feuchtigkeitsentzug = harte Boilies) verändert werden.

Farbe
Je auffälliger die Farbe eines Boilies, desto schneller wird er von den Fischen gefunden. Unerfahrene Fische sind oft neugierig und nähern sich gezielt einem farbenfrohen Köder. Stehen unsere Friedfische jedoch in einem stark befischten Gewässer unter hohem Angeldruck, werden Sie über kurz oder lang mit auffälligen, unnatürlichen Köderfarben schlechte Erfahrungen sammeln. Dann bringen die Fische grelle Farben mit Gefahr in Verbindung. Unauffälligen Naturfarbtönen dagegen, wie sie Schnecken, Krebse und Muscheln aufweisen, vertrauen die Fische instinktiv.

Im Jahresverlauf werden meine Boilies immer unauffälliger, zumindest wenn ich in

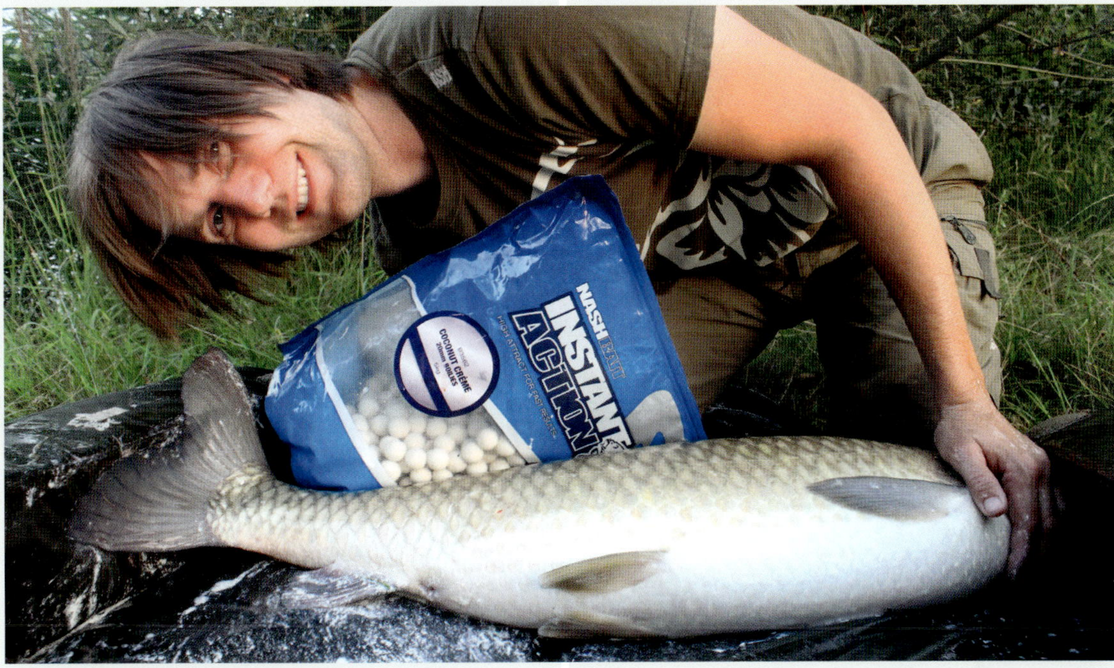

Dicke Wampe: Diesem Graskarpfen fielen die weißen Kokosnuss-Boilies ins Auge.

stark beangelten Gewässern fische. Im Frühjahr jedoch, nach der langen Winterpause, in welcher die Fische kaum befischt wurden, scheinen vor allem Karpfen und Schleien von Vergesslichkeit befallen. Dann akzeptieren sie vermehrt farbenfrohe Köder.

Im Sommer gehen die Bisse auf derart bunte Kugeln deutlich zurück. Und im Herbst scheinen Wasservögel wie Tauchenten und Blesshühner am meisten Applaus zu klatschen, wenn Farbe ins Boilie-Spiel kommt. Darum setze ich im Sommer und Herbst bevorzugt Boilies in natürlichem Farbdekor ein. Diesen stetigen Farbwechsel, abhängig von der Jahreszeit, müssen Sie nicht betreiben, wenn Ihr Gewässer kaum beangelt wird.

Dunkle Boilies können im übrigen dennoch sehr auffällig sein – wenn Sie Ihren Futterplatz auf hellem, sandigem Boden anlegen. Der Kontrast zwischen Köderfarbe und Gewässeruntergrund ist entscheidend.

Pop-ups

Auftreibende Boilies sind für die Fische schneller wahrnehmbar. Schon wenige Zentimeter über dem Gewässerboden schwebend werden sie zu einer verlockenden Falle. Mit der Vorfachlänge (bei Zig-Rigs) oder durch Verschieben des Knetbleies auf dem Vorfach können Sie die Auftriebshöhe regulieren.

Auf üppigen Futterplätzen sollte der Pop-up allerdings nur knapp über dem übrigen Futter angeboten werden. Zu hoch angebotene Pop-ups würden von den Fischen beim Fressen der frei liegenden Bodenköder übersehen werden. Auch wenn die Fische kopfüber im weichen

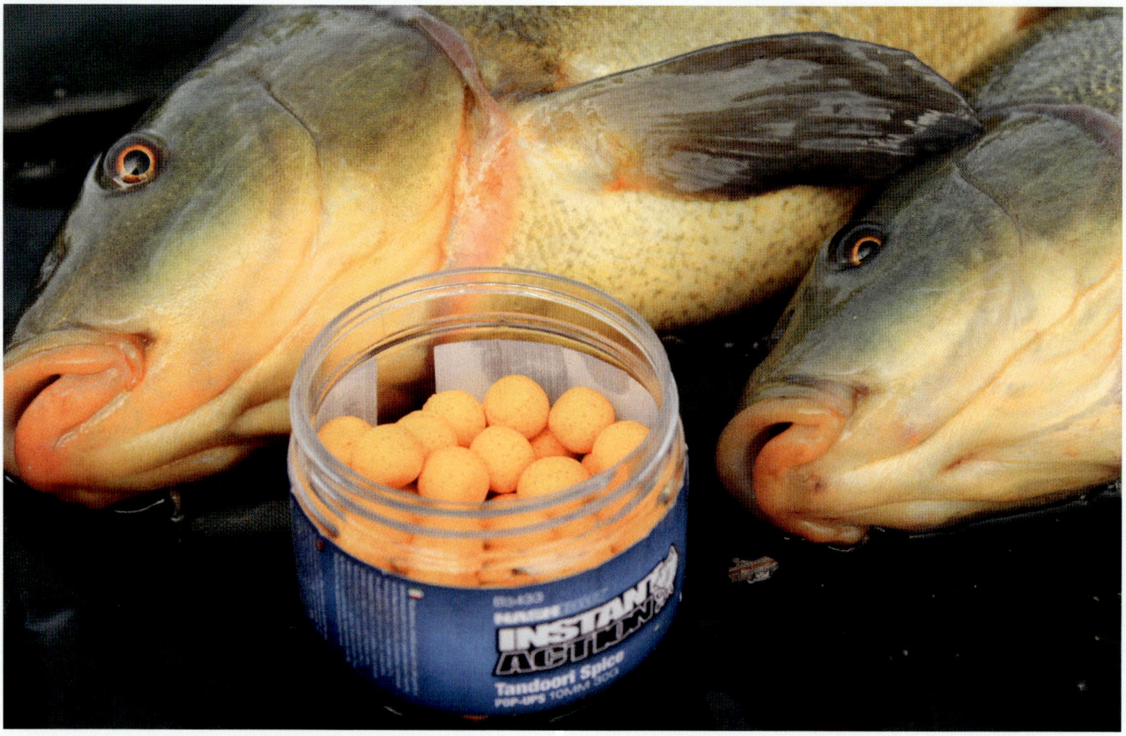

Wer kann da widerstehen? Pop-ups machen viele Fische schwach. So auch diese zwei Schleien.

Bodenschlamm stecken, um nach Tubifex oder Muscheln zu suchen, sind höher schwebende Pop-ups kontraproduktiv.

Oft präsentieren Angler ihre Pop-ups auf weichen Böden. Damit wollen sie verhindern, dass der Köder unauffindbar im Schlamm versinkt. Weiche, schlammige Böden sind jedoch im Normalfall (Ausnahme Faulschlamm) reiche Speisekammern für die Fische. Setzen Sie also im Schlamm lieber sinkende Boilies ein. Pop-ups eignen sich sehr gut, um ohne Beifutter auf harten Böden zu angeln. Werfen Sie Bereiche an, wo Sie die Fische vermuten oder beim Buckeln oder Springen beobachten konnten. Präsentieren Sie einen Köder, der den Fischen auffällig signalisiert: Hier bin ich!

Wafter

Wafter sind weder Pop-up noch herkömmliche Bodenköder. Sie sind leichter als ein Bodenköder, treiben jedoch im Gegensatz zu Pop-ups nicht auf. Wafter machen das Angeln im wahrsten Sinne des Wortes leichter.

Nehmen Friedfische ihre Nahrung vom Gewässerboden auf, geschieht das in der Regel durch Ansaugen. Mit dem Ansaugdruck selektieren sie ihre Nahrung vom umliegenden Unrat am Gewässerboden (Steine, Pflanzenteile etc.). Unser Haken und unser Vorfach machen den Köder schwerer. Ein zwar sinkender, jedoch leichterer Boilie – bei identischer Größe zu den umliegenden Futterboilies – flutscht schneller in den Fischschlund. Genau diesen Effekt erzielt ein Wafter. Und bei leichtem Bodenkraut kommen Wafter oben auf dem Kraut zum Liegen und sind somit für den Fisch leichter auffindbar.

In Fließgewässern lieben es speziell Barben, Köder zu fressen, welche in Bewegung sind. Ein leichter Wafter ist da ideal. Selbst bei minimaler Strömung liegt er nie ganz ruhig am Boden.

Ummantelte Boilies
Wer nur kurz angelt, über wenige Stunden oder maximal eine Nacht, ohne zuvor gefüttert zu haben, benötigt Köder, die sofort (instant) attraktiv sind. Ummantelte Boilies sind solche Köder.

Es gibt ummantelte Boilies in allen Variationen: als Bodenköder, als Wafter und als Pop-ups. Die Ummantelung ist nichts anderes als eine schnell lösliche Lockstoffschicht, die den Boilie, sobald er mit Wasser in Kontakt kommt, arbeiten lässt. Wer seine ummantelten Boilies selbst herstellen will, überzieht seine Haken-Boilies einfach mit einer dünnen Teigschicht.

Aromen
Boilies besitzen sehr ausgefallene Aromen – entsprechend einfallsreich sind die Produzenten bei der Namensgebung ihrer geflavourten Kugeln. Da gibt es „Mystic Spice", „Monkey Shit" oder „Grilled Kangaroo". Nun mögen Boilie- und Flavour-Bezeichnungen irgendwo zwischen kreativ und amüsant oszillieren, vollends grotesk wird es jedoch wenn Aroma-Beschreibungen bzw. Verkaufsslogans dazu kommen wie: „Tropical Apricot – duftet nach Urlaub. Nicht nur Anglerfrauen lieben es, sondern auch Karpfenfrauen." Oder: „Cabua – Dieser leckere Geschmack von Kakao, Kokosnuss und weißer Schokolade lässt von schönen Frauen und Urlaub in der Karibik träumen." Und schließlich schien vor einigen Jahren die betreffende Firma, ein großer deutscher Boilie-Produzent, zu wissen, in welchem Land die Karpfen welches Flavour bevorzugen: „Honey Sirup – besonders in Frankreich einen Versuch wert."

Heute schütteln wir die Köpfe über derartigen Blödsinn. Doch selbst ich war bis vor einigen Jahren zutiefst überzeugt, dass besonders exotische Aromen den Köder verbessern, ihm einen eigenen Charakter verleihen. Mittlerweile distanziere ich mich gänzlich von der Wirksamkeit synthetischer Flavour. Ich halte sie sogar für sinnlos.

Stuhlprobe: Die Ausscheidungen der Fische geben Aufschluss darüber, ob der Köder angenommen wurde.

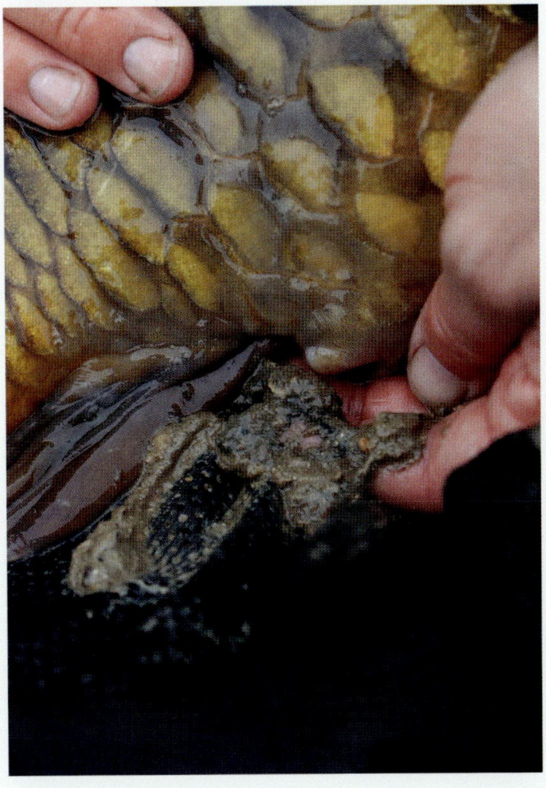

Vielmehr sind es oftmals nur die Nase des Anglers und seine eigenen Vorlieben, die ihn dazu bewegen, ein bestimmtes Aroma zu bevorzugen. Wie heißt es so schön: Viele Boilies fangen den Angler, aber nicht den Fisch.

Was wirklich zählt bei einem Boilie: Er muss den Fisch gut ernähren und bekömmlich, also gut verdaubar sein. Friedfische erkennen hochwertige Angelköder schnell – auch ohne zusätzliche, synthetische Aromen. Das natürliche Aroma ist ausreichend. Wenn der Köderproduzent natürliche Zutaten/Lockstoffe wohl dosiert einsetzt und dafür sorgt, dass sich diese Lockstoffe rasch aus dem Boilie lösen und ins Wasser diffundieren können, wird der Köder für die Fische unwiderstehlich.

Beispiele für solch erfolgversprechende Zutaten sind Lebermehl, Fischmehl, Fischprotein, Geflügelprotein, Squid Extrakt, Buttersäure (bekannt als Scopex), Gewürze und GLM (Green Lipped Mussel-Extrakt) – nicht aber irgendein künstliches Aroma, selbst wenn es für die Anglernase verführerisch duftet und irgendeinen reizvollen Namen trägt.

Süß oder fischig?

Unsere Friedfische mögen beide Varianten. Ich habe sowohl mit süßen als auch mit Boilies ohne jeglichen Zusatz von Süßungsmitteln gefangen. Ich wage zu behaupten, dass es den Fischen völlig schnuppe ist. Viel wichtiger ist die Qualität des Boilies. Die Kugel muss frisch und hochwertig sein. Dann wird sie gefressen. Auch bei ihrem natürlichen Speiseplan unterscheiden Friedfische nicht zwischen süßer und fischiger Nahrung. Sie unterscheiden vielmehr nach der Verfügbarkeit. Was vorhanden und einfach zu beschaffen ist, was zudem nahrhaft ist – das wird gefressen.
Schleien scheinen bei Tandoori jedoch eine Ausnahme zu machen. Ich konnte mit einem fischmehlhaltigen Tandoori-Gewürzboilie in vielen Gewässern nicht auf Karpfen angeln – weil die Schleien den Futterplatz immer wieder blank putzten.

Bei Stören erfreuen sich Squid Extract (Tintenfisch-Extrakt) und Tintenfischmehl ähnlicher Beliebtheit. Bei einer Dosierung von nur zwei Prozent Squid Extract im Boilie-Mix, so meine Erfahrung, können Störe nicht mehr am Köder vorbei schwimmen.

Bei Brassen fiel mir auf, dies sie bei Leber-Extrakt im Boiliemix außer Rand und Band gerieten. Ein guter Freund rollte seine Boilies über viele Jahre mit Leber-Extrakt ab. Er fing damit Unmengen Brassen, wo er es doch eigentlich auf Karpfen abgesehen hatte. Selbst in Gewässern, in denen es angeblich keine Brassen gibt, fing er sie nach kurzer Zeit. Er stellte daraufhin seinen Boilie-Mix mehrfach um – ohne Erfolg. Erst als er das Leber-Extrakt gegen ein GLM-Extrakt austauschte, gingen die Brassen-Bisse zurück.

Bei Döbeln wirkt das Shellfish Concentrate der Firma Nash Bait als Magnet. Shellfish Concentrate ist ein stark nach Fisch riechendes Naturprodukt (es kann deshalb nicht überdosiert werden), das sich sowohl im Boilie verarbeiten lässt als auch als Dip verwendbar ist.

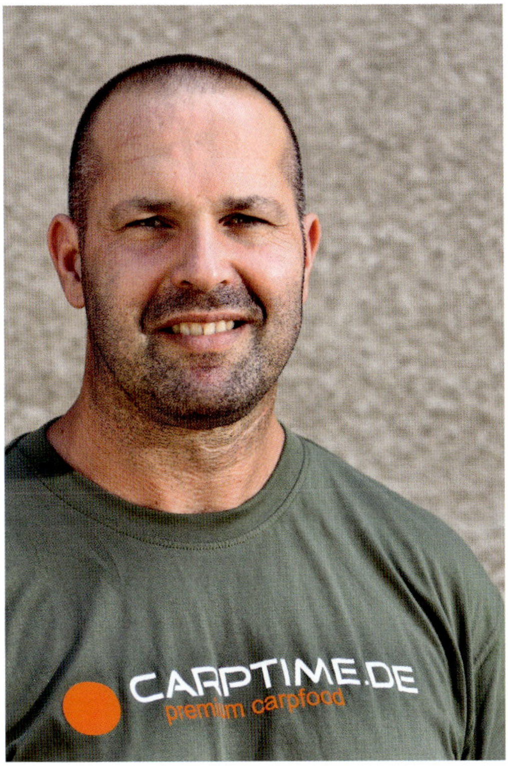

Boilies sind sein Leben: Reiko Jung, Inhaber der Firma Carptime Baits im thüringischen Mihla.

Wer seine Boilies selbst abrollt, kann seinen Boilie den Gegebenheiten am jeweiligen Gewässer anpassen. Härte, Widerstandsfähigkeit, Löslichkeit und Attraktivität lassen sich durch den Einsatz bestimmter Zutaten dosieren.
Reiko Jung (www.carptimebaits.de) rollt seit über zehn Jahren sehr hochwertige Boilies. Uns verrät er, was in einem guten Boilie enthalten sein sollte und wofür er welche Zutat einbaut.

Der Allround-Boilie

Ein Ganzjahres-Boilie auf Fischmehl-Basis. Er ist preisgünstig, besitzt eine gute Festigkeit und eine mittlere Wasserlöslichkeit. Der Mix eignet sich damit sowohl für einen Instantköder als auch (vor allem wegen des geringen Preises) für längere Futterkampagnen. Das folgende Rezept ist kombinierbar mit Liquids, Ölen oder Flavours.

Zutaten:
30 % Lachsmehl
5 % Fischprotein
5 % Bierhefe
5 % Eggalbumin
10 % Sojamehl vollfett
15 % Hartweizengrieß
15 % Maisgrieß
15 % Maismehl

Kosten: ca. 3,20 Euro/kg Mix
+ 8 bis 9 Eier (1,20 Euro) =
4,40 Euro für 1,4 kg Boilies =
Endpreis: 3,20 Euro/kg

Die Praline

Dieser Boilie-Mix ist ideal an Gewässern mit hohem Angeldruck. Alle Friedfische und vor allem Karpfen lieben es, sich das Beste aus dem Futterangebot herauszupicken. Mit diesem Mix bieten Sie den Fischen eine echte Praline an.
Der Boilie bleibt auch über längere Zeit im Wasser resistent gegen Weißfisch-Attacken, dennoch ist er hoch attraktiv und reich an wasserlöslichen Botenstoffen, welche die Fische zum Fressen animieren.

Der Köder ist exzellent verdaulich und hat einen markanten, charismatischen Geschmack.

Zutaten:
25 % Heringsfischmehl
10 % Tintenfischmehl
10 % Fischprotein
5 % GLM
10 % Robin Red
10 % Acid Casein
4 % Eggalbumin
6 % Lactalbumin
20 % CLO Birdfood
+ 10 ml Nash Shellfish Concentrate

Kosten: ca. 11 Euro Mix + 7 bis 8 Eier (1 Euro) = 12 Euro für 1,35 kg Boilies = Endpreis: 8,90 Euro/kg

Runde Sache: Boilies lassen sich spielend einfach abrollen – wenn der Teig nicht verklebt.

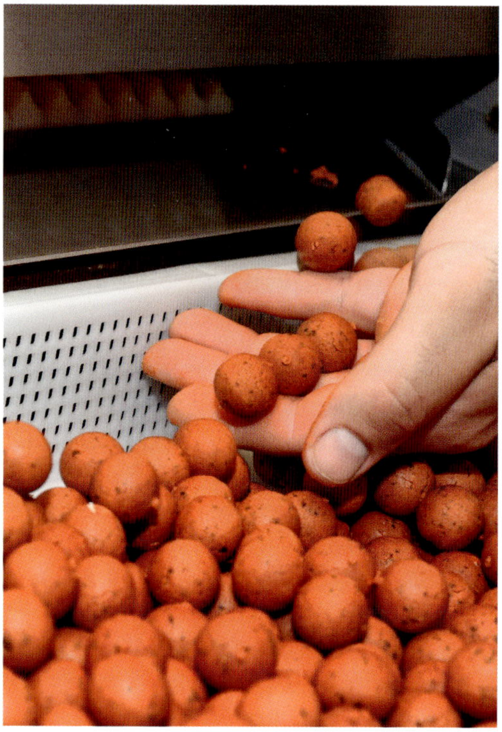

Der Magnet

Sie wollen gezielt kapitale Brassen, Schleien oder Rotfedern fangen? Dann brauchen sie einen Boilie, der sich a) in sehr kleinen Durchmessern bis zehn Millimeter abrollen lässt und b) seine Lockstoffe gut auswäscht, besser als ein Karpfen-Boilie.

Sie benötigen also einen Boilie mit Pellet-Eigenschaften, der dennoch stabil ist und im Vergleich zum Pellet länger am Haar hält. Dieser Boilie-Mix ist hierfür konzipiert. Nebenbei ist er in den Größen von 20 bis 24 Millimeter aufgrund seiner starken Lockwirkung ein hervorragender Winterköder für Karpfen.

Der Boilie ist in seiner Struktur sehr fein. Im Aroma und Geschmack ist dieser Köder selbst nach dem Dämpfen oder Kochen sehr würzig.

Zutaten:
20 % Fischmehl
10 % Erbsenproteinisolat
12 % Sojamehl Vollfett
5 % Fischprotein
5 % Cell Hefekultur
3 % Leberextrakt
5 % Robin Red
5 % Currypulver
10 % Hartweizengrieß
20 % Maismehl
5 % Eggalbumin

Kosten: ca. 5,90 Euro Mix plus 6 bis 7 Eier (0,85 Euro) = 6,75 Euro für 1,3 kg Boilies = Endpreis: 5,20 Euro/kg

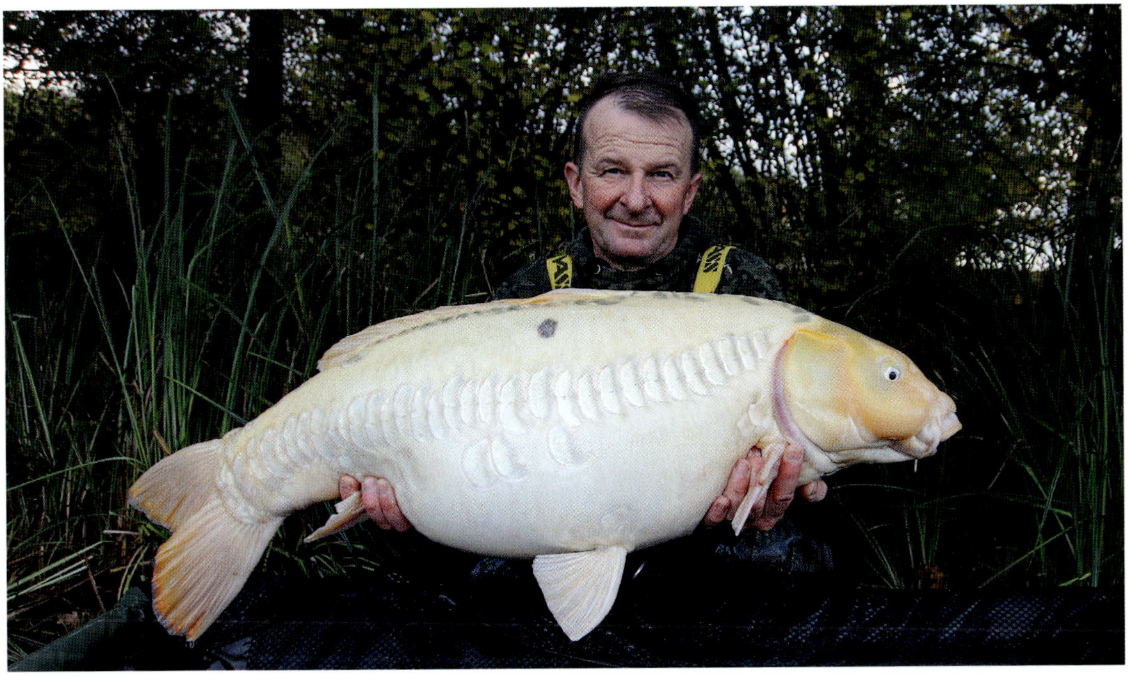

Klaus Trautmann hat viel mit Ködern experimentiert, pro Jahr verfüttert er mehrere hundert Kilo Boilies. Seine Prämisse: Qualität setzt sich durch.

Boilie-Zutaten und ihre Eigenschaften:

Lachsmehl: *Geschmacksträger und Protein-Lieferant, reich an Proteinen und Omega-3-und-6-Fettsäuren, sehr gut verdaulich, starkes Aroma.*
Proteingehalt: 58 %, Fettgehalt 10 %
Kosten: 2,80 bis 3,80 Euro/kg
Dosierung im Mix: 10 bis 30 %.

Fischprotein: *Attraktor, enzymbehandelt (vorverdaut) und sprühgetrocknet, wasserlöslich, wird sehr gut vom Fisch wahrgenommen.*
Proteingehalt: 75 bis 88 %, Fettgehalt: 8 bis 20 %
Kosten: je nach Sorte 6,90 bis 18 Euro/kg
Dosierung im Mix: 2 bis 15 %

Bierhefe: *Attraktor, reich an Proteinen und B-Vitaminen, wirkt als natürlicher Geschmacksverstärker.*
Proteingehalt: 46 %, Fettgehalt: 3 %
Kosten: 2,50 bis 3,50 Euro/kg
Dosierung: 2 bis 10 %

Eggalbumin: *getrocknetes Eiklar, wird für die Bindung im Teig und für die Härte im fertigen Boilie benötigt.*
Proteingehalt: 80 %
Kosten: 14,50 bis 18 Euro/kg
Dosierung: 2 bis 7 %

Sojamehl Vollfett: *verbessert die Rollbarkeit des Mixes, reich an Protein und Fett, sehr gut verdaulich.*
Proteingehalt: 40 %, Fettgehalt: 20 %
Kosten: 2 bis 3 Euro/kg
Dosierung: 5 bis 30 %

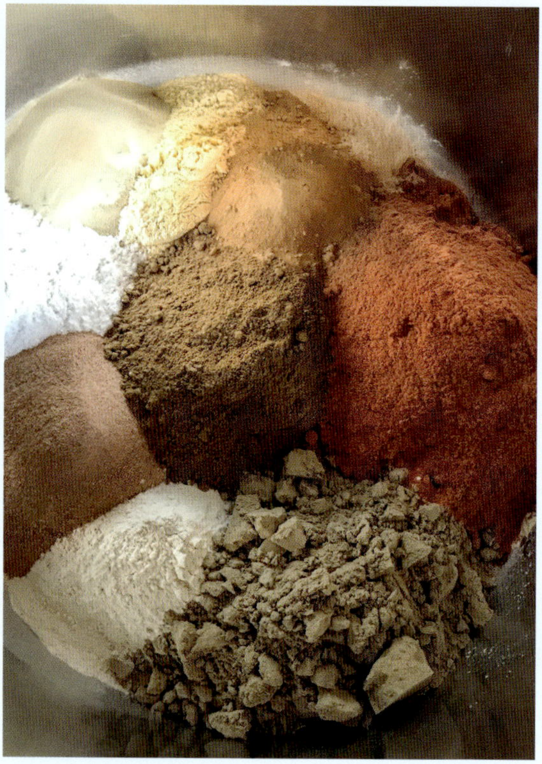

Es ist angerichtet: Boilie-Zutaten im Teigkneter.

Hartweizengrieß: *Kohlehydrat-Lieferant, leicht verdaulich, bindet gut im Mix und sorgt für Festigkeit im Boilie.*
Proteingehalt: 12 %, Fettgehalt: 1 %
Kosten: 1 bis 1,5 Euro/kg
Dosierung: 5 bis 30 %

Maismehl: *gut verdaulicher Kohlehydratlieferant, angemessenes Maisaroma, wenig Bindung im Teig, dafür gute Festigkeit im Boilie.*
Proteingehalt: 8 %
Kosten: 1 bis 1,5 Euro/kg
Dosierung: 10 bis 40 %

Maisgrieß: *verleiht dem Boilie eine leicht grobe Struktur.*
Proteingehalt: 8 %.
Kosten: 1 bis 1,50 Euro/kg
Dosierung: 10 bis 30 %

Heringsfischmehl: *Geschmacksträger, sehr hoher Proteingehalt und sehr hoher Gehalt an Omega-3- und -6-Fettsäuren, gute Verdaulichkeit.*
Proteingehalt: 70 %, Fettgehalt: 12 %
Kosten: 3 bis 3,90 Euro/kg
Dosierung: 10 bis 30 %

Tintenfischmehl: *Tintenfisch getrocknet und gemahlen, sehr attraktiv, hoher Proteingehalt, grobe Struktur, starkes Aroma.*
Proteingehalt: 80 %, Fettgehalt: 3 %
Kosten: 8 bis 12 Euro/kg
Dosierung: 5 bis 20 %

GLM (Green Lipped Mussel): *Grünlippmuschelpulver, gefriergetrocknetes Muschelfleisch gemahlen, sehr attraktiv, besonders für große Fische, starkes Aroma.*
Proteingehalt: 60 bis 65 %, Fettgehalt: 10 bis 12 %
Kosten: 45 bis 60 Euro/kg
Dosierung: 2 bis 10 %

Robin Red: *legendäres Vogelfutter der Firma Haith´s, sehr attraktiv, würziges Aroma, verleiht dem Boilie eine kräftig-rote Farbe.*
Proteingehalt: 15 %, Fettgehalt: 20 %
Kosten: 11 bis 13 Euro/kg
Dosierung: 3 bis 15 %

Acid Casein: *Milchprotein, das durch Säurefällung gewonnen wird. Nicht wasserlöslich, dafür hoher Proteingehalt. Sorgt für hohe Festigkeit im Boilie, bindet erst durch Hitzeeinwirkung ab, Boilie bleibt im Wasser länger stabil.*
Proteingehalt: 90 %, Fettgehalt: 1 %
Kosten: 14 bis 17 Euro/kg
Dosierung: 5-25 %

Lactalbumin: *Molkenprotein sprühgetrocknet, wasserlöslich, hohe Bindung im Teig, hoher Proteingehalt mit zum Teil freien Aminosäuren, dadurch attraktiv, milchiges Aroma.*
Proteingehalt: 80 %, Fettgehalt: 5 %
Kosten: 14 bis 17 Euro/kg
Dosierung: 2 bis 10 %

CLO Birdfood: *Biskuit/Eifutter der Firma Sluis, dem Cod Liver Oil zugesetzt wird, sehr nahrhaft, hoher Gehalt an Mineralien, Vitaminen und Fettsäuren. Grobe Struktur, gute Binde-Eigenschaften im Teig.*
Proteingehalt: 15 %, Fettgehalt: 6 %
Kosten: 3,50 bis 4,50 Euro/kg
Dosierung: 10 bis 30 %

Erbsenproteinisolat: *isoliertes Protein der gelben Erbse, sehr hoher Proteingehalt, leicht verdaulich, optimales Aminosäureprofil, feine Struktur, sehr gut zu verarbeiten, neutrales Aroma.*
Proteingehalt: 82 %, Fettgehalt: 2 %
Kosten: 5 bis 6 Euro/kg
Dosierung: 5 bis 25 %.

Cell Hefekultur: *reine Hefekultur auf Grundlage von Saccharomyses Cerevisiae, welche exklusiv als Futtermittelzusatz hergestellt wird. Wirkt als natürlicher Geschmackverstärker, Appetitanreger, fördert die Verdaulichkeit des Boilies.*
Proteingehalt: 48 %
Kosten: 7 bis 8 Euro/kg
Dosierung: 2 bis 10 %

Leberextrakt: *zu 100 Prozent wasserlöslich, hoch attraktiv durch hohen Anteil freier Aminosäuren, starkes Aroma, hoher Proteingehalt. Proteingehalt: 80 %*
Kosten: 35 bis 40 Euro/kg
Dosierung: 2 bis 6 %

Hochwertige Boilies: Ihre wasserlöslichen Inhaltsstoffe verleiten die Fische zum Fressen.

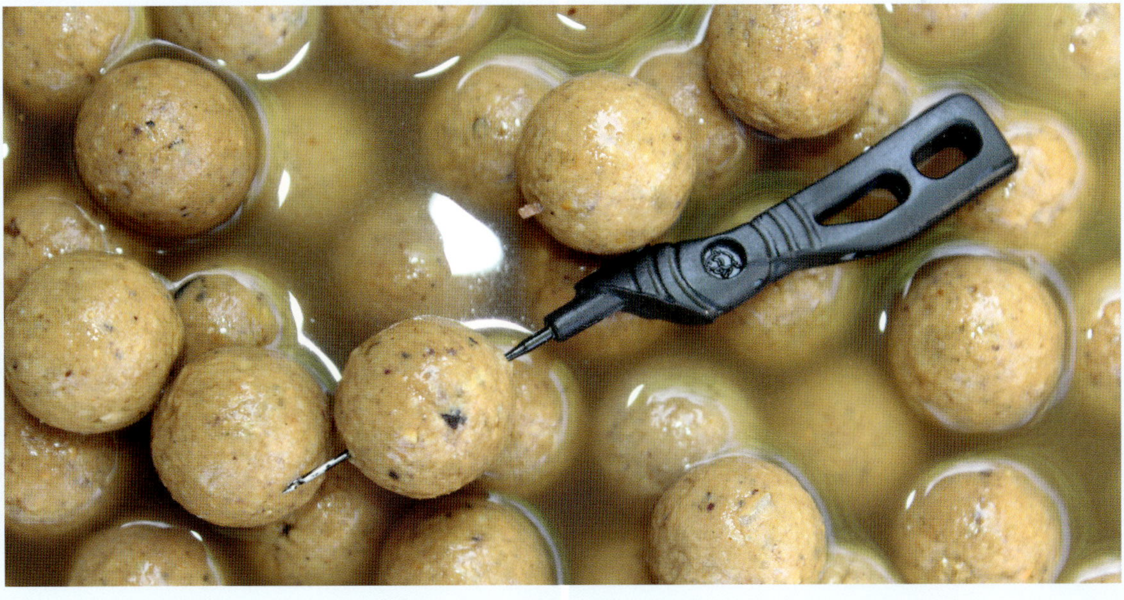

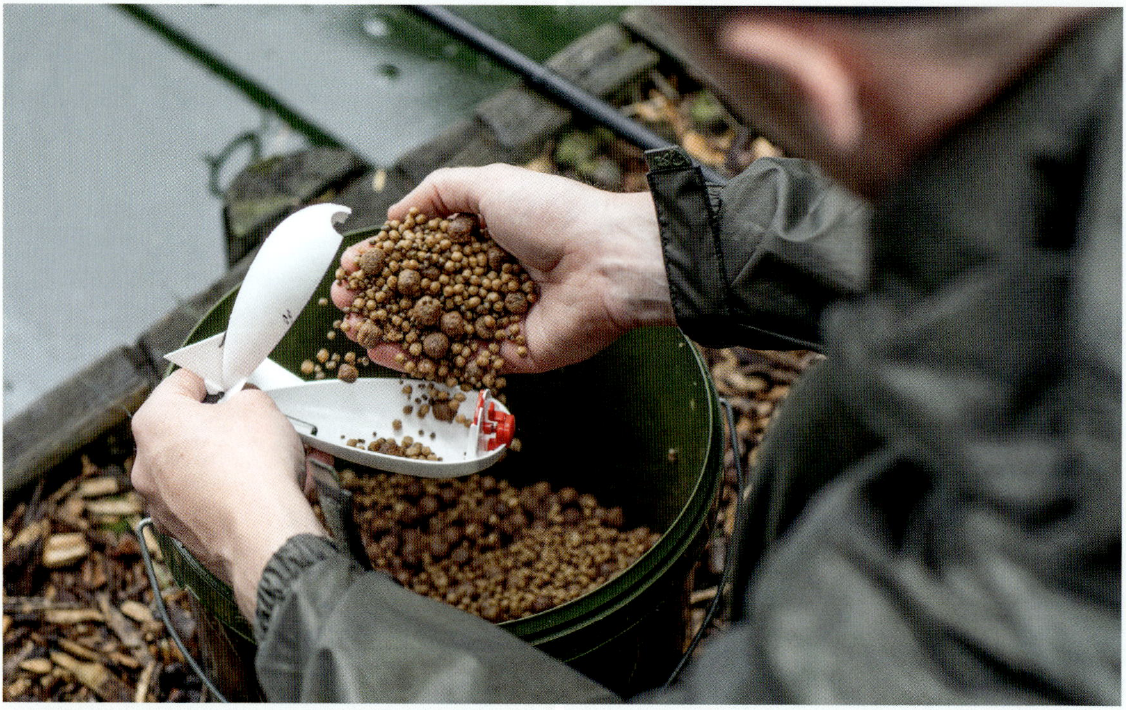

Zum Anfüttern haben sich Futterraketen bewährt. Ihr Aufprall auf dem Wasser signalisiert den Fischen: Jetzt gibt's was zu fressen.

Pellets

Pellets sind Köder, die sich im Wasser schnell auswaschen und deshalb zügig von den Friedfischen gefunden und gefressen werden.

Pellets werden nicht wie Boilies gekocht oder gedämpft, sondern lediglich gepresst. Die Inhaltsstoffe werden dabei maschinell so stark komprimiert, dass eine enorme Hitze entsteht. Durch den Druck und die Hitze bekommen die Pellets ihre enorme Ausgangsfestigkeit. Somit sind sie im trockenen Zustand sogar fester als ein Boilie, verlieren diese Konsistenz jedoch bei Wasserkontakt. Sobald Pellets feucht werden, beginnt ihr Auflösungsprozess.

Viele Angler weichen vor dem Angeln die Pellets für kurze Zeit ein. Angeweicht lassen sie sich gut formen und sogar zu Futterballen kneten. Sie haften gut aneinander.

Pellets bestehen aus Fischmehl, Getreide oder aus einer Kombination von beidem. Pellets nehmen außerdem gut Dips und Öle auf. Wer seine Pellets mit Flüssiglockstoffen in Form von Fischöl nachbehandelt, verzögert den Auflöseprozess. Pellets sind vielseitig einsetzbare, attraktive Köder. Sie bieten folgende Vorteile:

1. Der Köder sollte die Fische zu jeder Jahreszeit zum Fressen animieren und er sollte sofort als Nahrungsquelle akzeptiert werden. Das trifft bei Pellets zu. Denn die meisten Friedfische kennen das Pressfuter seit „frühester Kindheit“, soll heißen: aus der Fischaufzucht. Dort wurden sie bereits mit Getreidepellets gefüttert. Deshalb haben viele Fische eine Art Urvertrauen in die kleinen Getreidepresslinge. Fische, die nicht in Zuchtanlagen groß wurden, sondern aus natürlicher Reproduktion stammen, wuchsen mit natürlicher Nahrung auf. Proteinhaltige Schnecken und Muscheln gehören zu ihrem natürlichen Nahrungsspektrum. Mit kleinen fischmehlhaltigen Pellets sind wir in der Lage, diese natürliche Nahrung fast perfekt zu imitieren. Karpfen lieben nicht ohne Grund Forelli und kleine Heilbuttpellets.

2. Der Köder sollte sofort Attraktoren freisetzen. Er darf nicht stark sättigen und muss leicht verdaulich sein. Pellets besitzen im Vergleich zu Boilies oder gar Partikeln, die von einer dünnen Haut überzogen sind, eine grobe und eher offene Struktur. Das hat eine größere Oberfläche des Köders zur Folge, weshalb er wasserlösliche Inhaltsstoffe schnell ans Wasser abgibt und im Gegenzug Wasser aufnimmt. Was bei einem Boilie bis zu sechs Stunden und länger dauert, erledigen manche Pellets in wenigen Minuten, Micropellets sogar in Sekunden. Aufgrund der Aufnahme von Wasser weichen Pellets sehr schnell durch. So wird die Freigabe von Lockstoffen verstärkt und die Durchlaufzeit im Darm des Fisches verkürzt. Ich konnte feststellen, dass beim Einsatz von aufgeweichten Boilies oder eben auch von Pellets die nach wenigen Stunden gefangenen Fische mein Futter auf der Abhakmatte ausschieden. Durch den Einsatz von Pellets in unterschiedlichen Größen ist es möglich, die Auflösezeit zu verlängern. Kleine Micropellets lösen sich sofort auf, Minis nach Minuten und Megapellets halten über Stunden. Bei warmem Wasser sollten Sie auf ölhaltige Pellets wie Halibut oder Forelli zurückgreifen. Im kalten Wasser (Herbst bis Frühjahr) sind Hi Attract Pellets eher geeignet.

3. Der Köder sollte die Aufmerksamkeit der Fische auf sich ziehen. Durch verschiedene Pelletfarben, etwa weiß, gelb, orange, rot oder auch schwarz, sind wir in der Lage, zu jedem Gewässergrund ausreichend Kontrast bieten zu können. Die Fische finden das Futter dann leichter. Wer sich nicht sicher ist, welche Farbe der Gewässergrund am Spot aufweist, sollte helle und dunkle Pellets mischen.
Dank ihrer hohen Saugfähigkeit sind Pellets zum Dippen oder – besser noch – zum Soaken hervorragend geeignet. Haben die Pellets ein Liquid mit den darin enthaltenen Fressstimulatoren aufgenommen, geben sie dieses im Wasser wie kleine Schwämme wieder ab. Das lockt Fische selbst aus größerer Entfernung an. Besonders auf schlammigen Böden ist das Soaken von

Vorgeweichte Micropellets am Pellet Feeder geben ihre Attraktoren sofort ans Wasser ab.

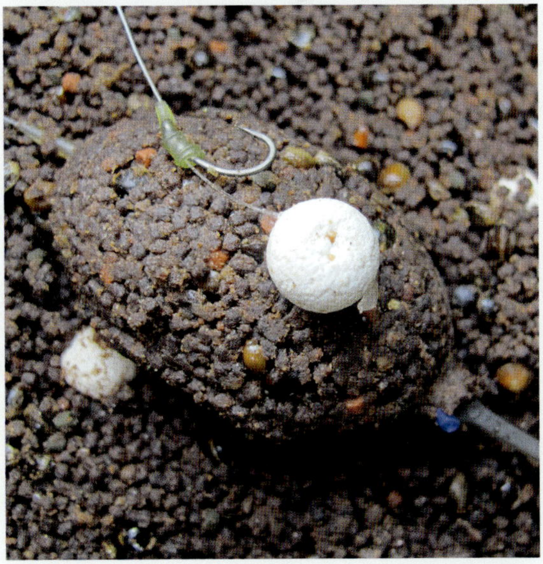

Pellets zu empfehlen. Die leichten Pellets versinken zum einen nicht im schlammigen Boden, zum anderen nehmen sie den Schlammgeruch kaum an, da sie bereits mit einem Liquid gesättigt sind. In Gewässern mit einer leichten Unterströmung oder in Flüssen waschen sich die Attraktoren schneller aus und verbreiten unter der Wasseroberfläche eine Duftspur.

4. Das Futter sollte die Fische lange am Platz halten und einen Wiedererkennungswert haben. Konfrontiert mit unzähligen kleinen Pellets brauchen die Fische – ähnlich wie bei Hanf – sehr lange, um alles aufzufressen. Immer und immer wieder werden sie noch einzelne leckere Pellets finden. Der Vorteil von Pellets im Vergleich zu allen anderen Ködern: Sie weichen auf und zerfallen nach und nach. Dabei lösen sich Partikel ab. Diese Kleinstpartikel setzen sich im Bodensediment ab. Dort wühlen die Fische noch lange Zeit umher, selbst wenn kein ganzer Pellet mehr vorhanden ist.Ich konnte beobachten, dass unzählige Karpfen, Brassen und Schleien auf einem Forelli-Futterplatz den Boden über Tage durchpflügten, ohne dass nachgefüttert wurde. Während der ganze Teich glasklares Wasser aufwies, war nur der Forelli-Futterplatz stark eingetrübt – weil die Fische dort den Boden nach den letzten winzigen Pelletkrümeln immer und immer wieder umwälzten.

5. Zeigen sich die Fische gerade an der Wasseroberfläche, müssen Sie nicht die

Boilies? Oder doch lieber Pellets? Warum nicht eine Kombination wählen: Boilie-Pellets.

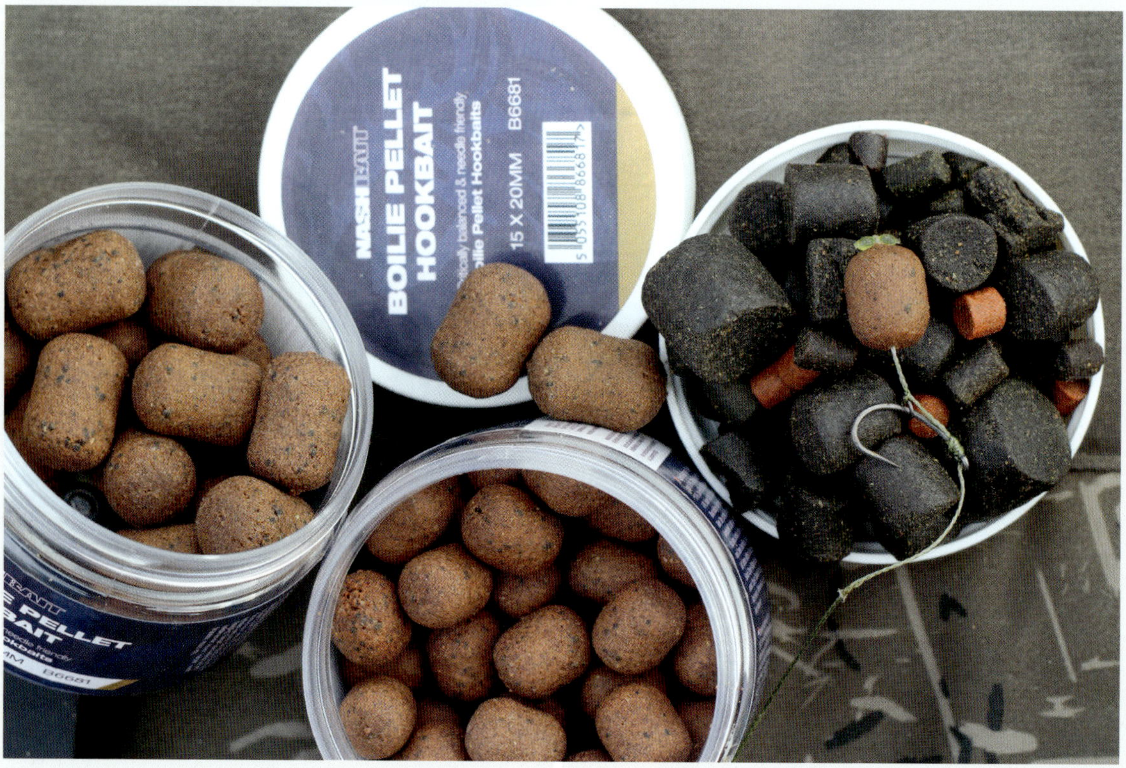

Heimreise antreten. Mit Floater Pellets, also schwimmenden Pellets, können Sie selbst dann noch erfolgreich sein. Eine Bolt Machine (eine besondere, aerodynamisch geformte Pose) hilft, die Montage auf Distanz zu bringen. Und ein Katapult schafft selbiges mit den Pellets. Achten Sie jedoch darauf, erst mit dem Auswerfen der Montage zu beginnen, wenn sich die Fische hemmungslos auf Ihre schwimmenden Pellets stürzen. Das kann ein bis zwei Stunden dauern. Legen die Fische schließlich richtig los mit dem Fressen, sind sie kaum zu stoppen.

6. Wer mit Pellets füttert, sollte im Idealfall auch damit angeln. Leider sind Pellets wenig resistente Hakenköder. Ich empfehle Ihnen aus diesem Grund Boilie-Pellets. Boilie-Pellets sind in Sachen Aroma und Farbe einem echten Pellet zum Verwechseln ähnlich, weisen jedoch die Konsistenz eines Boilies auf. Alternativ können Sie auch Boilies in eine Pelletform schnitzen.

7. Beim Kauf von Pellets kann man bares Geld sparen. Pellets kosten im Kilogebinde meist nur die Hälfte im Vergleich zu Boilies. Bei Abnahme von großen Gebinden sind die Preise um ein Vielfaches geringer. Für 20 Kilo Getreidepellets bezahlt man um 15 Euro, für 20 Kilo sinkendes Forelli sind 35 Euro fällig und der Preis für 20 Kilo Halibut Pellets liegt bei rund 40 Euro.

Tipps für den richtigen Umgang mit Pellets

• Grundsätzlich füttere ich mit Pellets nicht im Vorfeld des Angelns an. Sie sind eher meine erste Wahl als Instant-Köder. Gehe ich spontan angeln, habe ich Pellets im Gepäck. Ich entscheide aktuell nach Wetterlage und Zeitbudget, wohin es geht. Pellets haben viele Freunde, alle Friedfische sind Abnehmer. Vorteil: Durch ihre große Fangemeinde erübrigt sich eine Futterkampagne. Es genügt, zum Beginn einer Session einen Futterplatz anzulegen.

• Wer mit Pellets angelt, wird schnell bemerken, dass Schneidertage selbst bei Kurzzeitsessions die Ausnahme bleiben. Denn Friedfische, die keine Pellets fressen, gibt es nicht!

• Wie gut man Friedfische auf Pellets trimmen kann, beweist der spanische Ebro, in dem durch Welsangler unzählige Tonnen Halibut Pellets jährlich den Weg ins Wasser finden. Bis heute gibt es in diesem riesigen Gewässersystem keinen besseren Karpfenköder als den Halibut-Pellet. Und das, obwohl es sich nicht um eingesetzte, sondern um wilde Fische handelt.

• Durch den Einsatz von Pellets wird der Futterplatz rasch aktiviert. Kleinfische können sich von den Pellets kleine Partikel ergattern, dadurch entsteht sofort Action am Platz, die nicht selten eine Eintrübung des Spots zur Folge hat. Große Fische werden schnell auf den gedeckten Tisch aufmerksam.

• Wer sich nicht sicher ist, welche Futtermenge die richtige ist (zum Beispiel im Winter), sollte zu Pellets greifen. Durch den Einsatz von Pellets können Sie einen Platz niemals überfüttern. Dafür haben Pellets einfach zu viele Abnehmer. Im schlimmsten Fall, also wenn sie doch einmal nicht gefressen werden, zerfallen sie nach einer gewissen Zeit.

• Pellets eigenen sich perfekt, um zusammen mit dem Hakenköder im Solid PVA Bag angeboten zu werden.

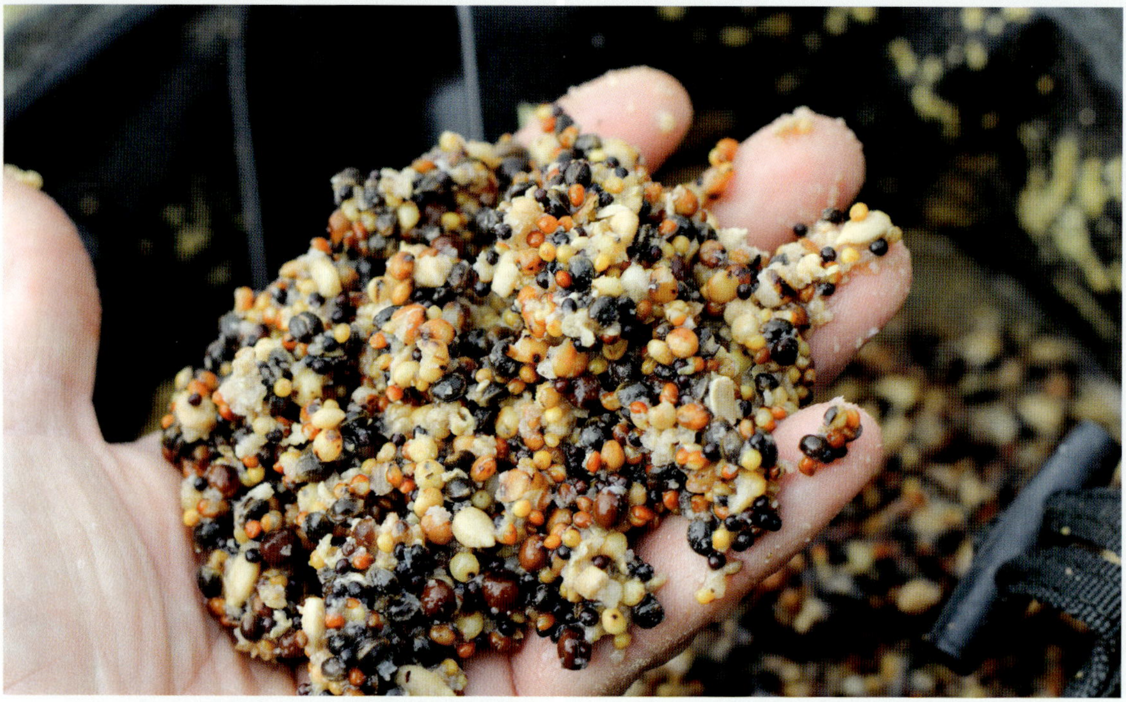

Je kleiner die Partikel, desto länger sind die Fische am Futterplatz beschäftigt. Ein guter Mix ist Taubenfutter.

Partikelköder

Partikel sind die günstigsten Angelköder. Hanf, Weizen, Lupinensamen, Kichererbsen und Mais sind neben Tigernüssen die gebräuchlichsten Partikel. Sie eigenen sich hervorragend, um Futterplätze anzulegen. Und zumindest manche von ihnen eigenen sich auch als Hakenköder. Tigernüsse, Mais, Kichererbsen und Lupinen sind, am Haar angeboten, sehr gute Köder für Karpfen, Schleie und Brassen. Rotfedern und Plötzen machen sich eher an Hanf und Weizenkörnern zu schaffen.

Wer einen Futterplatz mit Partikeln anlegt, ruft alle Friedfische auf den Plan – Multi-Kulti sozusagen. Der Vorteil: Futterneid! Wenn sich bestimmte Fischarten gerade nicht mit der Nahrungsaufnahme beschäftigen, aber vom bunten Treiben auf einem Partikelfutterplatz Notiz nehmen, ändern sie ganz schnell ihre Meinung. Keiner gönnt dem anderen die Butter auf dem Brot.

Mit Partikeln sprechen sie eine breite Palette von Friedfischen an. Aus diesem Grund können Sie Partikel im Vergleich zu Boilies gelegentlich auch üppiger anfüttern. Bei 15 Kilo Partikelmischung landen auf Ihrem Angelplatz zirka 50.000 Körner. Damit können Sie die Fische lange beschäftigen. Die Fische werden ewig brauchen, um die letzten Körner aus dem Bodensediment zu wühlen. Durch das bunte Treiben kommt es in der Regel zu einer starken Wassereintrübung auf dem Angelplatz. Und trübes Wasser lässt selbst vorsichtige Fische Fehler begehen.

Wer seine Partikel nicht selber mischt, dem rate ich zu bewährten Taubenfuttermischungen. Im Handel kosten 25 Kilo Universal-Taubenfutter zwischen 15 und 20 Euro. Enthalten sind darin jedoch keine Tigernüsse. Wer Karpfen auf einem Partikelfutterplatz fangen will, sollte Tigernüsse zumischen und diese später auch als Hakenköder einsetzen. Tigernüsse sind die selektiveren Partikel, wenn es um Karpfen geht.

Partikel sind erfreulich günstig

Tigernüsse *(25 Kilo): 35 Euro*
Mais *(25 Kilo): 10 Euro*
Hanfsamen *(25 Kilo): 50 Euro*
Tigerlupinensamen *(25 Kilo): 45 Euro*
Weizen *(25 Kilo): 16 Euro*
Kichererbsen *(25 Kilo): 60 Euro*

Immer wieder wird unter Friedfischangler heiß diskutiert, ob Partikelköder gekocht werden müssen. Aufgepasst: Mais, Weizen, Gerste und Roggen werden in der Fischzucht trocken gefüttert – ohne jegliche gesundheitliche Beeinträchtigung der Fische. Sie könnten diese Partikelsorten also ungekocht füttern. In der Praxis zeigt sich jedoch, dass weich gekochte Partikel (mit dem Finger zu zerdrücken) fängiger sind. Sie sind schneller verdaulich und werden deshalb bevorzugt gefressen. Einmal wagte ich ein Experiment und fütterte trockenen Mais. Die Fangausbeute war nicht beeindruckend: fünf Karpfen in 24 Stunden. Als ich unweit dieser Angelstelle weich gekochten Mais anfütterte, fing ich dort deutlich mehr Fische. Zudem gingen mir außer Karpfen noch Schleien und Brassen an den Haken. Interessant war, dass ich auf dem Futterplatz mit den trockenen, ungekochten Partikeln keinen weiteren Biss mehr bekam, als ich damit begann, in der Nachbarschaft die weichgekochte Kost zu servieren.

Zubereitung von Partikeln

Tigernüsse: *eine Stunde kochen und anschließend 24 Stunden nachquellen lassen. Die Zugabe von 100 Gramm Zucker auf drei Kilo Tigernüsse beschleunigt den angestrebten Gärprozess.*

Mais, Weizen und Co.: *24 Stunden quellen lassen, anschließend 45 Minuten kochen, bis die Körner aufplatzen. Belassen Sie die Körner im Sud. Bewährt hat sich das Zusetzen von Zuckerrübenmelasse.*

Brot und Kruste

Ein einfacher und zugleich beliebter Köder für alle Friedfische ist Brot. Ganz gleich ob Weißbrot, Brötchen oder das leckere Krustenbrot: Zum Angeln eignen sich alle Sorten.

Weißbrot ist der ideale Grundbaustein für einen Teig. Brötchen und Mischbrot können wir direkt als Hakenköder verwenden, denn sie sind zäher und fester. Ideal ist es, wenn Brot und Brötchen vor dem Angeln einen Tag lang in einer Plastiktüte lagern. Nach einem Tag geht ihre Konsistenz von knackig in elastisch-gummiartig über.

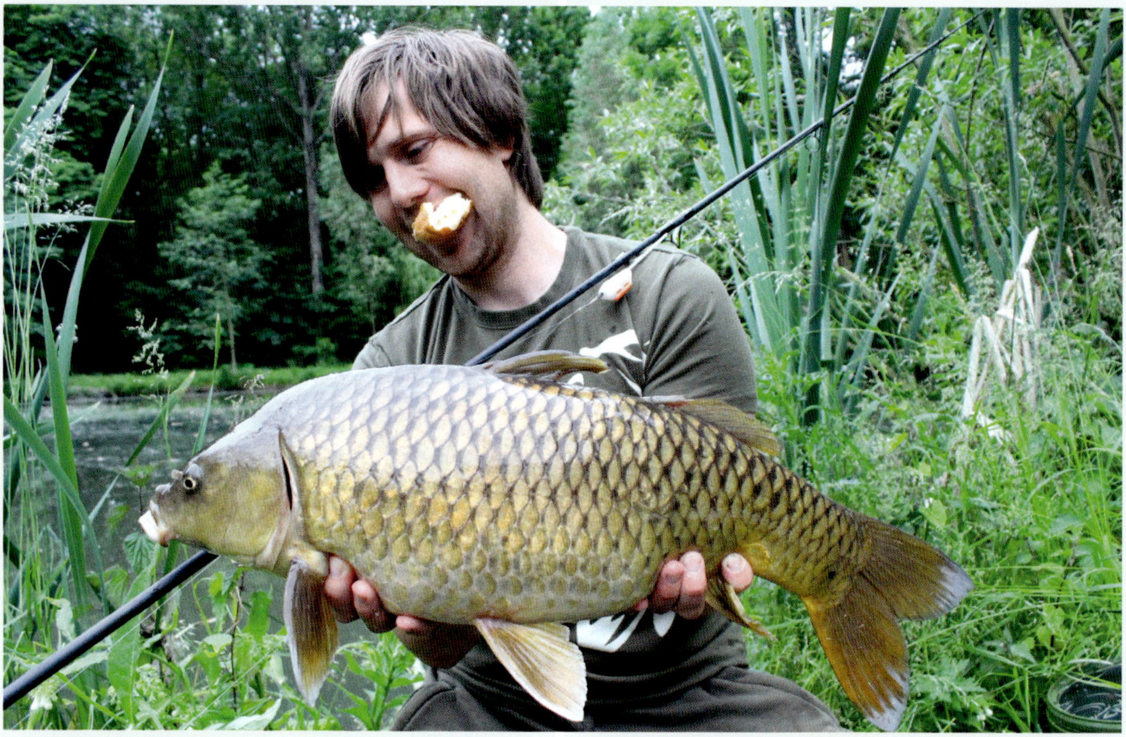

Schmeckt's dem Fisch, schmeckt's auch dem Angler: Beim Oberflächenangeln ist Brot unschlagbar.

Nicht mehr mein Geschmack, aber die Friedfische lieben es. Das weiche Innere eines Brotes oder Brötchens lässt sich als die bekannte „Flocke" gut am Haken andrücken. Die auf diese Weise erhöhte Dichte sorgt dafür, dass die Flocke langsam absinkt. Die Kruste als Würfel geschnitten eignet sich, um sie mit dem Haken zu durchstechen und an der Oberfläche anzubieten.

Brot und Brötchen, die im Haushalt übrig bleiben, sollte man sammeln und trocknen – in bereits geschnittenem Zustand. Das macht sie lange haltbar und einfacher zum Anfüttern. Die harten Bröckchen lassen sich in einem Stoffbeutel zerbröseln und anschließend in Futtermischungen untermengen.

Die Bread Bomb ist eine transparente Silikonschlaufe. Sie hält das Brot sicher am Haken.

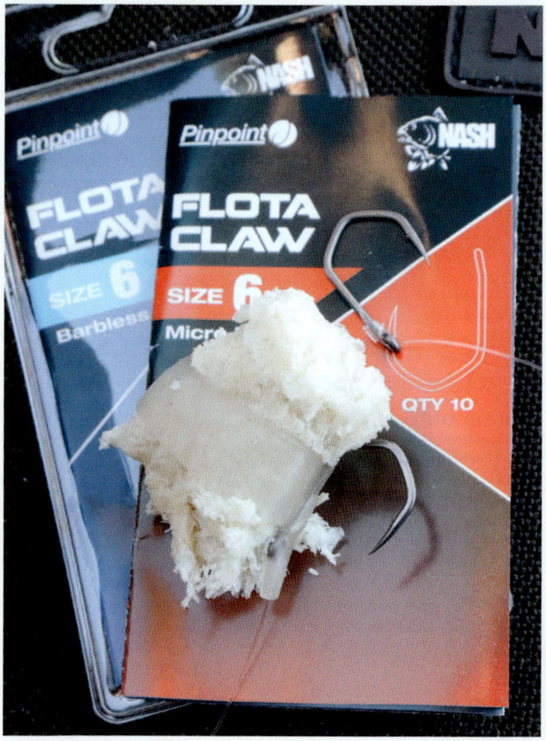

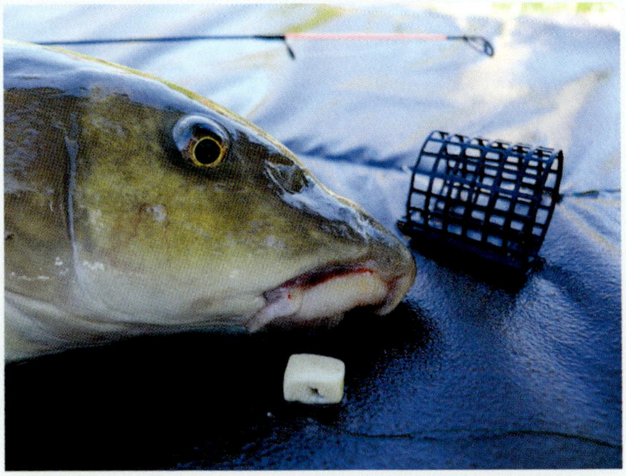

Ein Holländer für die Barbe: Gouda am Haar.

Käse

Käse ist einer der klassischen und zugleich selektivsten Köder für Barben. Als Hakenköder hat sich einfacher Schnittkäse oder gewürfelter Gouda bewährt. Geriebener Käse aromatisiert Grundfutter oder auch Boiliemischungen.
Die Konsistenz von Gouda ist bissfest, das Anködern am Haar gestaltet sich somit unproblematisch. Testen Sie Ihren Käsefavoriten mit einem Wassertest. Dann wissen Sie, wie lange der Käse seine zähe Konsistenz beibehält.

Kartoffeln

Hand aufs Herz: Haben Sie schon einmal darüber nachgedacht mit Kartoffeln zu angeln? Kartoffeln zum Karpfenfang waren lange, bis in die 80er-Jahre hinein, en vogue. Dann geriet diese Taktik in Vergessenheit. Ich habe vor knapp 15 Jahren meinen letzten Versuch mit Kartoffeln gestartet. Schon damals galt die Kartoffel unter den meisten Anglern als Oldschool-Köder. Ein Köder, den die alte Garde unter den Anglern noch verwendete, zu der ich freilich nicht gehörte.

Von einem solchen Angler der ganz alten Schule bekam ich damals den Tipp, es mit Kartoffeln zu probieren. Meine Versuche ergaben, dass Kartoffeln gut funktionieren und durchaus als Alternativköder zu Boilies, Mais und Pellets taugen. Mit den Jahren kam ich jedoch wieder von der Kartoffel ab. Warum? Weil ich die Vorteile von Boilies zu schätzen lernte. Dennoch wagte ich 2017 aus Neugier noch einmal einen Versuch. Ich wollte wissen, wie es heute um das Angeln mit Kartoffeln bestellt ist. Nach all den Jahren sind Kartoffel-Angler ja fast schon ausgestorben.

Oldschool-Köder neu gedacht: Kartoffelstückchen werden als Päckchen geschnürt am Haken angebracht. Dafür eignet sich Zahnseide oder Zwirnsfaden.

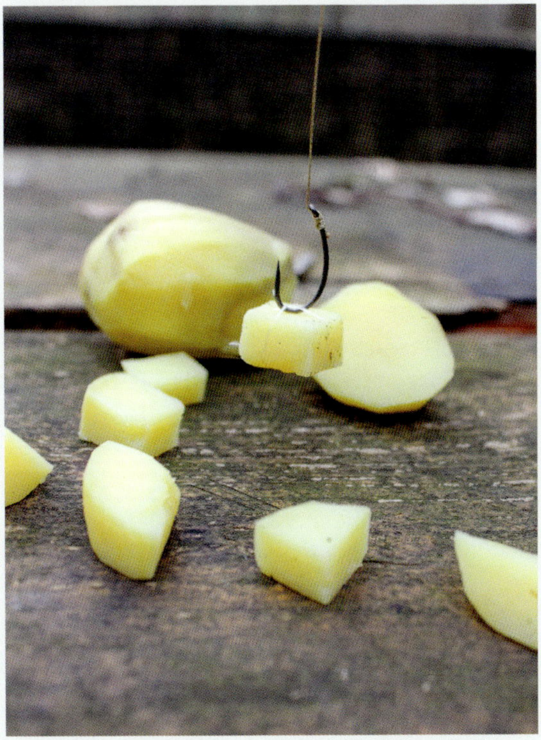

Festkochende Kartoffeln gibt es in jedem Supermarkt für unter drei Euro das Kilo. Ein günstiger Köder also, auch zum Anfüttern. Bei der Zubereitung wasche ich die Knollen, schäle sie jedoch nicht. Je nach Größe ergibt sich eine Kochzeit zwischen 15 und 25 Minuten, dann sind die Kartoffeln weich. Die großen Exemplare sortiere ich aus. Sie taugen zum Anfüttern, aber nicht als Hakenköder. Unter Anreicherung mit vorgequollenen Forelli-Pellets lassen sich die großen Kartoffeln perfekt zu Futterballen formen. Die Zugabe von Forelli oder auch Hanf oder Mais ist wichtig, damit die Futterballen später am Gewässergrund gut auseinanderbrechen. Forelli ziehe ich allerdings vor, da es im Wasser ein starkes Aroma verbreitet. Die gekochten Kartoffeln nehmen den Geruch gut auf. Die kleinen Kartoffeln setze ich als Hakenköder ein oder befördere sie mit dem Katapult als einzelne Happen auf den Angelplatz.

Als Hakenköder eignen sich Kartoffeln bis zur Größe eines Tischtennisballs. Im Notfall können Hakenköder-Kartoffeln mit einem Messer zugeschnitten werden. Die Hakenköder-Kartoffeln schäle ich nach dem Kochen vorsichtig, damit sie durch ihre nun helle, weiß-gelbliche Farbe für die Fische leicht auffindbar sind. Wer größere Wurfweiten erreichen muss, sollte seine Hakenköder in einem separaten Topf kochen und sie nicht zu weich werden lassen. Dann halten sie besser auf dem Haar oder Haken.

Eine andere Variante: Die Köder bereits zuhause auffädeln und anschließend einfrieren. Im gefrorenen Zustand können die Ruten beim Wurf voll aufgeladen werden, ohne dass die Knolle abhanden kommt. Bedenken Sie jedoch, dass große Kartoffeln viel Luftwiderstand erzeugen. Nehmen Sie also eher die kleinsten Kartoffeln zum Werfen.

Mein erster Kartoffel-Versuch an einem Parkteich glückte auf Anhieb. An einer Festbleimontage mit Knolle vergriff sich schon nach kurzer Zeit der erste Moosrücken. Ich hatte den Angelplatz zwei Stunden zuvor mit fünf Futterbällen präpariert. Weitere Versuche an einer Kiesgrube und an einem Stausee verliefen ebenfalls positiv. Fazit: Karpfen mögen Kartoffeln, auch heute noch. Vielleicht kochen Sie einfach mal ein paar Knollen mehr zum Mittagessen und starten einen Ansitz. Die Karpfen haben sicher auch in Ihrem Gewässer nichts gegen etwas Abwechslung auf dem Futterplatz. Und wenn Sie die Kartoffeln klein portionieren, also 0,3- bis 1-Zentimeter-Häppchen schnitzen, können Sie vielleicht auch die ein oder andere kapitale Schleie oder Rotfeder aus der Reserve locken.

Vorteile der Kartoffel

- *Große Kartoffelhappen haben sich als selektive Karpfenköder bewährt.*

- *Kartoffeln fangen selbst scheue Fische in stark beangelten Gewässern.*

- *Kartoffeln sind überall verfügbar, schnell zubereitet und kostengünstig im Vergleich zu anderen Ködern.*

- *Kartoffeln sind dank ihrer hellen Farbe auf den meisten Gewässerböden für Fische leicht auffindbar.*

- *Kartoffeln lassen sich gut zu Futterballen kneten.*

Kartoffel-Tipps

- *Nutzen Sie zum Durchstechen der Kartoffel eine sehr dünne Ködernadel.*

- *Setzen Sie große, lange Boiliestopper ein. Zu kleine Stopper ziehen sich beim Wurf in den Köder.*

- *Kochen Sie die Hakenköder etwas härter (gar sollten sie jedoch sein).*

- *Setzen Sie festkochende Kartoffeln ein, keine mehlig kochenden.*

- *Wagen Sie einen Versuch mit sehr gesunden aber, etwas teureren Süßkartoffeln. Süßkartoffeln stammen aus Südamerika, sie besitzen viele Nährstoffe und Vitalstoffe. Auch wenn sie im Grunde gar keine Kartoffeln sind, rangieren sie in Sachen Fängigkeit ganz weit oben. Ihre helle, eher orangene Färbung ist besonders auffällig.*

Kunstköder

Nicht jeder fängige Köder ist natürlichen Ursprungs. Es gibt auch beim Friedfischangeln fähige Kunstköder. Sie sind eine Alternative für besondere Situationen. Aufgrund ihrer unbegrenzte Haltbarkeit sollten sie in keiner Tacklebox fehlen. Einmal gekauft sind sie für immer verfügbar. Spätestens wenn Sie an ein Gewässer kommen, in dem Krebse oder Blesshühner den Boilie oder das Maiskorn zum zehnten Male innerhalb einer Stunde abknabbert haben, sind Sie froh darüber, einen resistenten Kunstköder im Repertoire zu haben.

Zig Bugs – künstliche Krabbler

Insekten wie Libellen, Hummeln, Engerlinge oder auch Unterwasserbewohner wie Kaulquappen, Sprock und Köcherfliegenlarven eigenen sich auch zum Friedfischangeln – in Form naturgetreuer Imitate aus Plastik. Ganz egal ob Rotfedern, Karpfen, Döbel, Schleien oder Brassen: Mit den künstlichen Krabblern können Sie Friedfische hinters Licht führen. Glauben Sie nicht? Dann unterhalten Sie sich mit guten Fliegenfischern. Die fangen schon seit vielen Jahren neben Salmoniden auch andere Fischarten mit der Fliege und mit Insektenimitaten. Durch den Eigenauftrieb dieser sogenannten „Zig Bugs“

Angeln mit Kunstköder? Für viele Friedfischangler eine Überwindung. Verständlich, denn nicht jeder Kunstköder macht Sinn.

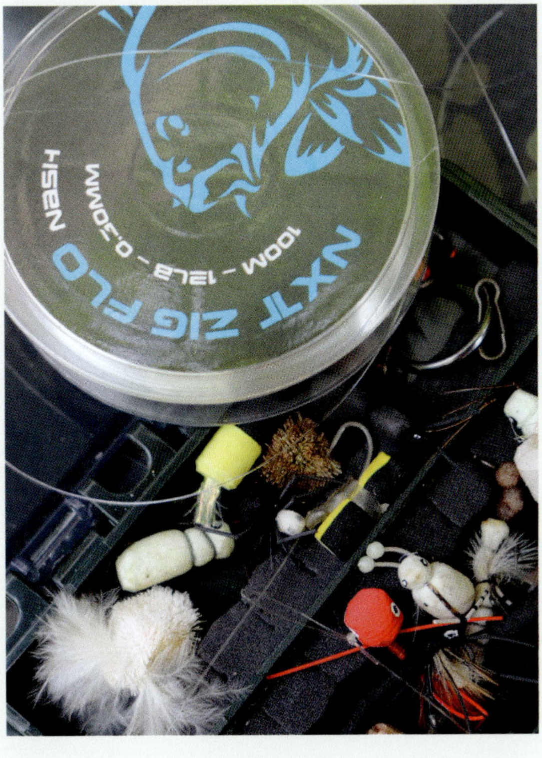

(Insektenimitate) ergeben sich vielfältige Einsatzmöglichkeiten, die ich Ihnen im Folgenden kurz vorstelle:

1. Oberflächenangeln

Mit einer Wasserkugel oder einer Bolt Machine und einem zirka 1,5 Meter langen Vorfach aus einer speziellen, unsichtbaren Fluorocarbon-Schnur lassen sich die Käfer hervorragend an der Oberfläche anbieten. Gerade in Zeiten, in denen viele Insekten auf der Wasseroberfläche schwimmen oder von Bäumen und Büschen aus ins Wasser gelangen, macht ihr Einsatz Sinn. Diese Einsatzweise bewährt sich insbesondere in den warmen Sommermonaten, da nun viele Fische direkt unter der Wasseroberfläche ruhen. Mit einer Polbrille bewaffnet sollten Sie einen Rundgang um den See nutzen, um die Fische zu lokalisieren. Haben Sie die Fische gefunden, empfiehlt es sich, diese zu überwerfen und danach den Köder vorsichtig in das Areal zu ziehen, in dem sich die Fische aufhalten.

Mit einer Bolt Machine können Sie bequem auf größere Entfernungen angeln, abhängig von der Größe der Bolt Machine bis zu 80 Meter. Der Vorteil einer Bolt Machine: Der Fisch hakt sich nach der Köderaufnahme selbst. Sie müssen also nicht zwingend einen Anhieb setzen. Empfehlenswert ist der Anhieb dennoch, denn viele Fische haben harte Mäuler. Wenn bei einem solchen Fisch der Haken nur wenig Fleisch gefasst hat, kann ein Anhieb den Haken tiefer im Fischmaul greifen lassen und so die Gefahr des Ausschlitzens im Drill minimieren.

2. Angeln im Mittelwasser

Sollten Sie mit gewöhnlichen Grundmontagen keine Fische fangen, liegt dies oft daran, dass die Fische in den oberen Wasserschichten stehen. Dort lassen sie sich mit den auftreibenden Zig Bugs bestens beangeln.

Soll Ihr Köder bis zirka 1,50 Meter über dem Gewässergrund schweben, knüpfen Sie den Köder einfach an eine spezielle Zig Flo-Schnur und befestigen Sie diese wie gewohnt an eine Festbleimontage. Durch die Leichtigkeit der Zig Flo-Schnur treibt der Köder trotz der Last des Vorfaches nach oben. Soll der Köder jedoch in Wassertiefen von zwei bis zehn Metern präsentiert werden, reicht der Eigenauftrieb nicht aus. Mit einem Zig Float können Sie dann den Auftrieb des Köders unterstützen. Beim Angeln mit einem solchen Zig Float wird als Alternative zum Festblei eine Durchlaufmontage verwendet. Am Blei befindet sich ein großer Ring, durch den die Hauptschnur widerstandslos laufen kann. Die durchlaufende Schnur wird durch den Zig Float gefädelt und mit einem kleinen Wirbel verbunden. An diesem wird anschließend das 1,5 Meter lange Vorfach (bestehend aus Zig Flo-Material) mit dem auftreibenden Köder verbunden.

Beispiel: Ihr Gewässer ist neun Meter tief und Sie möchten Ihren Köder einen Meter unter der Wasseroberfläche anbieten. Sie werfen die Montage aus und spannen die Schnur, so dass sich der Zig Float direkt am Blei auf dem Gewässergrund befindet. Nun geben Sie dem Zig Float neun Meter Schnur, bis der Zig Float die Wasseroberfläche durchbricht und Sie ihn sehen können. Da ihr Vorfach 1,5 Meter lang ist und der Köder einen Meter unter der Wasseroberfläche angeboten werden soll, müssen Sie folglich den Zig Float nun 2,5 Meter zurück unter die Wasseroberfläche ziehen. Bei dieser Art der Angelei ist es essenziell, immer wieder verschiedene

Wasserschichten auszutesten, bis Sie die Wassertiefe gefunden haben, in der sich die Fische aufhalten.

Um die Aufmerksamkeit der Fische im Mittelwasser zu gewinnen und diese zum Fressen zu animieren, bereite ich Futterballen vor, die ich am Spot einwerfe und die auf den Grund absinken. Aus den Futterballen sollten nach und nach kleine, Partikel zur Wasseroberfläche aufsteigen und somit die Mäuler der Fische passieren. Durch Hinzugabe von schwimmenden Forellenpellets (im gemahlenen und ganzen Zustand) sowie von getrockneten Käfern aus dem Zoofachhandel in die Futtermischung ist dieser Effekt leicht zu erreichen.

Eine Alternative zur selbst hergestellten Futtermischung ist der spezielle Bug Life-Mix von Nash Bait. Dieser besteht aus getrockneten Insekten, einem speziellen Aroma und zahlreichen auf- und abtreibenden Attraktoren, welche den Fischen einen Insektenschlupf vorgaukeln.

3. Zig Bugs in der Futterwolke

An einem kurzen, zehn Zentimeter langen Vorfach präsentieren Sie Ihren Kunstkäfer in einer verlockenden Futterwolke. Diese entsteht durch einen Method Mix, den Sie zuvor um das Blei geknetet haben. Gieren die Fische nach Ihrem Mix, werden sie vertrauensvoll die darüber schwebende Insektenimitation einsaugen. Vor allem Brassen, aber auch Barsche können Sie so fangen.

Entscheidend ist bei dieser Methode, dass Sie ein hochwertiges, wolkenbildendes Grundfutter verwenden. Im Idealfall füttern Sie im Vorfeld ein paar Futterkugeln, um den Platz zu aktivieren. Je mehr Fische am Platz sind, umso größer der Futterneid. Futterneid und eingetrübtes Wasser versetzen die Fische nicht selten in einen Fressrausch.

Zig Bug-Angeln in einer Futterwolke

- *Um Ihren Zig Bugs einen geschmacklichen Kick zu geben, empfiehlt es sich, diese zuvor in einen Dip oder in ein hochwertiges Öl einzutauchen. Ich bevorzuge für diesen Zweck Fish Oil, welches ich im übrigen auch meinen Futterballen beigebe. Da Öle zur Wasseroberfläche aufsteigen, bringe ich die fressstimulierenden Attraktoren auf direktem Weg zu meinem Hakenköder in die oberen Wasserschichten.*

- *Glow Bugs sind Käferimitationen, die in der Nacht leuchten. Ein Geheimtipp für nachtaktive und neugierige Fische wie Karpfen und Schleien.*

- *Action Bugs sind Käferimitationen mit elastischen und leicht beweglichen Armen. Fischen Sie an Gewässern mit Unterströmung? Dann haben Sie mit den Action Bugs Ihren perfekten Köder gefunden, denn dieses Imitat wippt in der Unterströmung attraktiv für jeden hungrigen Fisch.*

- *Attractor Beetles sollen kleine Hummeln imitieren und haben ein farbenfrohes Erscheinungsbild. Sie werden von den Fischen aus reiner Neugier genommen.*

- *Verwenden Sie NXT Zig Flo-Schnur als Vorfachmaterial, denn nur diese spezielle Schnur verfügt über die Eigenschaften, welche diese Angelmethode erfordert. NXT Zig Flo-Schnur ist extrem auftreibend, nahezu unsichtbar, weist eine exzellente Knotenfestigkeit auf und ist enorm abriebfest.*

Jede neue Angelmethode erfordert Vertrauen, Geduld und etwas Übung. Auch ich musste Niederlagen einstecken, bis ich mit Insektenimitaten zum Erfolg kam. Ich weiß aber, dass besondere Zeiten besondere Maßnahmen erfordern und ich mit den Zig Bugs erfolgreich sein kann, wenn herkömmliche Angelmethoden kaum Wirkung zeigen. Jeder Fisch ernährt sich von Insekten, sei es in seinem frühen Stadium oder auch im fortgeschrittenen Alter. Darum wird jeder Fisch ohne Bedenken zuschnappen, wenn Sie ihm ein Insektenimitat anbieten.

Schaumstoff-Köder

Noch vor 15 Jahren hätte ich darüber geschmunzelt, wenn mir jemand erzählt hätte, dass Karpfen regelmäßig mit künstlichen Ködern zu fangen sind.

Der Karpfen fiel auf den Schaumstoff herein. Möglicherweise hat er ihn mit einer Kaulquappe verwechselt

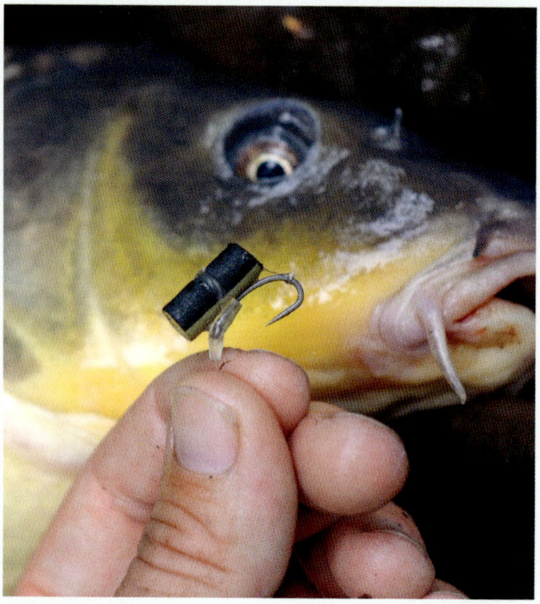

Ich stand der Sache kritisch gegenüber, wurde aber eines Besseren belehrt. Jawohl, mit buntem Schaumstoff lassen sich Karpfen fangen. Karpfen sind von Natur aus neugierig. Ich vermute, keine andere Fischart inspiziert und überprüft alles so akribisch auf Fressbarkeit. Exakt so verfahren die Karpfen auch beim Schaumstoff, der dann dummerweise einen Haken hat.

Mit Schaumstoff angelt man aufgrund seines Auftriebs in der Schwebe. Die Vorfachlänge des Monofilvorfachs bestimmt also die Höhe über Grund. Gerade in flachen Gewässern mit einer Wassertiefe von rund zwei Metern habe ich mit einem Schaumstoffköder, der einen Meter über dem Grund schwebte, gute Erfolge erzielt. Karpfen, die im Gewässer umherziehen, haben den Schaumstoff schnell im Visier. Verführerisch treibt er im Mittelwasser, ähnlich einer Wasserlaus oder einem ertrunkenen Wasserinsekt. Wenn viele Kaulquappen im Gewässer unterwegs sind, sollten sie einen Versuch mit schwarzem Schaumstoff wagen, am besten in Ufernähe. Selbst Köder in bunten Farben wie gelb, rot oder grün werden eigenartigerweise gerne attackiert.

Wichtig ist, dass Sie beim Angeln die Farben regelmäßig wechseln und Sie mit der Auftriebshöhe variieren. An manchen Tagen läuft es knapp unter der Wasseroberfläche gut, an anderen Tagen nur 20 Zentimeter über dem Grund. Der Clou an der Sache: Mit dieser Methode müssen Sie nicht einmal anfüttern. Es genügt, eine Grundmontage mit auftreibendem Vorfach in einem Bereich auszulegen, in dem regelmäßig Karpfen patrouillieren. Wollen Sie dennoch anfüttern macht es Sinn, ein wolkenbildendes Futter zu verwenden. Der Köder soll dann inmitten einer Futterwolke zum Anbiss verleiten.

So fängt man mit Schaumstoff-Ködern

- *Dünne Mono-Vorfächer verwenden.*
- *Festbleimontage vorschalten.*
- *Kleine Haken (Größe 6 bis 8) sind ideal.*
- *Angeln Sie mit jeder Rute eine andere Wasserschicht ab, dazu mit unterschiedlichen Farben. So finden Sie schneller heraus, was besser läuft.*

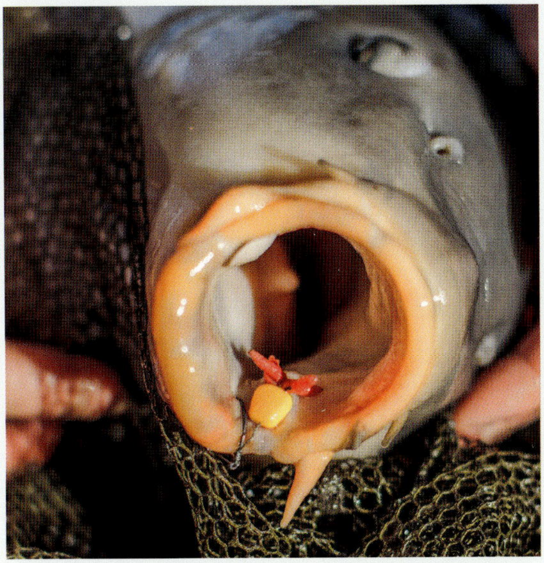

Die Kombination bringt's: lebendige, rot eingefärbte Maden und ein Kunstmaiskorn.

Kunstmais und Kunstmaden

Künstlicher Mais und künstliche Maden gibt es von unzähligen Herstellern als resistente, gummiartige bis plastikharte Hakenköder. Ich muss immer wieder schmunzeln, wenn ich künstliche Maiskörner in leuchtenden orange oder neonblau in Fachgeschäften finde. Kennen Fische blauen oder grünen Mais? Ich denke nicht. Sie können diese Köder also lediglich aus Neugier oder aufgrund einer Verwechslung fressen. Kunstmaiskörner machen auf üppigen Maisteppichen eine gute Figur. Sie sind resistent gegen Weißfischattacken und halten am Haar, bis ein kapitaler Friedfisch einen Fehler begeht und den Köder sozusagen aus Versehen eingesaugt hat.
Wie gut das funktioniert, wollte ich genauer wissen und fuhr an einen Karpfenaufzuchtteich. Dort schwammen auf einer Wasserfläche von einem Hektar etwa 4000 junge, unerfahrene und hungrige Karpfen. Ich lockte die Fische mit Dosenmais, Pellets und Maden an. Schon nach zehn Minuten hatte ich das Gefühl, dass sich der ganze Fischbestand unmittelbar vor meinen Füßen drängelte. Mit Dosenmais fing ich Fisch auf Fisch. Es dauerte keine Minute, ehe der nächste Anbiss erfolgte.
Ich wechselte den Köder von Dosenmais auf Kunstmais und fing drei Fische. Allerdings dauerte es jeweils drei bis fünf Minuten, ehe ein Anbiss kam. Danach registrierte ich keinen einzigen weiteren Biss mehr auf Kunstmais. Auch der Wechsel auf Kunstmade brachte nur einen einzigen weiteren Fisch.
Als ich Kunstköder und ein einziges echtes Maiskorn kombinierte, war die Beißflaute schnell wieder zu Ende und ich fing erneut Fisch auf Fisch.
Kunstköder sind aus meiner Sicht nur eine Alternative, eine Notlösung quasi, wenn Krebse oder Krabben den echten Angelköder demontieren. Mein Experiment am Zuchtteich bestätigte meine Vermutung, dass ein Gummi- oder Plastikköder am Gewässergrund einem natürlichen Köder nicht den Rang ablaufen kann. Nur in Kombination sind Kunst- und Naturköder sinnvoll.

Alan Blair

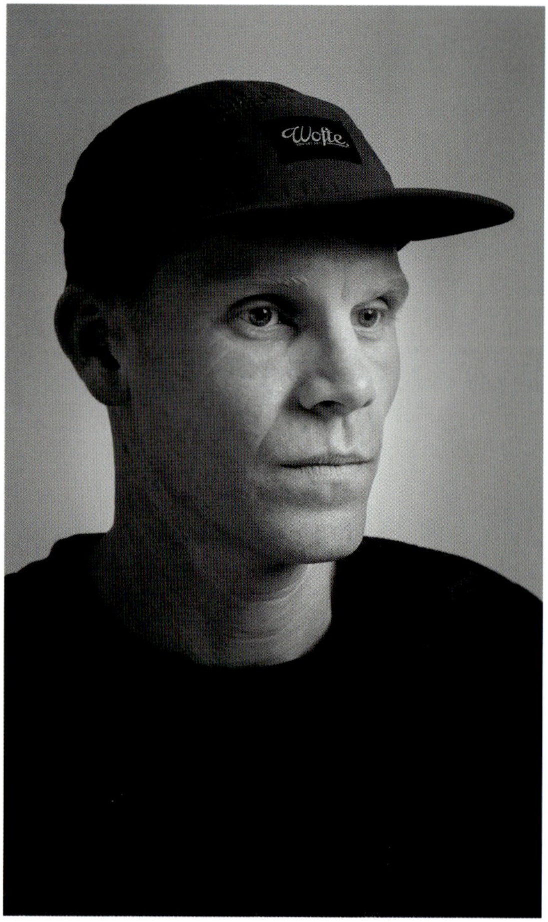

Früher arbeitete Alan als Lehrer, dann verschrieb er sich auch beruflich dem Angelsport und ist heute bei der Kevin Nash Group als Operations Director die rechte Hand von Firmengründer und -inhaber Kevin Nash.
Alan hat ein Faible für das Angeln an freier Leine, nur mit etwas Brot oder Frühstücksfleisch am Haken. Er angelt auf alle Friedfische, wenngleich es ihm die Barbe besonders angetan hat. Mehrmals pro Jahr tourt der Vater von zwei Töchtern durch Europa, meist in Begleitung von Kamermann Oli Davies, und produziert dabei Folgen für seine Serien „Euro banx" und „Urban banx", die er auf dem Nash-Youtube-Kanal veröffentlicht.

Alan Blair weiß, wie er seinen Lieblingsfisch am besten fängt.

Barben mit der Drift-Montage

In meiner Kindheit verfolgte ich ein Ziel: neue Fischarten zu fangen. Mein erster Fisch war ein Rotauge. Es folgte ein Barsch. Dann ein Gründling. Dann ein Döbel. Danach wollte ich eine Brasse, eine Schleie und schließlich einen Karpfen fangen. Eine Fischart blieb mir jedoch über Jahre hinweg verwehrt: die Barbe. Es war wie verhext, aber eine Barbe wollte einfach nicht beißen.

Die Barbe war damals in England eine besondere Spezies. Nur die passioniertesten Angler stellten ihr nach. Für mich schienen die Barben unerreichbar, obwohl ich am Great Ouse in Milton Keynes aufwuchs, einem der legendären Barben-Flüsse Englands.

Regelmäßig fischte ich an jenem Abschnitt, wo einst die britischen Rekord-Barbe gefangen wurde. Doch es schien aussichtslos.

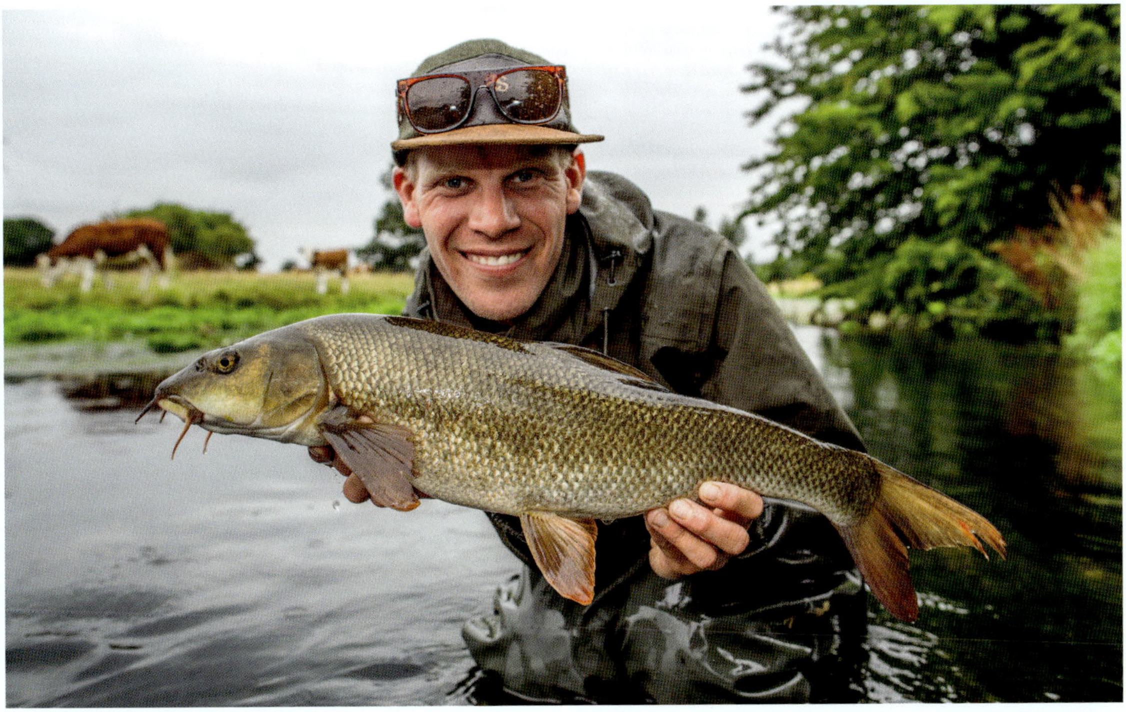

Bis Alan Blair seine erste Barbe überlisten konnte, verging etwas Zeit. Heute ist er Spezialist für diese Fischart.

Barbenangeln ist eine aktive Fischerei, bei der die Fische gesucht werden.

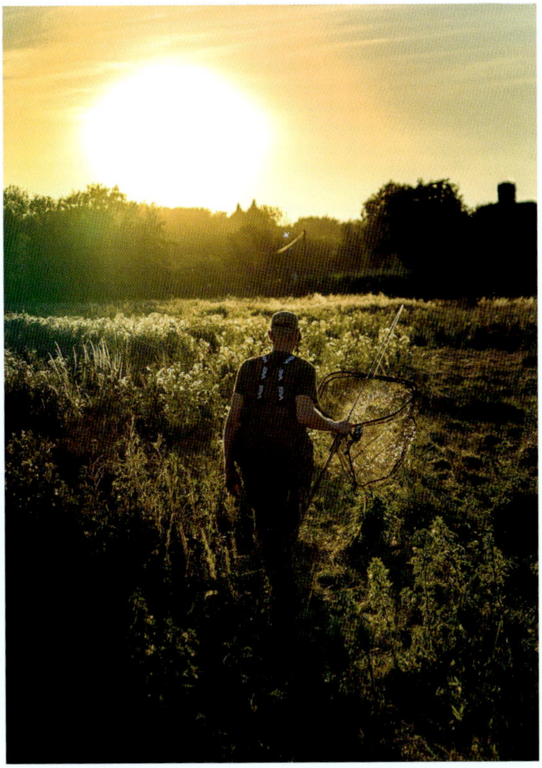

Unbefriedigende Schummelei

Schließlich ließ ich mich zu einer Schummelei hinreißen. Ich fuhr zu einer Fischzucht, die Barben für die Matchangelei züchtet. Das war Selbstbetrug, jedenfalls sagte ich mir nach diesem Ausflug: Vergiss es, du musst eine richtige Barbe fangen, also eine Barbe aus einem „richtigen" Gewässer. Also fuhr ich an die Wye, einen Fluss nahe der walisischen Grenze. Sie gilt als einer jener Flüsse mit dem besten Barben-Bestand Englands. Dort erfüllte sich schließlich mein Traum. Gleich bei meinem ersten Wye-Trip fing ich drei Barben. Es war der Beginn einer Liebesbeziehung mit diesen stromlinienförmigen und muskulösen Fischen, die für atemberaubende Drills sorgen und selbst in kleinsten Gewässern beachtliche Größen erreichen.

Nur 30 Minuten bis zum Biss

Die Barbe ist in England eine vergleichsweise rare Fischart. Sie schwimmt zwar in vielen Gewässern – doch stets sind es nur wenige Exemplare. Meine erste Barbe an der Wye war daher etwas Besonderes. Vielversprechende Barben-Stellen schienen mir Hindernisse, Rückwasserstellen und Vertiefungen zu sein. Hatte ich ein solche Stelle gefunden und Futter ausgebracht, war es nicht schwer, eine Barbe zu fangen. Es dauerte maximal eine halbe Stunde bis zum ersten Biss.

Mein Set-up bestand aus einem festen Feeder oder einem festen Blei. So wurde der Köder in der Strömung am Platz gehalten. Entweder befüllte ich den Feeder mit Pellets oder ich verwendete einen Baitdropper zum Ausbringen von Hanf, Caster und Pellets. Oder ich warf von Hand schwere Grundfutterballen ein. Ein langes Vorfach sorgte für eine optimale Präsentation des Köders in der Strömung. Manchmal hatte ich sofort Aktionen, manchmal musste ich warten, bis die Fische den Futterplatz angenommen hatten. Ich liebte das Angeln an der Wye, auch wenn ich für jede Session vier Stunden im Auto saß.

25 Fische in einer Session

Ein paar Jahre später, ich arbeitete mittlerweile bei Nash, kam mein Freund Ditch ins Büro und erzählte mir von seinen Kurzsessions, bei denen er gelegentlich über 25 Barben fing. Unglaublich! Ditch meinte, der Oberlauf der Lea in Hertfordshire, kaum mehr als eine Autostunde entfernt, sei voller Barben. Bei meinem ersten Besuch an der Lea fing ich in kürzester Zeit fünf Barben. Und das mit einer traditionellen

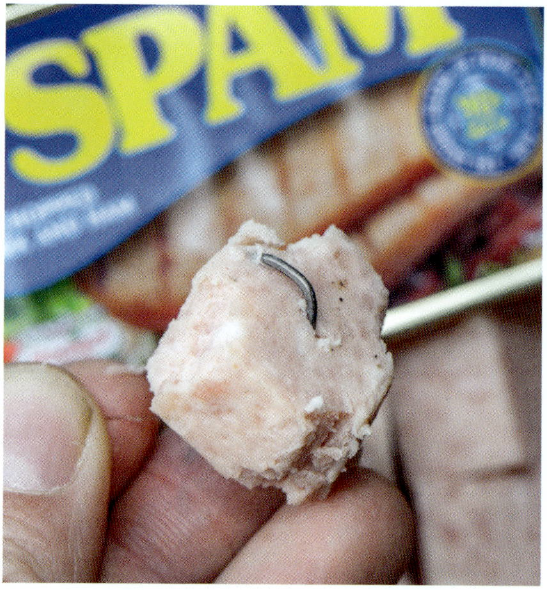

Frühstücksfleisch: mein bevorzugter Barben-Köder.

Methode, von der ich bis dahin lediglich gehört hatte und die ich nun erstmals praktizierte: Frühstücksfleisch an der Driftmontage.

Die Lea eignete sich perfekt für diese Methode. Denn sie ist im Gegensatz zur Wye viel schmaler, stellenweise nur zwei Meter breit. Zudem ist die Lea strömungsarm. Auch wenn sie in einigen Passagen nur wenige Zentimeter tief ist, gibt es in den Kurven Unterspülungen und Löcher, die bis zu einem Meter tief sind. Genau in diesen Löchern fand ich die Barben. Denn hier konnten die Fische ablaichen und waren nicht auf das Futter der Angler angewiesen.

In England sind die meisten Barben nur dank der Pellets und Boilies von Anglern zu beachtlichen Größen herangewachsen. Nicht so in der Lea. Der Fluss liegt fernab der Zivilisation und wird nur von wenigen Anglern befischt, da er (eine Seltenheit in England) keinem Angelverein gehört. Die Lea beherbergt keine Rekordfische.

Dennoch fing ich Barben bis über 4,5 Kilo. Eine beachtliche Größe angesichts der Flussgröße und des ausbleibenden Futters der Angler.

Draht am Schenkel

Die Lea war etwas Besonderes für mich – wegen der aktiven Angelei mit der Driftmontage. Anders als an großen Flüssen, wo ich mit Festblei oder Feeder hätte angeln müssen, um die Barben überlisten zu können.

Manchmal fragen mich die Leute: Was ist das beste Gewässer, das du je beangelt hast? Ich antworte dann: die Lea mit ihrem klaren Wasser und ihrem wilden, ursprünglichen Flair. Watstiefel, Rute, Köder – schon kann's losgehen. Dort ist alles so ursprünglich, unverfälscht. An der Lea würde ich niemals ein Grundblei oder einen Feeder verwenden. Maximal ein paar Schrotbleie am Köder, um diesem etwas Gewicht zu verleihen. An den großen Gewässern wie dem Trent oder der Themse benötigt man extrem große Bleie oder Futterkörbe, um den Köder am Platz zu halten. Solche Festblei- bzw. Futterkorb-Montagen sowie die Taktik des Auswerfens und Wartens sind bei vielen Barbenanglern Standard.

Barben mögen starke Strömungen, da braucht es schwere Bleie, um den Köder am Grund festzunageln. Doch das Beifutter lässt sich nicht festnageln. Es treibt ab. Nur der Hakenköder verbleibt an Ort und Stelle. Und das ist äußerst unnatürlich. Da werden Barben misstrauisch. Mit einer Driftmontage würde man auch an größeren Flüssen definitiv mehr Bisse bekommen. Doch die starke Strömung macht es nahezu unmöglich, diese Methode anzuwenden.

Bei starker Strömung wickle ich Bleidraht um den Hakenschenkel.

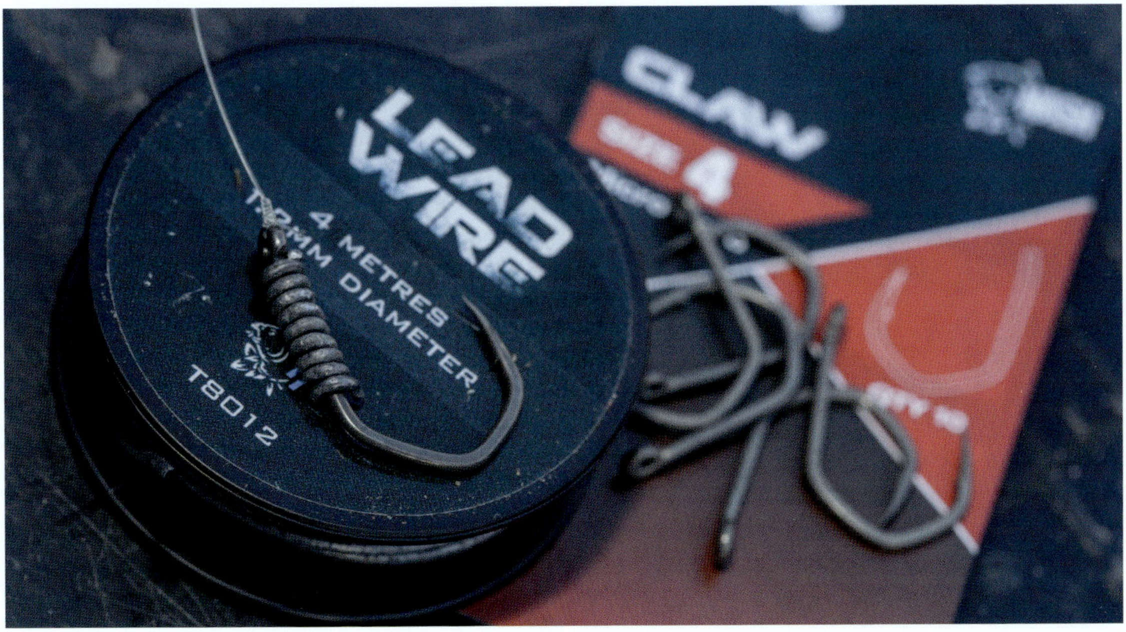

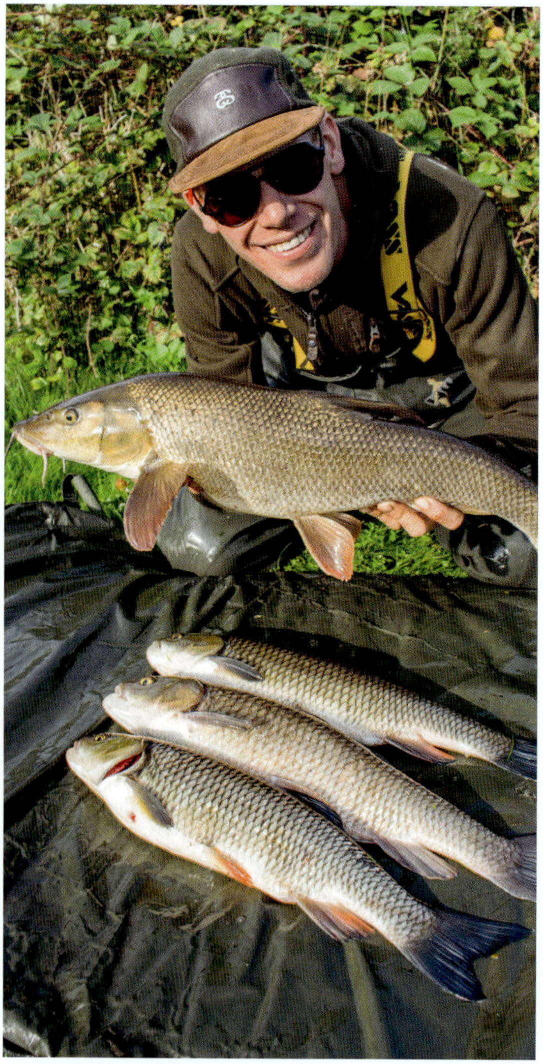

Energische Barbe: nach drei Döbeln übernahm dieses schöne Exemplar das Kommando auf dem Futterplatz. Kurze Zeit später fiel sie auf meine Driftmontage herein.

In kleineren Gewässern mit weniger Strömung wie an der Lea ist die Driftmontage praktikabel. Man muss allerdings das Frühstücksfleisch gut auf dem Haken befestigen. Wie das geht? Ein Stückchen Fleisch auffädeln oder alternativ den Haken darin versenken und anschließend den Haken soweit durchdrücken, dass die Hakenspitze wieder herausschaut. Das Fleisch muss dann nicht zusätzlich fixiert werden, es braucht keinen Stopper und kein Stückchen Gras. Das Fleisch ist zäh genug, sowohl beim Auswerfen als auch in der Drift am Gewässergrund. Beim Anhieb kommt der Haken aus dem Fleisch und dringt in die wulstige Lippe der Barbe ein. Mit einem Stopper wäre das nicht gewährleistet. Ich runde die Ecken des Fleisches ab, damit es natürlicher über den Gewässerboden rollt. Bei Hochwasser und stärkerer Strömung verwende ich zusätzlich Lead Wire, das ich um den Hakenschenkel wickle. Damit bringe ich das langsam sinkende, ölhaltige Fleisch ohne zusätzliches Bleigewicht auf den Gewässergrund und erreiche eine dezentere Driftgeschwindigkeit des Köders.

Eine Session, sechs Spots

Das Anfüttern des Angelplatzes verschafft beim Barbenangeln einen enormen Vorteil. Deshalb füttere ich bei der Ankunft am Fluss zuerst einen Eimer voller Hanf, 6-Millimeter-Pellets, Flakes und Frühstücksfleisch. Dem Ganzen füge ich stinkendes Sirup oder Fischöl hinzu. Das sorgt für Geschmack flussabwärts. Den Inhalt des Eimers verteile ich an sechs Stellen. Nach einer halben Stunde beginne ich an der ersten Stelle mit dem Angeln und lasse dort meinen Köder durch Löcher und an Unterspülungen driften.
Wenn ich keine Bisse bekomme oder merke, dass keine Fische da sind, gehe ich zum zweiten Platz, danach zum dritten, dann zum vierten und so weiter. Habe ich alle sechs Stellen abgeangelt, beginne ich von vorne. Mit dieser Methode habe ich eine deutlich höhere Anzahl an Bissen, als würde ich nur eine Stelle mit einer Grundmontage befischen.

Überhöhte Ehrfurcht

Kürzlich war ich an einem kleinen Fluss namens Wandle im Süden Londons. Die Wandle ähnelt der Lea, auch wenn sie durch urbane Umgebung fließt. Ich sah Döbel und Barben in der Strömung stehen, fütterte Maden und es dauerte nicht lange, da vertrieben die Barben die Döbel vom Futterplatz und verschlangen meine Maden. Wenn Barben einmal fressen sind sie einfach zu fangen. Ich gestehe: Früher bin ich den Barben mit zu viel Ehrfurcht begegnet. Im Grunde unterscheiden sie sich kaum von den Karpfen. Sie sind genauso gierig und nicht allzu schwierig zu fangen.

Mittlerweile gibt es in England viele kleine Flüsse mit einem ordentlichen Barben-Bestand. An den großen Flüssen verläuft die Entwicklung konträr: Der Bau von Stauwehren bremst die Fließgeschwindigkeit und bewirkt eine Verschlammung. Die Kiesbetten, auf denen die Barben laichen, verschwinden, die Produktion von Jungfischen gerät ins Stocken. Dazu kommen die Fischotter, die den Barbenbestand dezimieren.
Kleine Flüsse jedoch sind wahre Oasen für diese Fischart. Dort liegt die Zukunft des britischen Barbenangelns.

Landlust in England: Kleine Flüsse und ihre teils kapitalen Barben ziehen mich in ihren Bann.

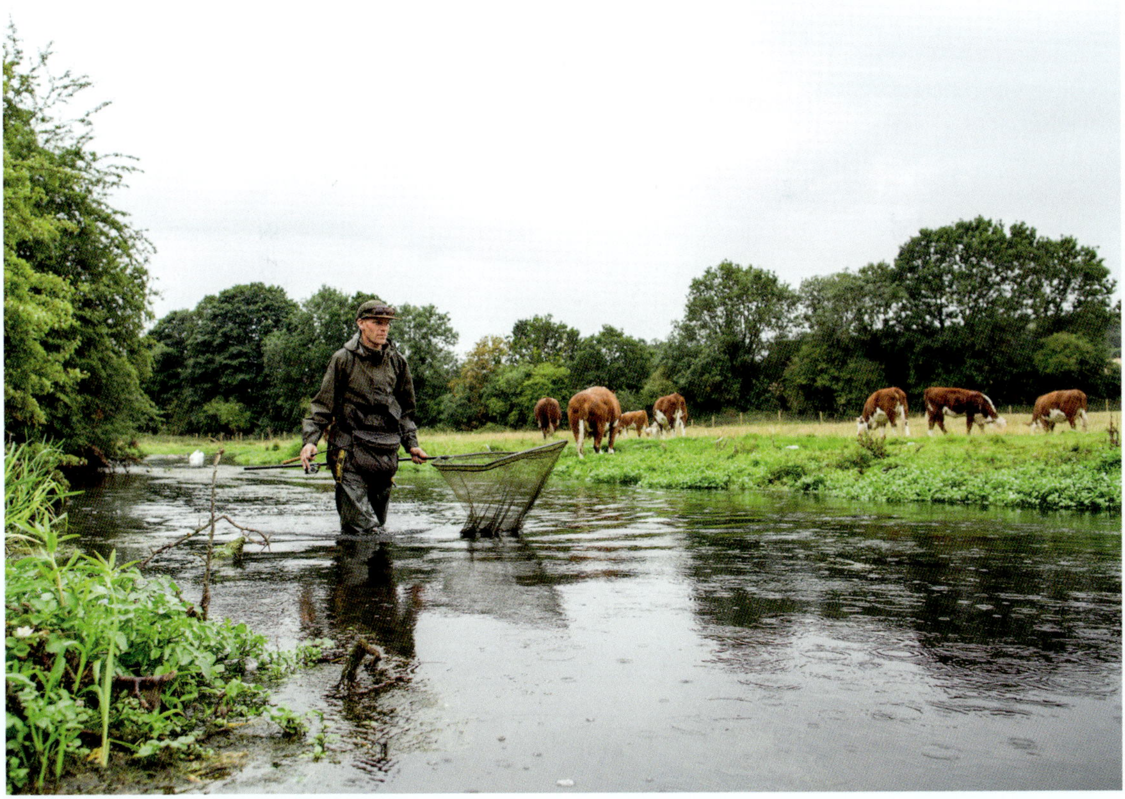

Futterstellen anlegen

Bevor eine Futterstelle angelegt wird, stellt sich die Frage, welches Futter sich dafür eignet. Die Auswahl des Angelfutters unterteilt sich in Anfütterungsmaterial und den Hakenköder. Nicht immer ist beides identisch. Bei Instant Sessions oder bei niedrigen Wassertemperaturen unter der Acht-Grad-Marke macht es Sinn, das Futter auf wenig feste Bestandteile auszulegen. Anfüttermaterial soll vorwiegend locken, und wenig bis gar nicht sättigen. Das ist möglich, indem Grundfutter zum Anfüttern eingesetzt wird – in Form von Futterbällen, am Method Feeder, um das Blei geknetet oder im PVA Bag.

Der Hakenköder selbst sollte einen ganz besonderen Leckerbissen darstellen. Einen Leckerbissen, den sich die Fische lieber schnell holen, bevor es ein Artgenosse tut. Ein wichtiger Aspekt für identische Futterauswahl in Hinsicht auf Hakenköder und Anfüttermaterial ist die Dressur. Es ist möglich, Friedfische nicht nur an einen bestimmten Angelplatz, sondern auch an ein bestimmtes Futter zu gewöhnen. Ich spreche hier von einem positiven Dressureffekt.

Durch langfristige und regelmäßige Futtergaben gewinnen wir das Vertrauen der Fische. Sie fressen den Köder mitunter über Wochen an einem Angelplatz, ohne dass wir sie beangeln. Je länger ein spezieller Köder (egal ob Tigernüsse, Kichererbsen oder Boilies) in einem Bereich angefüttert wird, desto größer der positive Dressureffekt. Es wird dann einfacher, seine Zielfische zu fangen.

Die Hakenköder sollten wir auf den Zielfisch auslegen. Mit Boilies sind wir in der Lage, die Ködergröße, die Härte und die Inhaltsstoffe unseren Zielfischen anzupassen und somit diese Zielfische ziemlich selektiv zu fangen. Bei allen anderen Ködern ist das schwieriger (ausgenommen Käse für Barben). Vielleicht wundern Sie sich, warum ich viel Wert auf das Kapitel Boilies gelegt habe. Ganz einfach: Boilies sind für alle Friedfische der einzig berechenbare Köder. 10-Millimeter-Boilies eigenen sich gut für kapitale Weißfische, 15er-Boilies für Schleien und große Brassen, Barben sowie Döbel. Bei 20 Millimeter aufwärts können wir zunehmend mit Karpfen und Stören rechnen.

Ein letzter Punkt, der die Futterauswahl maßgeblich beeinflusst, sind die besonderen Umstände. Krebse und Blesshühner zum Beispiel können sich an den Hakenködern zu schaffen machen. Solche Umtriebe erfordern den Einsatz von Fake-Ködern, also Plastikmais oder Plastikmaden. Auftreibende Zig-Köder wie künstliche Krabbler oder Schaumstoff sind nötig, wenn die anvisierten Fische lethargisch in den oberen Wasserschichten verweilen. Würmer und Maden können eine Lösung sein, wenn alle anderen Köder ignoriert werden.

Von Würmern und Maden als Lebendköder geht Bewegung aus. Eine Eigenschaft, die kein anderer Köder so mit sich bringt. Aroma und Bewegung sind bei einem 100-prozentigen Naturköder der größte Reiz, den ein Angelköder aussenden kann. Solche Naturköder sind ideal zum Pirschen und Beangeln von Friedfischen aller Art auf Sicht.

So füttern Sie richtig

Ich unterscheide beim Angeln auf Friedfische zwei Taktiken: Langzeitfuttertaktik und Instant-Taktik.

Langzeitfuttertaktik: Ich füttere abhängig von der Fischart, der Jahreszeit und der Fischdichte über einen Zeitraum von einer Woche bis hin zu mehreren Monaten eine Stelle vor. Instant-Taktik: Ich füttere gar nicht vor, sondern füttere nur während des Angelns.

Beide Taktiken funktionieren zuverlässig, vorausgesetzt, Sie sind in der Lage, diese richtig anzuwenden. Prinzipiell ist es ratsam, an einem Gewässer ein ruhiges Eckchen Futter zu setzen. Damit meine ich eine Stelle, die nicht jeder Angler mit einem guten Platz, der unter Futter gehalten wird, in Verbindung bringt. Gewaltige, kostenintensiven Futterrationen sind nicht erforderlich. Kleine Portionen, regelmäßig eingebracht, tun es auch.

Es war vor vielen Jahren, als ich zwei Mal pro Woche an einem Angelplatz im Flachwasser vorfütterte, jeweils immer nur 500 Gramm Boilies. Die Menge fiel so gering aus, weil ich wusste, dass ich die Fische (hauptsächlich Karpfen und Schleien) nicht an diese Stelle locken musste. Sie zogen dort ohnehin vorbei. Wenngleich es nur wenige Fische waren, die dort entlangschwammen. Nach drei Wochen bemerkte ich, dass es die Schleien waren, die den Bereich von Kraut und Algen befreit hatten. Wichtig ist bei dieser Taktik, dass Sie Ihren Futterzyklus beibehalten. Dass Sie beispielsweise immer montags, mittwochs und freitags füttern. Dann suchen die Fische den Bereich immer wieder auf und kontrollieren ihn. Je intensiver Sie dort füttern, desto öfter kommen die Fische vorbei. Eine solche Stelle lässt sich intensivieren, indem das Futterintervall verkürzt oder die Futtermenge erhöht wird. Füttern Sie nur einmal pro Woche an Ihrem Platz einen Eimer Weizen, sollten Sie einen Tag bevor Sie zum Angeln gehen, einen extra Eimer einbringen. So stellen Sie sicher, dass sich die Fische bei Ihrer Ankunft bereits am Angelplatz oder zumindest in der Nähe aufhalten. Und nicht erst in drei Tagen wieder vorbeischauen.

Eine langfristige Futterstelle profitiert vom positiven Dressureffekt, also vom positiven Konditionieren. An einem solchen Langzeitfutterplatz sollten Sie mehr füttern als angeln. Zum Beispiel drei Mal pro Woche füttern, aber nur ein Mal angeln. Nur dann bleibt das Vertrauen der Fische erhalten, nur dann schöpfen sie keinen Verdacht. Doch Obacht: Wer über Wochen und Monate einen Futterplatz unterhält, läuft Gefahr, mit anderen Anglern ins Gehege zu kommen. Konflikte unter Anglern, weil der eine (sei es vorsätzlich oder unwissend) auf dem Futterplatz des anderen sitzt, sind speziell an den bekannten Karpfenseen an der Tagesordnung. Das artet nicht selten aus,schlimmstenfalls in wüste Beleidigungen oder gar Schlägereien. Oder der Übeltäter findet sein Auto mit vier plattgestochenen Reifen vor. Das klingt verrückt, ist aber schon vorgekommen.

Um etwaigen Trittbrettfahrern, die Ihren Futterplatz ausspionieren wollen, zuvorzukommen, rate ich Ihnen, nachts zu füttern, im Schutz der Dunkelheit. Doch selbst dann sind Sie nicht davor gefeit, dass missgünstige Kollegen Verdacht schöpfen. Und sei es nur, weil am nächsten Morgen Blesshühner und Tafelenten immer wieder an einer bestimmten Stelle abtauchen. Sie weisen den Abstaubern den Weg zu Ihrer Futterstelle.

Mit einer Instant-Taktik gehen Sie solchen Unannehmlichkeiten aus dem Weg. Zudem ist die Instant-Taktik weniger kosten- und arbeitsintensiv. Sie lebt von der Spontaneität und Flexibilität. Sie entscheiden abhängig von Wind und Wetter, an welchem Gewässer und an welcher Stelle Sie angeln wollen.

Wohl dem, der die Auswahl hat. Ich kann bei uns in Thüringen zwischen Fluss, Kiesgrube, Parkteichen und Stauseen auswählen. Den Fluss, die Unstrut, beangle ich nur bei idealem Wasserstand. Den Parkteich nur außerhalb des Wochenendtrubels. Und den Stausee, wenn mir die Gischt vom auflandigen Wind ins Gesicht gepeitscht wird – weil dann die Fangchancen am besten sind. Stimmen die Bedingungen nicht, geht's an eine der unzähligen Kiesgruben. Ich pflege das ganze Jahr hindurch eine oder zwei Angelstellen permanent unter Futter zu halten – als Alternativ-Spots sozusagen, wenn anderswo die Fische nicht beißen. Vorrangig angle ich aber instant, weil ich diese Angelei spannender und aufschlussreicher finde.

Ein weiterer Vorteil gegenüber einem Langzeitfutterplatz liegt in der Wetterproblematik begründet. Während ich bei einem Langzeitfutterplatz auf meinen Spot fixiert bin, kann ich beim Instant-Angeln spontan improvisieren. Steht der Wind auf das Westufer, angle ich dort, steht er auf das Ostufer, angle ich an der gegenüberliegenden Seeseite. Und halten sich die Fische nahe der Wasseroberfläche auf, angle ich mit Zig Rigs oder Bolt Machine. Stehen sie hingegen tief, greife ich zur Grundmontage. Sie sehen: Man sollte sich stets mehrere Taktiken als Optionen offenhalten.

Hinzu kommt: Sitzt dummerweise ein anderer Angler auf Ihrem Langzeitfutterplatz, müssen sie ohnehin ausweichen und instant angeln. Dann suchen Sie sich einen Platz, an dem die Fische mit hoher Wahrscheinlichkeit vorbei kommen werden oder/und an dem sie ausreichend natürliche Nahrung finden. Lukrative Plätze können aber auch Stellen sein, an denen die Fische regelmäßig von anderen Anglern Futter bekommen. Nein, Sie sollen nicht an den Langzeitfutterplätzen anderer Angler sitzen und den Schmarotzer spielen. Ich meine damit Stellen, die bei allen Anglern im Verein beliebt sind und an denen regelmäßig Futter ins Wasser gelangt. Oder Bereiche, in denen die Fische immer wieder von Passanten gefüttert werden.

Oft schon sah ich in einem Bereich eines Gewässers eingetrübtes Wasser, oder die Fische standen an der Wasseroberfläche und sonnten sich. Oder sie gründelten. Oder sie waren während der Laichzeit mit dem Liebesspiel beschäftigt. Dann wusste ich schnell, wo ich angeln wollte. Denn hier war der Instant-Erfolg greifbar. An dieser Stelle möchte ich Sie jedoch bitten: Angeln Sie nicht auf laichende Fische. Bei dieser wichtigen Angelegenheit sollten die Flossenträger auf keinen Fall gestört werden. Merken Sie sich aber den Platz des Liebesaktes und angeln Sie instant genau dort, sobald die Laichzeit vorüber ist. So fangen Sie dort die Laichräuber.

Gute Instant-Taktiken sind der Einsatz des Method Feeders oder eines PVA Bags. Es lohnt sich auch, aktives Futter in direkter Nähe des Hakenköders einbringen. Darüber hinaus ist das Angeln mit dem Zig Rig, also mit einem auftreibenden Foam sehr erfolgversprechend. Mit den beiden erstgenannten Taktiken können Sie instant die Fische am Grund fangen und mit der letzten Option die Fische in den oberen Wasserschichten beangeln. Für kurze Instant-Ansitze ganz wichtig: Angeln Sie dort, wo sich die Fische bereits aufhalten. Und lassen Sie in puncto Attraktivität Ihres Köders nichts unversucht: Futterbälle, Pellets und extrem lösliche Boilies sind neben Dosenmais sehr gute Instant-Köder.

Die passende Futtermenge finden

Mein Freund Sven Möller, ein begnadeter Friedfischangler, mahnt: „Die Dosis macht das Gift". In der Tat! Zu wenig Futter kann den Fangerfolg schmälern, zu viel Futter kann zur Folge haben, dass Sie gänzlich leer ausgehen. Kalkulieren Sie also im voraus, wie viel Futter Sie einbringen wollen. Es gilt: Was einmal im Gewässer liegt, können Sie nicht mehr herausholen. Futter kann großen Schaden anrichten – für Ihren Fangerfolg, im schlimmsten Fall sogar für das Gewässer. Nehmen Sie das Thema ernst.

Und nicht nur die Menge des Futters kann entscheidend sein – auch die Art des Futters. Einmal unternahm ich an einem See eine Kampagne mit einem hohen Anteil an Partikeln im Futter, erst nach zirka 14 Tagen wollte ich den Anteil der Boilies erhöhen. Doch da war es schon zu spät: Die Partikel hatten viele Weißfische an den Platz gelockt – und diese zogen die Welse an. Als ich schließlich mit Boilies fütterte und angelte, fing ich Welse anstelle von Friedfischen.

Die Menge des Angelfutters richtet sich nach vielen Parametern, über die ich mir im Vorfeld Gedanken mache. Ich stelle mir vor jeder Futteraktion folgende Fragen:

1. Welche Fische will ich beangeln? Für die vergleichsweise gefräßigen Karpfen muss ich mehr Futter einbringen als für Schleien.

2. Wie viele Exemplare meiner anvisierten Zielfischart schwimmen im Gewässer? Gibt es einen großen Bestand meines Zielfisches, kann ich üppiger füttern.

3. Wer frisst mit? Tauchen Wasservögel nach meinem Futter? Und schwimmen viele andere Friedfischarten im Gewässer, welche munter mitfressen? Dann darf es etwas mehr Futter sein.

4. Wie groß ist das natürliche Nahrungsangebot im See? Ist viel davon vorhanden (Tubifex, Krebse, Muscheln etc.), würde ich mit viel Futter die Fische überstättigen.

5. Wie viel füttern andere Angler derzeit? Füttern viele weitere Angler am betreffenden Gewässer, würde ich mit großen Futtermengen dafür sorgen, dass die Fische schnell gesättigt sind. Auch hier gilt: Weniger kann dann mehr sein.

6. Wie viel Sauerstoff ist im Gewässer vorhanden und wie hoch ist die Wassertemperatur? Ist das Wasser zu kalt (unter zehn Grad) oder zu warm (über 25 Grad) kann es schnell zu einer Beißflaute kommen – dann schmälert viel Futter Ihren Fangerfolg. Bei zu kaltem Wasser fressen viele Friedfische deutlich weniger, allen voran Schleien, Karpfen und Graskarpfen. Ist das Wasser sehr warm, kann es weniger Sauerstoff aufnehmen und auch das führt zu einer Abnahme der Fressaktivität.

7. Wie ist die Wetterlage? Eine aufkommende Hochdruckwetterlage, speziell mit kaltem Wind, sorgt erfahrungsgemäß bei Friedfischen für weniger Appetit. Tiefdruck mit leichtem Nieselregen und warmem Südwestwind dagegen verleitet die Fische eher zum Fressen. Sie sollten Ihre Futtermenge also auch an das Wetter anpassen.

8. Wie gestaltet sich das Fangergebnis? Fange ich in einer Nacht auf einem Langzeitfutterplatz nur einen Fisch oder gar keinen, reduziere ich meine Futtermenge. Fange ich dagegen vier Fische oder mehr pro Nacht, erhöhe ich sie.

9. Füttere ich heute nur vor? Dann kann ich üppiger füttern, weil ich ja erst in zwei oder drei Tagen zum Angeln komme. Doch am Angeltag selbst möchte ich meine Hakenköder nicht unter einem riesigen Haufen Futter begraben. Dann finden die eintreffenden Fische inmitten des Überangebots meinen Köder nämlich gar nicht.

Was ist denn nun die richtige Futtermenge? Ich möchte es Ihnen anhand einiger Sessions, die ich selbst erlebt habe, erläutern.

Gewässer: Vereinssee (zirka 15 Hektar), hohe Fischdichte.
Dauer der Session: zwei Tage (Freitag bis Sonntag)
Vorgefüttert? Nein
Zielfische: Karpfen (bis 15 Kilo), Schleien
Jahreszeit: kurz vor der Laichzeit (Fische hungrig)

Zu Beginn der Session füttere ich fünf Kilo. Zwei Kilo Boilies (15/20 Millimeter), drei Kilo Partikel (Mais, Hanf, Mini-Tigernüsse). Die Partikel ziehen auch Weißfische an, deshalb sind fünf Kilo nicht zuviel. Für nur eine Nacht wäre die Futtermenge deutlich kleiner, zirka 1,5 Kilo.

Beim Aufbau des Camps sehe ich: Die anderen fünf Angler am See füttern massiv. Einer unweit der Bucht, in der ich sitze. Die Fische müssen bei ihm vorbei, um zu mir zu kommen. Sie kommen also schon gesättigt bei mir an. Darum Taktikwechsel: Ich reduziere mein Futter nicht nur, sondern stelle es um: Lösliche Grundfutterbälle sollen es nun richten. Sie sättigen nicht, aber sie locken. Partikel und Boilies füttere ich lediglich eine Handvoll, direkt über die Montage. Die besteht aus farbigen Mini-Boilies. Ich biete den Fischen also nur noch einen auffälligen Snack.

Schon am Abend ein erneuter Strategiewechsel. Aus drei Gründen: 1. Ein Unwetter zieht auf (Tiefdruck = Beißwetter). 2. Die anderen Angler packen ein (keine Futter-Konkurrenz mehr). 3. Wind und Wellen drücken in meine Bucht (natürliche Nahrung wird angeschwemmt und lockt damit Fische in die Bucht). 4. Mehrere Karpfen buckeln und rollen an der Oberfläche (Fische werden aktiv). All diese Faktoren sind positiv. Also steigere ich die Futtermenge auf drei Kilo Boilies und drei Kilo Partikel. So möchte ich die Fische in einen Fressrausch versetzen. Dieser Fressrausch könnte bis Sonntag anhalten, denn die Tiefdruck-Wetterlage soll laut Wetterbericht bleiben.

Fazit am Sonntag Abend: fünf Karpfen zwischen elf und 18 Kilogramm.

Gewässer: Stausee (zirka 60 Hektar)
Dauer der Session: eine Nacht
Vorgefüttert? Nein
Zielfische: Karpfen
Jahreszeit: kurz vor der Laichzeit (Fische hungrig)

Ich erhasche einen Platz, der sonst nie frei ist. Hier werden 80 Prozent der großen Fische des Sees gefangen. Ich angle mit unauffälligen Bodenködern, die ich eingewicht habe. An diesem Platz sind Pop-ups oder andere auffällige Köder keine Option. Damit wird hier viel zu oft gefischt, entsprechend hoch ist die negative Konditionierung der Fische auf diesen bunten Firlefanz. Der Platz steht ganzjährig unter Futter. Deshalb kommen hier viele Karpfen vorbei, sie fressen aber entsprechend vorsichtig. Kurzum: Mit meinen unauffälligen Ködern, die dank der Vorwässerung den Karpfen das Gefühl geben, als lägen sie schon lange im Wasser, gebe ich ihnen das Gefühl „Heute ist die Luft rein, keiner da. Wir fressen, was übrig geblieben ist."
Ich angle ohne jegliches Beifutter. Nur die Hakenköder fliegen ins Wasser. Denn gefüttert wird hier das Jahr hindurch zur Genüge.

Fazit am nächsten Morgen: zwei Fische knapp über 20 Kilogramm. Übrigens: Diese Taktik (stark frequentierter und befütterter Platz, null Futter meinerseits) nenne ich Sonntagstaktik. Wieso? Früher, als Schüler, hatte ich kaum Geld, wollte aber dennoch auf Futterplätzen angeln. Also radelte ich Freitags und Samstags um den See, zur Spionage: Wer füttert wo und wieviel? Als Sonntagmittag der Wochenendzirkus vorbei war, wusste ich, wo ich ohne Füttern fangen konnte.

Gewässer: Silikatgrube (zwei Hektar)
Dauer der Session: wenige Stunden
Vorgefüttert? Nein
Zielfische: Brassen, Karauschen
Jahreszeit: zeitiges Frühjahr (Fische zurückhaltend)

Ich füttere nur eine halbe Hand Dosenmais, zirka 30 Körner pro Pose. Der erste Biss signalisiert mir: Mein Futter muss weggefressen sein. Wieder füttere ich eine halbe Handvoll nach. Mein Nachbar, ein älterer Herr, kippt eine ganze Dose Mais pro Rute aus. Viel zu viel für diese frühe Jahreszeit.

Fazit nach drei Stunden: zwei große Schleien, beide über 50 Zentimeter.

Gewässer: Kiesgrube
Dauer der Session: zwei Nächte (Freitag bis Sonntag)
Zielfische: Karpfen (guter Bestand)
Jahreszeit: Hochsommer (Fische träge)

Dienstag, ich möchte fürs Wochenende vorfüttern. Es ist schwül-heiß, die Fische somit träge. Aber für Donnerstag ist ein Wetterwechsel vorhergesagt (Wind, Regen), dann dürften die Fische in Fresslaune kommen.

Boilies würden bis Donnerstag wohl unberührt liegen. Sind sie dann noch schmackhaft? Eher nicht. Also füttere ich Tigernüsse und Mais. Partikel werden ohnehin besser, wenn sie im Wasser liegen. Einen Teil werden Wasservögel und Weißfische fressen, zudem ist kein anderer Angler am See. Beides spricht für eine höhere Futtermenge. Ich entscheide mich für drei Kilo Tigernüsse und fünf Kilo Mais, das muss die drei Tage bis Freitag reichen.

Am Angeltag füttere ich pro Rute lediglich drei Futterbälle (Grundfutter plus eingeknetete Tigers). An die Montage (Hakenköder: geschälte weiße Tigernuss) kommt ein PVA-Bag mit Tigernüssen. Der erste Biss ist eine Brasse. Statt Karpfen habe ich also Brassen auf den Platz gelockt. War der Mais schuld? Also Planänderung: Ich füttere nun pro Rute ein Kilo 24er-Boilies. Damit will ich die Brassen umgehen. Nach dem ersten Karpfen in der Nacht füttere ich vier Handvoll Boilies nach – noch bevor ich die Rute wieder startklar gemacht habe, ich habe schließlich keine Zeit zu verlieren.

Wieso nur vier Handvoll Boilies nachfüttern? Weil die Karpfen an diesem See meist nur in der Nacht fressen – und die ist im Sommer schnell vorbei. Füttere ich jedoch gar nicht nach riskiere ich, dass die Fische den Platz wieder verlassen. Ein weiterer Fang in der Morgendämmerung bestätigt mein Vorgehen.

Fazit nach einer Nacht: zwei Karpfen.

Beim Einpacken sehe ich, dass die Karpfen an einem weit entfernten, ufernahen Spot springen. Tagsüber stehen die Fische also dort hinten! Dort ist der Boden mit Kraut überzogen. Zum Säubern des Platzes kippe ich einen 10-Liter-Eimer Weizen über das Kraut. Dazu gibt es zwei Handvoll 15er-Boilies für die größeren Fische. Diese Prozedur wiederhole ich zweimal, jeweils einmal pro Woche.

Fazit nach drei Wochen: Der Platz ist krautfrei, weil die Fische beim Aufsammeln der Körner den Boden umgepflügt haben. Nun wird die Stelle regelmäßig von allen Fischarten aufgesucht, auch von den Graskarpfen.

Was passiert beim Abbau von Futter im Gewässser?

Tierarzt Dr. Jens Erik Wolber gibt Aufschluss

Jeder unserer eingebrachten Köder muss, wenn er nicht von einem Fisch aufgenommen und verdaut wird, im Gewässer zersetzt werden. Das geschieht durch eine bakterielle Aktivität und diese geht generell mit einem Verbrauch an Sauerstoff einher. Aber auch, wenn der Köder gefressen wird, wird er nur zu einem gewissen Anteil in Biomasse, also in Körpergewicht der Fische, umgesetzt. Der Rest wird ins Gewässer ausgeschieden.

Kritisch wird es, wenn die Menge an Nährstoffen (egal ob ungefressenes Angelfutter oder Fischausscheidungen) so groß wird, dass für deren Abbau nicht mehr genug Sauerstoff zur Verfügung steht. Wir unterteilen Gewässer abhängig von ihrem Nährstoffgehalt in mehrere Trophiestufen. Da gibt es oligotrophe, nährstoffarme Gewässer der Stufe 1. Diese können nur eine geringe Masse an Fisch ernähren, weil sie wenig Nährstoffe aufweisen. Ihre Sauerstoffsättigung am Ende des Sommers liegt meist noch weit über 70 Prozent und ihre Sichttiefe reicht bis über sechs Meter. Ein Beispiel für ein solches Stufe-1-Gewässer ist der typische alpine Hochgebirgssee.

Doch gerade Karpfen- und Weißfisch-Spezialisten angeln zumeist in Gewässer der Stufe 3, also in hoch eutrophen Gewässern. Dort ist der Gewässerboden vielerorts mit einer sauerstoffarmen Faulschlammschicht bedeckt, die Sauerstoffsättigung liegt am Ende der Sommerstagnation unter 30 Prozent und das Wasser ist trüb (Sichttiefe in der Regel nur bei einem bis zwei Metern).

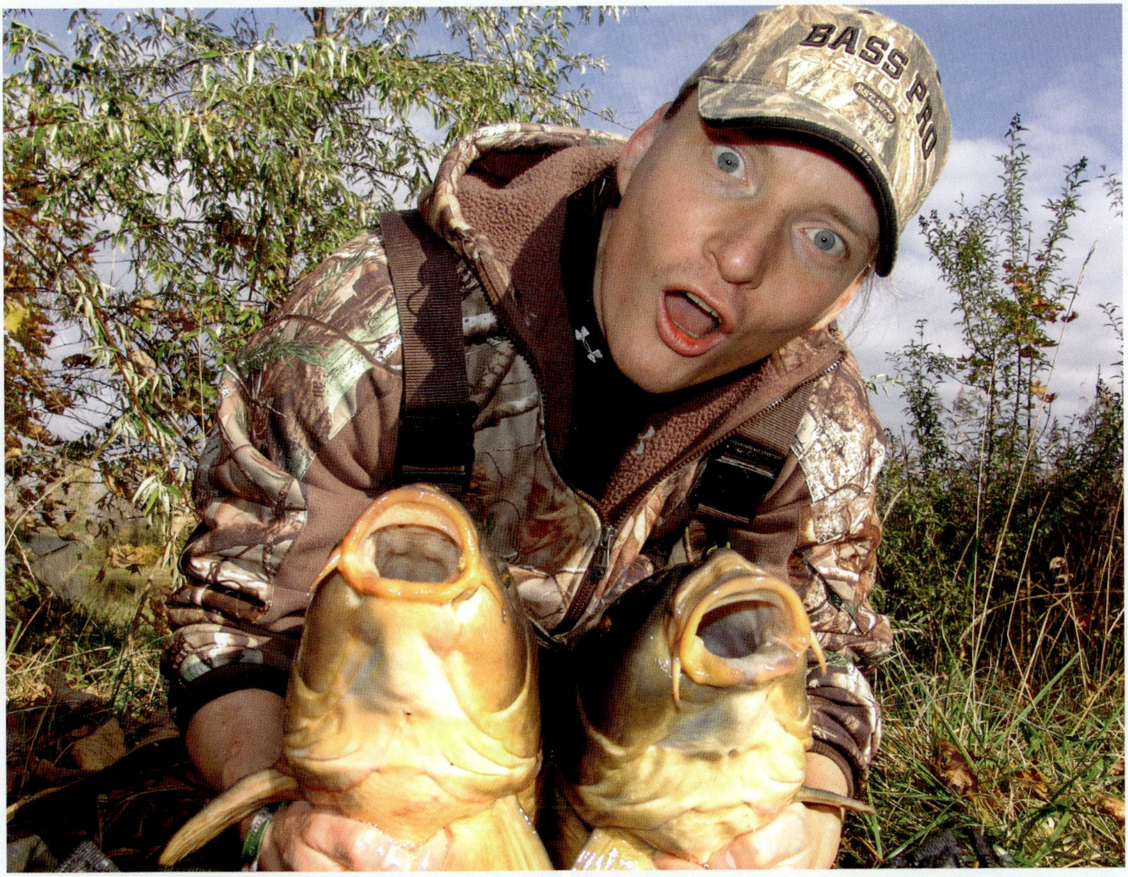

Da macht man große Augen: Jens Erik Wolber hat sparsam gefüttert – und dennoch gut gefangen.

Solche Stufe-3-Gewässer können, solange ihre Sauerstoffsättigung noch nicht kritisch wird, eine große Menge an Fisch ernähren und beherbergen gerne kapitale Exemplare. Doch gerade zum Ende des Sommers, wenn das warme Wasser ohnehin schon weniger Sauerstoff halten kann, kann durch das zusätzlich eingebrachte Futter der Restsauerstoff weitgehend aufgebraucht werden. Ein Fischsterben wäre die Folge.

Als Faustregel gilt: Der Abbau von 100 Gramm Biomasse zehrt – je nach Zusammensetzung – zirka 150 Gramm Sauerstoff. Der vollständige Abbau von drei Kilogramm Ködern benötigt dann ungefähr 4,5 Kilo Sauerstoff. Bei einer Wassertemperatur von 20 Grad wird somit der gesamte Sauerstoff von 450.000 Litern Wasser verbraucht (!), da bei 20 Grad jeder Liter Wasser nur knapp 10 Milligramm Sauerstoff tragen kann. Heftig, oder? Durch den unüberlegten Einsatz von Angelfutter kann man im schlimmsten Fall den gesamten See zerstören.

Sie angeln Im heißen Juli oder August an einem kleinen, hoch eutrophen Parksee und wollen dafür richtig viel Futter abkippen? Bitte nicht! Ich rate bei einer solchen Konstellation zum „Fallenstellen“, also zum Angeln ohne viel Futter. Weniger ist dann oftmals mehr.

GEWÄSSER UND IHRE HOT SPOTS

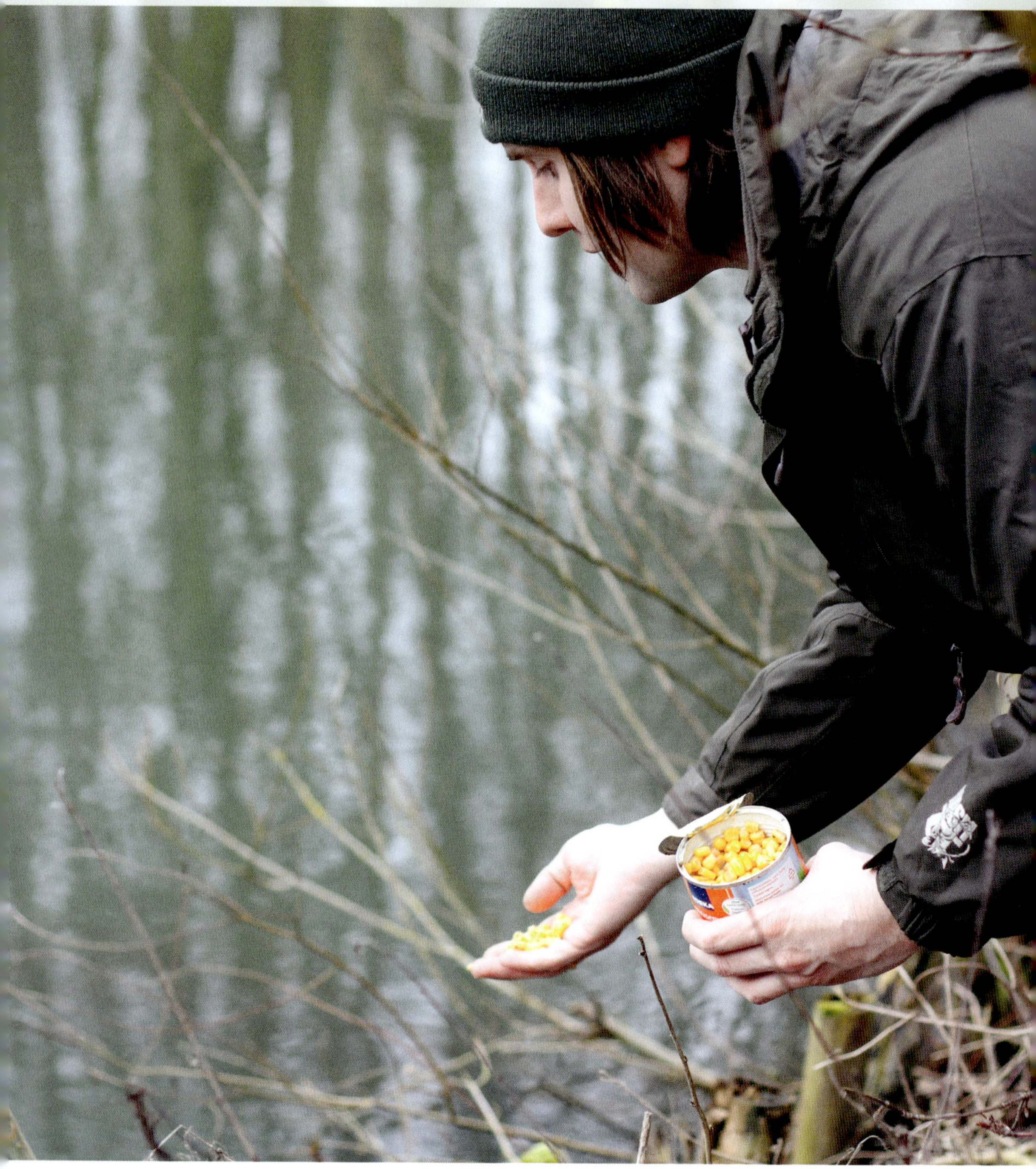

Hot Spots liegen oft näher am Ufer als man denkt.

Fische verfügen nicht über ein logisches Denkvermögen wie wir Menschen. Dumm sind sie dennoch nicht, ganz im Gegenteil. Sie kennen sich in ihrem Habitat bestens aus und wissen intuitiv, wie sie Unannehmlichkeiten (also auch uns Anglern) aus dem Weg gehen können. Sie wissen, wo sie Schutz, Futter und Ruhe finden. Jede Veränderung in diesem Lebensraum nehmen die Fische ebenso wahr wie wir, wenn in unserem Wohnzimmer plötzlich die Blumenvase fehlt, die uns einst Großmutter vererbt hat.

Grundsätzlich gilt: Je kleiner das Gewässer, desto penibler die Fische. Je länger ein Fisch in einem Gewässer beheimatet ist, desto besser kennt er sich aus. Jede Schilfbank, jedes alte Fahrrad auf dem Gewässergrund und jedes Krautfeld ist ihm bestens vertraut. Fische haben spezielle Zonen zum Fressen, das sind ihre Speisekammern. Sie haben Zonen für die Liebe, die Laichgebiete. Und sie haben Zonen, welche sie als Schlaf- und Ruheraum nutzen, oftmals Naturschutzgebiete, die für uns Menschen tabu sind.

Im Jahresverlauf gewinnen oder verlieren diese Bereiche ihre Relevanz für die Fische. Beispiel Ruhezone: Sie ist im Winter und an Wochenenden, wenn viel geangelt wird, von großer Bedeutung – weil sich die Fische hierher zurückziehen. Im Herbst, wenn die Fische sich ihren Winterspeck anfressen oder im Frühjahr, wenn ihr Liebesakt bevor steht, verliert sie wieder an Bedeutung – weil die Fische dann anderswo, beispielsweise im Flachwasser, unterwegs sind.

Selbst ein alter Baumstumpf oder ein großer Stein am Gewässergrund hat im Lebensraum der Fische einen festen Platz. Solche markanten Punkte dienen den Fischen als Orientierungspunkte auf ihren Zugrouten. Die Fische kennen sogar den umgestürzten Baum in der hintersten Ecke des Sees, wo der sagenumwobene riesige Hecht seit 50 Jahren sein Unwesen treiben soll. Dieser Baum dient unseren kapitalen Friedfischen dazu, sich von Haken und Angelschnüren zu befreien. Ich rate Ihnen: Haben Sie ein Auge auf Bäume und Geäst im Wasser.

Es gibt da diese winzige Kiesgrube in Thüringen, auch dort lag ein umgestürzter Baum im Wasser. An diesem Baum habe ich zwar nie Fische an den Haken bekommen, wohl auch, weil dort viel Faulschlamm den Grund bedeckt. Dafür jedoch habe ich in diesem Baum etliche Fische verloren. Ganz gleich in welcher Ecke des Gewässers ich einen der kapitalen, erfahrenen Fische gehakt habe: Alle kannten nur ein Ziel, eben diesen versunkenen Baum mit seinen scharfen Dreikantmuscheln im Geäst, die jeder Angelschnur den Garaus machten. Es waren überwiegend die kapitalen Altfische, welche wussten, dass dieses Unterholz Erlösung versprach. Störe, Karpfen und Graskarpfen: Für sie alle war dieser Baum der Zufluchtsort. Dort konnten sie die unbehagliche Angelschnur abstreifen, dort hatten sie also ihren positiven Aha-Effekt.

Frisch eingesetzte Fische haben es im Vergleich zu alten Fischen, die über Jahre in einem Gewässer aufwuchsen, schwerer. Sie kennen die natürlichen Nahrungsressourcen nicht, sie kennen keine Rückzugsgebiete und Schutzzonen. Sie sind ein Stück weit hilf- und orientierungslos und aus diesem Grund dankbare Futterabnehmer

– auch an Stellen, wo die alteingesessenen Fische nicht fressen. Für uns sind sie also leichte Beute, wenngleich ohne große anglerische Wertigkeit.

In diesem Kapitel zeige ich Angelstellen auf, an denen Sie gezielt alteingesessene Friedfische beangeln sollten. Ich werde Ihnen erläutern, wann, wo und wie Sie diese Hot Spots finden und warum Sie genau dort Fische fangen.

Baggersee

Baggerseen sind künstliche Gewässer, entstanden durch Kiesabbau. Der Kiesabbau bringt einige Besonderheiten mich sich.

Resultierend aus dem Ein- und Auftauchen der Baggerschaufel sowie dem damit verbundenen Aufwühlen der Wasseroberfläche wird viel Sauerstoff ins Gewässer gebracht. Das ist der Grund, weshalb bei vielen Baggerseen die Wasserqualität rapide sinkt, sobald der Baggerbetrieb eingestellt wird. Die Symptome sind ein starkes Algen- und Krautwachstum und somit eine Verlandung des Sees. Dieser unerfreuliche Effekt wird verstärkt durch die ausbleibende Trübung, sobald der Baggerbetrieb eingestellt wird. Das Wasser klart auf, mehr Licht dringt Richtung Seegrund, die Photosynthese und damit das Kraut- (und womöglich Algen-)Wachstum werden begünstigt.

Typisch für Baggerseen ist ihre oftmals extreme Struktur. Es wurde nun mal gebaggert, wo der meiste (und qualitativ

Mondlandschaft Baggersee: kaum Flora, dafür oftmals kapitale Fische.

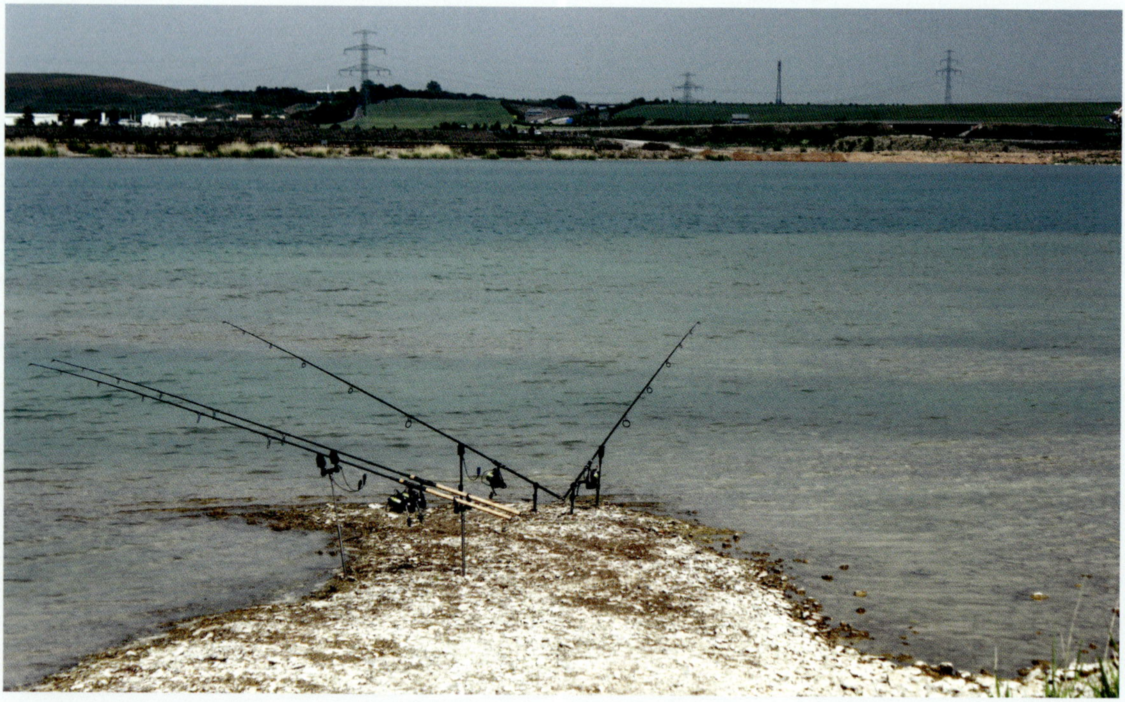

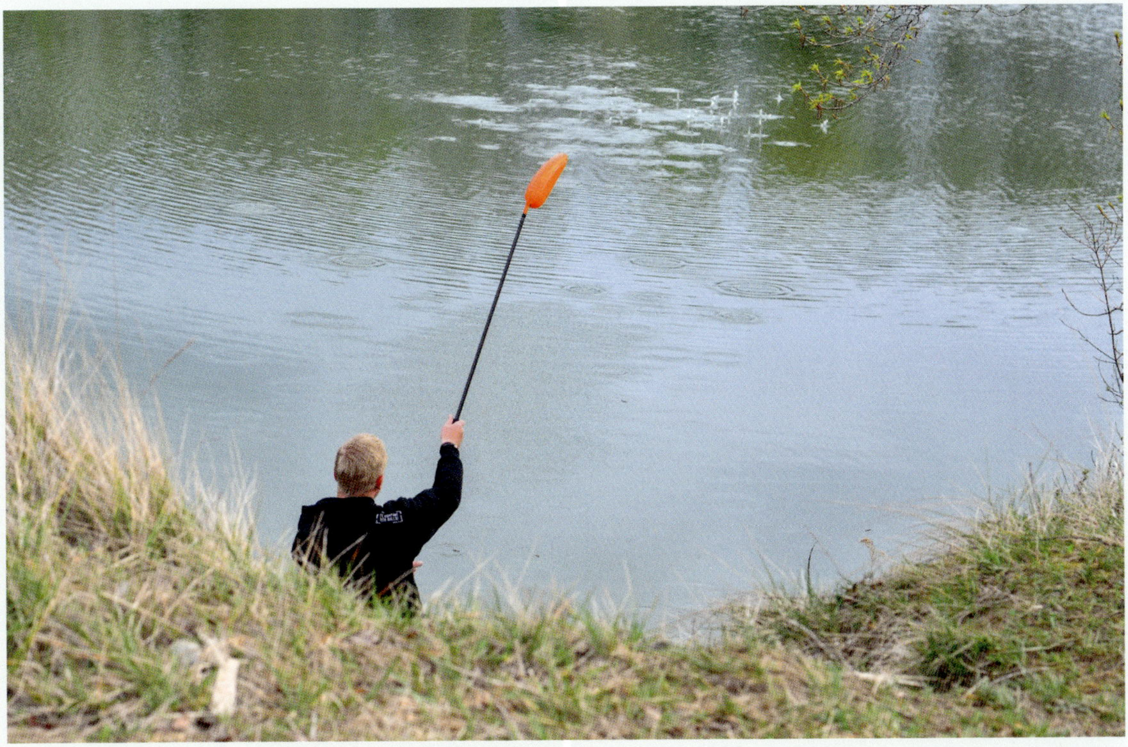

Ufernahes Füttern mit Partikeln und halbierten Boilies – denn die rollen die steile Uferkante nicht hinunter.

beste) Kies vorhanden war. Ich kenne Baggerseen, die bei nur 400 Meter Breite über 60 Meter tief sind.

Junge Baggerseen, noch keine zehn Jahre alt, enthalten oft wenig natürliche Nahrung. Ältere Baggerseen dagegen sind wahre Speisekammern: Dreikantmuscheln, Körbchenmuscheln, Bachflohkrebse, Kamberkrebse und (im tiefen Kraut) Wasserschnecken sind am häufigsten anzutreffen.

Steile Uferkanten

Baggerseen sind in der Regel gesäumt von steilen Uferkanten. Ganz im Gegensatz zu Naturseen, die oft flach auslaufen. Diese Uferkanten werden von den Fischen regelmäßig inspiziert, denn dort finden sie zuhauf Krebse, Schnecken und Muscheln. Zudem sammelt sich angespültes Futter am unteren Ende der Uferkante hin zum Gewässerboden.

Vor allem in ruhigen Zeiten, also nachts und in den frühen Morgenstunden, werden diese Uferkanten von den Friedfischen aufgesucht. Besonders beliebt sind die Uferkanten der Baggerseen bei Stören und Schleien. Während aber der Stör gerne das Gewässer umrundet, indem er stets an dieser Uferkante entlangschwimmt, haben Schleien eine Vorliebe für bestimmte Abschnitte der Uferkante, vorrangig für die oberen, flachen bis seichten Bereiche in 0,5 bis zwei Metern Tiefe.

Karpfen inspizieren die gesamte Uferkante. Am Klingesee, einer im Durchschnitt

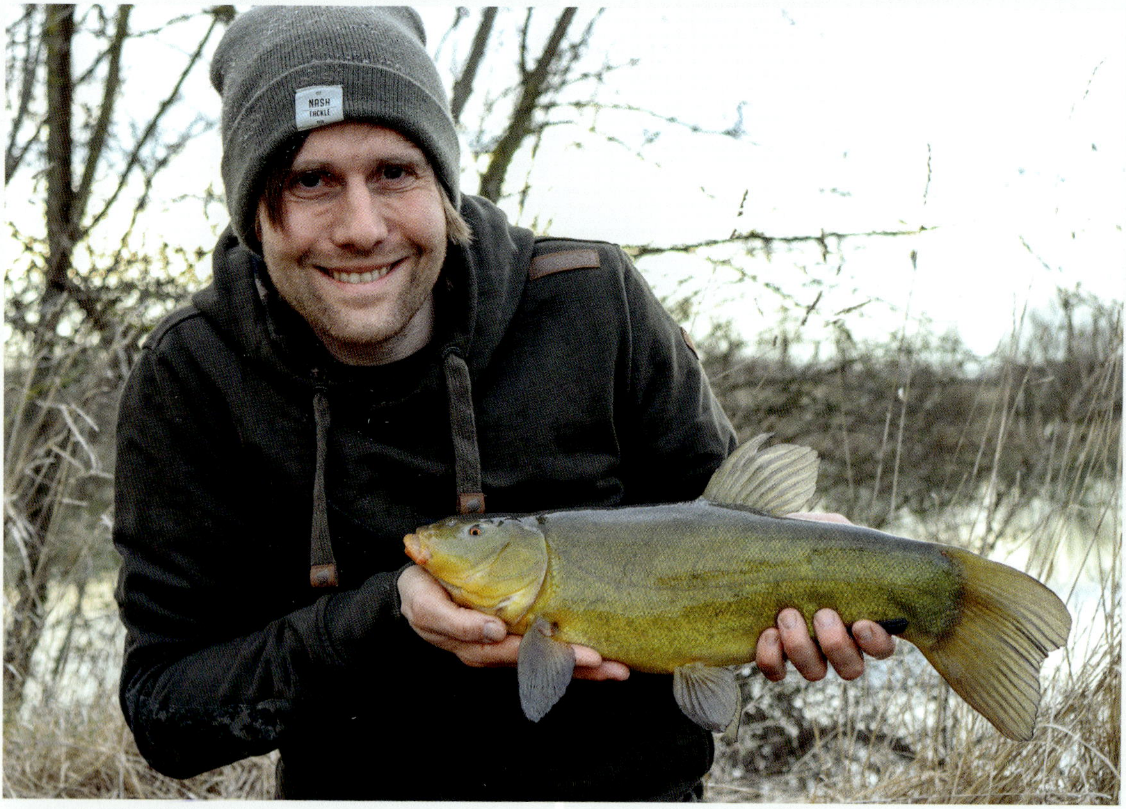

Diese Schleie fing ich direkt an der bewachsenen Uferkante.

acht Meter tiefen Kiesgrube nahe Erfurt, suchte ich einmal mit einer Polarisationsbrille die Uferkante nach Fischen ab. Dabei fiel mir auf, dass die Kante meist mit einer dünnen Algenschicht überzogen war. Doch in bestimmten Bereichen sah ich den blanken Kies, Algen gab es dort keine. Diese Bereiche beangelte ich – und kam prompt zum Erfolg. Für mich war klar: Aufgrund der regelmäßig fressenden Fische konnten sich dort keine Algen ansiedeln. Diese schräge Uferkante befütterte ich übrigens erst zwei Tage vor meinen Angeltagen mit lediglich ein bis zwei Kilo pro Fütterung. Das genügte, um die Aufmerksamkeit der patrouillierenden Fische zu gewinnen. Ich fütterte halbierte Boilies, weil diese nicht die steile Böschung hinunterrollten. Und die Partikel setzten sich im kiesigen Sediment fest. Meine Montagen platziere ich an solchen Böschungen in unterschiedlichen Tiefen. Eine Montage tief, wo die schräge Kante auf den Gewässerboden trifft. Die andere Montage etwa auf halber Höhe der Kante. Wichtig ist, dass die Montage nicht an der Böschung hinunter rollt und somit an der Schräge liegen bleibt. Pellet Feeder und Tractor Leads sind hierfür ideal.

Solche Uferkanten versprechen vor allem im Frühjahr und Sommer Fangerfolge. Dagegen ist im Winter die stark mit Schilf bewachsene, ruhige und schwer zugängliche Uferkante, die vor kaltem Ostwind geschützt liegt, einen Versuch wert.

Plateaus

Der bei vielen Anglern beliebteste Spot im Baggersee ist das Plateau. In der Regel sind diese Unterwasserhügel oder Unterwasserkämme, bestehend aus Kies oder Schotter, mittels Google Earth ausfindig zu machen: helle Flecken inmitten der ansonsten dunkelblauen Umgebung.

Was macht Plateaus so interessant für Angler und für Fische? Sie sind zum einen ein wichtiger Orientierungspunkt. Immer und immer wieder ziehen Fischschwärme aller Art am Plateau vorbei. Nicht selten sind Plateaus gespickt mit Dreikantmuscheln – eine perfekte Nahrungsquelle. Es gibt Kiesgruben, in denen ich auf den Plateaus – dank Aquascop und Unterwasserkamera – Bereiche entdeckte, wo auf wenigen Quadratmetern riesige Mengen geknackter Dreikantmuscheln lagen. Derartige Speisekammern gilt es zu finden.

Leider bietet nicht jedes Plateau Muscheln im Überfluss. Einige bestehen nur aus festem, verdichtetem Kies. Dennoch macht es Sinn, auf einem solch kahlen Plateau zu angeln. Denn aufgrund des festen Untergrunds sinkt das eingebrachte Angelfutter nicht ein. Somit ist es für umherziehende Fische leicht zu finden, sie bekommen es quasi auf dem Silbertablett serviert.

Das Futter wird zudem von Wasser umströmt (im Gegensatz zu Futter, das im Bodensediment versinkt). Dadurch waschen sich Boilies und Teige gut aus, die wasserlöslichen Inhaltsstoffe gelangen gut ins Wasser und werden von den Fischen wahrgenommen. Wenn Friedfische ohne viel Energieaufwand fressen können, tun sie das mit Vorliebe.

Plateaus sind also immer einen Versuch wert. Es gab Zeiten, in denen ich in einer Kiesgrube im Sommer die Fische an der Wasseroberfläche umherziehen sah. Sie hatten kein Interesse daran, meine Köder am Gewässergrund aufzunehmen. Meine Montagen lagen am Fuße des Plateaus, fünf Meter unter den Fischen. Dort fing ich normalerweise ausgezeichnet. Doch nicht diesmal.

Erst als ich meine Köder (unauffällige Boilies und Grundfutter) auf das Plateau in nur 1,5 Meter Tiefe legte, wurden Karpfen und Brassen darauf aufmerksam.

Ganz anders verhält es sich in Zeiten, in denen die Fischschwärme tiefer umherziehen. Dann versprechen die abfallenden Kanten sowie der Fuß des Plateaus mehr Erfolg. Gerade am Fuß des Plateaus sammelt sich natürliche Nahrung und so fing ich dort vor allem im Herbst und selbst im Winter zuverlässig.

Finden Sie in einem Gewässer ein Plateau, sollten Sie also alle Bereiche dieses Hot Spots beangeln: Fuß, Kante/Schräge und Oberseite des Plateaus. Abhängig unter anderem von der Witterung und Jahreszeit. Im Winter ist es besonders wichtig, die richtige Seite eines Plateaus zu beangeln. Nicht jede Seite ist gleich gut. Meist stehen die Fische an der westlichen Seite des Unterwasserbergs dicht gedrängt. Dort finden sie Windschatten vor der kalten Ostluft und dorthin strömt auch der warme Westwind. Minimale Temperaturunterschiede von nur ein oder zwei Grad Celsius können entscheidend sein, von ihnen hängt der exakte Standort unserer Zielfische am Plateau ab. Friedfische bevorzugen nun mal wärmeres Wasser.

Plateaus sind ganzjährige Hot Spots, welche ich mit Vorliebe im Herbst und Winter beangle. Aber bitte immer daran denken: Sicherheit geht vor. Angeln Sie an/auf/neben oder hinter Plateaus, sollten Sie stets eine dicke monofile Schlagschnur (ab 0,55 Millimeter) verwenden. Es genügen ein paar wenige Dreikantmuscheln, ach, was sage ich, eine einzige Dreikantmuschel – und schon nimmt Ihre Schnur Schaden. Wäre doch ein Graus, würden Sie den Fisch Ihres Lebens wegen purer Nachlässigeit, soll heißen wegen des Verzichts auf eine Schlagschnur, verlieren.

Krautfelder

Krautfelder bieten den Fischen neben ausreichend natürlicher Nahrung auch Schutz. Im grünen Dickicht bekommen sie weniger Angeldruck ab, auch vor dem Badebetrieb sind sie hier weitestgehend sicher.

Doch das Krautwachstum hängt von der Trübung des Wassers ab. Wie bereits erwähnt lautet die Gleichung: Baggerbetrieb = viel Trübung = wenig Lichteinfall = wenig Photosynthese = wenig Krautwachstum = wenig natürliche Nahrung. Anders sieht die Gleichung bei einem Baggersee aus, in dem nicht mehr gebaggert wird: Aufklarung = mehr Lichteinfall = mehr Photosynthese = mehr Kraut = mehr natürliche Nahrung. Dieses starke Krautwachstum wird durch die Tatsache befördert, dass Baggerseen nun mal in einem kiesigen Umland angelegt wurden. Dieser kiesige, lockere, Boden lässt Düngemittel und Phosphate aus der angrenzenden Landwirtschaft schnell in den Boden und damit in den Baggersee gelangen.

Krautfelder sind für die Fische Komfortzonen. Es gibt für sie kaum einen Grund, dieses grüne Zuhause zu verlassen. Da überrascht es nicht, dass im Kraut „Fischstraßen“ zu finden sind: freie Bereiche, in denen die Fische umherziehen. Diese Straßen sind meist nicht breiter als 50 Zentimeter und gelten als Top Spots. In so manchem Baggersee fand ich regelrechte Labyrinthe, sogar mit Kreuzungsbereichen. Nein, Rechts vor Links dürften die Fische eher weniger beherzigen, trotz des hohen Verkehrs. An diesen Krautstraßen ist der Gewässerboden meist hart und von Grünzeug freigeräumt. Ein guter Spot also für unsere Montage.

Angebotenes Futter wird hier von den Fischen a) schnell gefunden und b) aufgrund ihres Sicherheitsgefühls inmitten des schützenden Krauts sorglos gefressen. Mit einem Boot und einem Aquascop können Sie derartige Stellen gut finden.
Mit einem Rig samt PVA Bag, gefüllt mit Boiliebruch oder Pellets, lasse ich mich im Boot treiben. In einer Hand halte ich das Aquascop, in der anderen Hand den PVA Bag, in dem sich meine Montage und etwas Beifutter befinden. Drifte ich über einen Krautgang, lasse ich die Montage punktgenau fallen. Mit dem PVA Bag stelle ich sicher, dass Futter und Hakenköder den Grund erreichen, ohne sich im angrenzenden Kraut zu verfangen. Zudem garantiert der PVA Bag, dass sich an meinem „Mini Spot Krautstraße“ etwas Beifutter befindet. Die Angelrute habe ich dabei mit im Boot. Bei offenem Rollenbügel rudere ich zurück zum Angelplatz und lege die Rute bei leichter Schnurspannung ab. Wichtig ist, dass die Schnurspannung nicht zu stark ist. Ist sie groß, besteht die Gefahr, dass sich die Montage verzieht, wenn starker Wind aufkommt oder sich treibendes Kraut in der Schur verfängt.

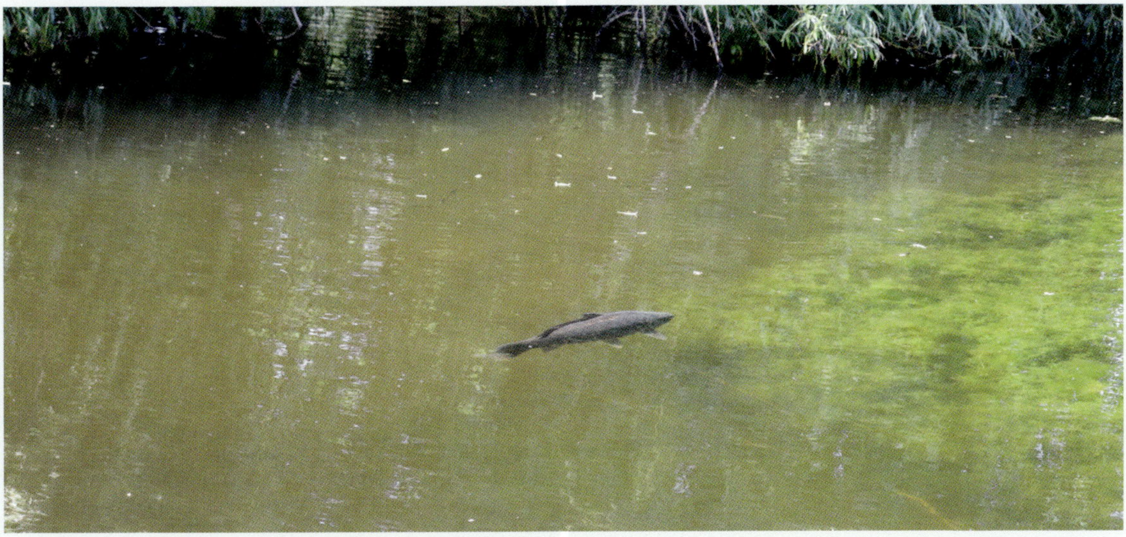

Nahe den Krautfeldern halten sich immer Fische auf. Besonders an sonnigen Tagen, wenn das Kraut viel Sauerstoff produziert.

Kraut wächst ähnlich wie ein Baum. Unten der Stamm als Stiel, oben das grüne Dickicht wie eine Art Baumkrone. Je höher das Kraut steht, desto ausgeprägter ist dieses Muster. Von oben, also vom Boot aus betrachtet, sieht alles dicht und grün aus, unter dem grünen Dach ist jedoch meist alles frei und es sind lediglich kahle Stängel zu finden.
Mit einer Go Pro-Kamera an einem langen Stab konnte ich mich davon überzeugen, wie geräumig und frei ein solcher Lebensraum unter dem grünen Dach sein kann. Platzieren Sie dort den Hakenköder samt PVA Bag und Sie angeln mitten im Wohnzimmer der scheuen Fische.

Unterscheiden Sie jedoch zwischen Pflanzen und Algen. Oft verwechseln Angler die Armleuchteralge mit einer hochwertigen Wasserpflanze. Versinkt Ihre Montage in der eng verzwirnten, hellgrünen und übelriechenden Armleuchteralge, werden Sie vermutlich leer ausgehen. Noch nie fing ich inmitten eines Beets aus Armleuchteralgen zuverlässig Fische. Lediglich mit einem Chod Rig aufliegend auf dem üppigen Teppich dieser widerspenstigen Alge fing ich Karpfen und Schleien.

Hingegen sah ich inmitten der Wasserpest oftmals die Fische kopfüber stehen und konnte sie beim Fressen beobachten. Vorsicht aber in der Nacht! Wasserpflanzen produzieren am Tag lebenswichtigen Sauerstoff. In der Nacht aber verbrauchen sie diesen Sauerstoff wiederum, weil ohne Licht keine Photosynthese stattfinden kann. Deshalb rate ich in heißen, windstillen Sommermonaten dazu, am Tag nahe an oder in den Wasserpflanzen zu angeln, in der Nacht diese Bereiche jedoch zu meiden und stattdessen in krautfreie Seebereiche zu wechseln.

Bei dichtem Pflanzenwuchs hat es sich bewährt, mit dünnen geflochtenen Schüren (0,20 bis 0,25 Millimeter) zu angeln. Diese schneiden wie eine Säge durchs Kraut. Das hilft im Drill und beim Einholen der Montage.

Krautfelder sind Ganzjahres-Spots. Sie können dort immer mit Fischen rechnen. In der warmen Jahreszeit, wenn an einem Gewässer der Trubel zunimmt, ziehen sich die Fische gerne in die schützenden Krautfelder zurück. Dann liegt hier Ihre Montage goldrichtig.

Flachwasserbereiche

In vielen Baggerseen sind Flachwasserbereiche entweder gar nicht vorhanden oder nur rar gesät. Sollten Sie dennoch Glück haben und an einem ansonsten eher tiefen Baggersee einen Flachwasserbereich (bis drei Meter Tiefe) finden, dürfen Sie sich glücklich schätzen. Gerade im Frühjahr werden Sie hier einen Großteil der Fische antreffen.

Es ist kein Geheimnis, dass sich in flachen Bereichen das Wasser schneller erwärmt als im restlichen Areal. Nutzen Sie diese Zeit, um dort vom zeitigen Frühjahr bis in den Sommer hinein nach fressenden Fischen Ausschau zu halten. Die Fische machen sich durch Wassereintrübungen bemerkbar. Spätestens zur Kaulquappen-Zeit im Frühjahr oder nach dem Laichgeschäft der ersten Friedfische im späten Frühjahr gilt es, diese seichten Uferbereiche zu beobachten.

Badestrände

Baggerseen sind oftmals Badeseen. In der Hochphase der Badesaison, also ab Juli, haben sich die Fische an den Lärm und den Trubel gewöhnt und gelernt, dass von den Badegästen keine Gefahr ausgeht. Sie glauben gar nicht, wie beliebt Badestrände bei Friedfischen sind. Mitten im Sommer konnte ich zwischen den Badegästen springende Karpfen beobachten. Und im Nichtschwimmerbereich standen Rotfedernschwärme. Die Rotfedern, manche in kapitaler Größe, fraßen ohne jegliche Scheu die aufgeweichten Kekse der Kinder. Die von Badegästen aufgewühlten und eingetrübten Strände werden auch in der Nacht von vielen Fischen aufgesucht. Vor allem Karpfen, Schleien, Brassen und Graskarpfen nutzen den umgepflügten Gewässergrund, um nach Nahrung, überwiegend Körbchenmuscheln, zu suchen. Ich empfehle die Nichtschwimmerbereiche, wo der Boden besonders stark aufgewühlt wurde: Legen Sie dort Ihre Montage mit ein wenig Beifutter ab.

Viele Angler machen den Fehler und angeln zu tief im Badebereich. Dort aber schwimmen die Menschen, der Boden wurde kaum aufgewühlt. Interessanter ist der nur etwa einen Meter flache Nichtschwimmerbereich.

Im Stotternheimer Strandbad, meinem Lieblingsbadesee, wurde vor vielen Jahren tonnenweise Sand aufgefüllt. Das sollte Karibik-Flair generieren. In diesem Sand sind heute unzählige Körbchenmuscheln zuhause – und nach diesen Muscheln suchen die Fische während der Nacht. An diesem See gibt es außerdem für Badegäste installierte Bojen und Schwimminseln. Diese sind für uns Angler gute Markierungen. Sie zeigen uns nicht nur an, wo flaches Wasser in tieferes übergeht, sondern sind auch ideale Stellen zum Anfüttern mit 100 Prozent Wiedererkennungswert.

Badestrände, und dort vor allem die nur einen Meter tiefen Nichtschwimmerbereiche, sind ideale Angelplätze von Frühjahr bis Sommer.

GASTKAPITEL

Ronny de Groote

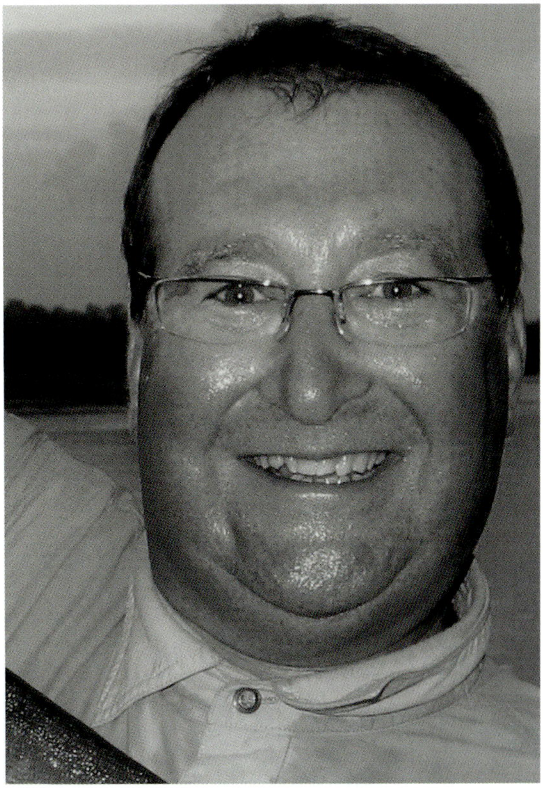

Der in Wetteren/Belgien lebende Ronny de Groote gilt als Urgestein. Sein Lebensinhalt: Angeln! In über 40 Ländern hat Ronny bereits gefischt, seine Zielfische waren dabei zumeist Karpfen, Schleien und Brassen. De Groote fing wahre Riesen: Brassen mit 5,7 Kilo, Schleien mit 3,9 Kilo und Karpfen bis 33,8 Kilo.

Ronny de Groote fischt gerne auf kapitale Brassen – auch wenn er dafür belächelt wird.

Ein Herz für Schleimer

Nein, Specimen Hunting, das gezielte Angeln auf eine Fischart und deren kapitalen Exemplare, kann man nicht nur mit Karpfen betreiben. Ich angle gerne auf große Brassen – und setze dabei auf die Techniken des Karpfenangelns. Meist kassiere ich allerdings ein mitleidiges Lächeln, wenn ich einem Karpfenangler erzähle, dass ich auf Großbrassen ansitze. Auf Fische also, die von Karpfenanglern als „Schleimer" betitelt und verschmäht werden. Karpfenangler wollen Brassen-Bisse vermeiden, indem sie die Köder-Größe oder -Präsentation ändern. Dem entgegen stehen die Feederangler. Sie mögen zwar auf Brassen spezialisiert sein, bekommen jedoch selten die größeren Exemplare ans Band.

Steht mir der Sinn nach einer Brasse von fünf Kilo aufwärts, meide ich Gewässer, an denen allwöchentlich Wettkämpfe stattfinden. Gewässer, in denen es von Brassen wimmelt und in denen kaum genug natürliche Nahrung für die vielen Fische vorhanden ist. Brassen-Giganten, welche die Waage ins Schwitzen bringen, schwimmen überwiegend in Gewässern mit kleinem Bestand und viel natürlicher

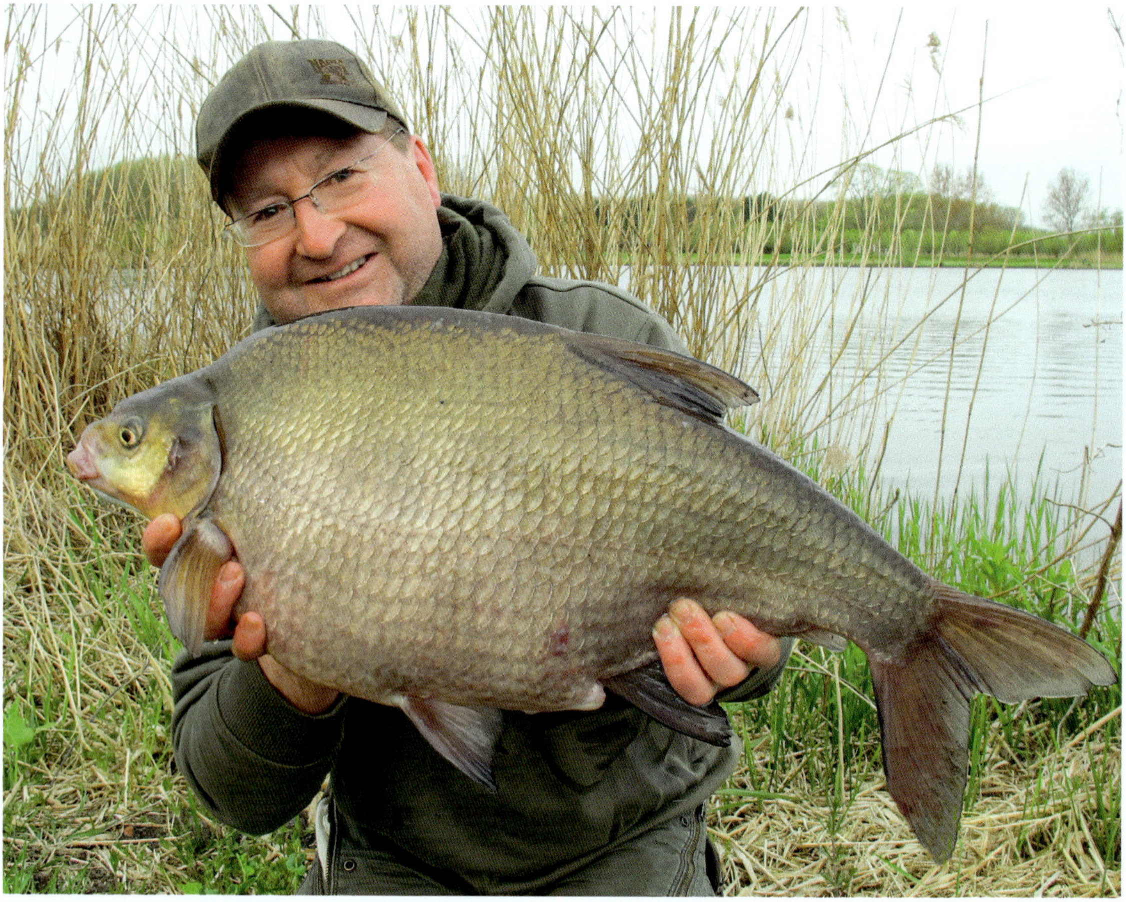

Für solche Pracht-Brassen kann ich mich begeistern.

Nahrung. Solch kapitale Exemplare sind aber schwierig zu fangen, da sie aufgrund des hohen Nahrungsangebots nicht auf mein Futter angewiesen sind.
Kleine Brassen bewegen sich in Schulen und Schwärmen. Das reduziert die Gefahr, von Räubern gefressen zu werden. Im Grunde wie bei den spanischen Ebro-Karpfen, die sich zusammenrotten, damit es für die Welse schwieriger wird, sich ein einzelnes Opfer herauszupicken. Großbrassen jenseits der 3-Kilo-Marke ziehen dagegen meist alleine umher. Das können sie sich leisten, denn aufgrund ihrer Größe hat sich die Anzahl ihrer Fressfeinde reduziert.

30 Minuten Beißzeit

Die Gewohnheiten bei der Nahrungsaufnahme sind bei kapitalen Brassen ähnlich denen größerer Karpfen. Das gilt auf für die Beißzeiten. An meinen Hausgewässern in Belgien fing ich fast alle großen Brassen zwischen 22:45 und 23:15 Uhr. Also innerhalb eines Zeitfensters von 30 Minuten. Ehrlich! Daraus lässt sich schließen, dass kapitale Brassen ähnlich wie Karpfen einer bestimmten Zugroute folgen und dann immer zur selben Tageszeit an einem entsprechenden Platz vorbeikommen.
Ich bin davon überzeugt, dass jede Großbrasse ein favorisiertes Areal im jeweiligen

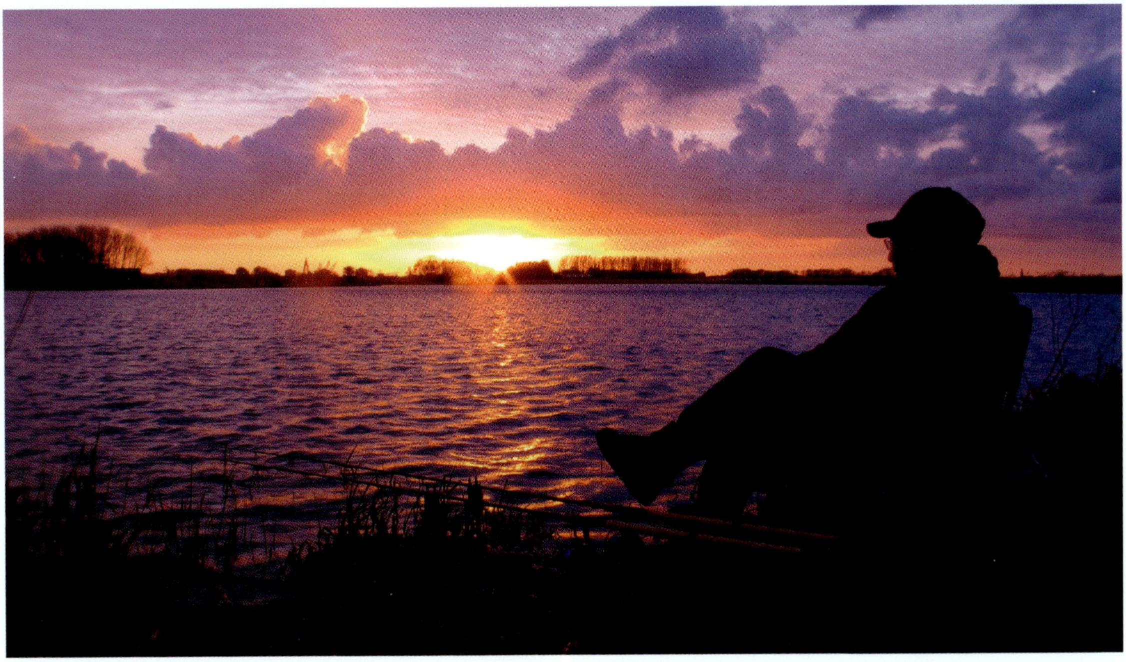

22.45 Uhr: Jetzt beginnt die heiße Phase.

Gewässer hat. Ein Revierverhalten also wie bei Karpfen, großen Hechte und großen Welsen. Wieso auch sollte sich eine große Brasse von Großfischen anderer Spezies unterscheiden?

Meine Rekordbrassen

Im Frühjahr 2018 fischte ich mit Mike Gerritsen an einem wunderschönen Gewässerkomplex in den Niederlanden. Mike arbeitete mit wenig Futter auf etwa 15 Meter Entfernung. Ich versuchte mein Glück auf 40 Meter Distanz, jedoch fütterte ich deutlich mehr als Mike. Mike fing durchgehend seine Fische. Mal waren es größere Brassen, bis zu enormen 5,3 Kilo, mal kleinere Exemplare.
Bei mir hingegen blieb es ruhig. Bis 9 Uhr in der Früh. Dann folgte ein gleichmäßiger Run und Sekunden später bog sich meine 1,75lb-Rute komplett durch. Wenige

Mike Gerritsen mit zwei kapitalen Brassen, beide über fünf Kilo schwer.

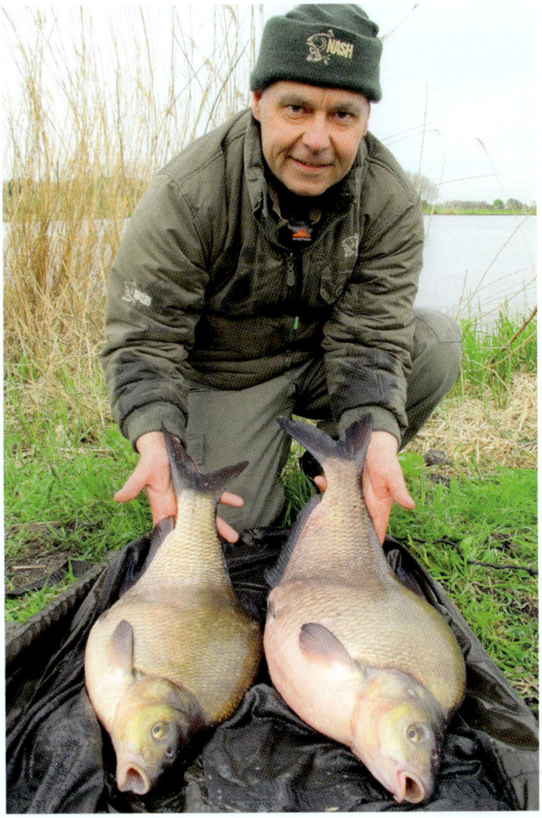

Minuten später landete ich meine neue Personal-Best-Brasse mit 5,7 Kilo. Der gefütterte Platz auf 40 Meter Entfernung brachte also nur einen (kapitalen) Fisch, obwohl dort genügend lockendes Futter lag. Wäre das Gewässer voll mit Brassen gewesen, hätte das Ergebnis vielleicht anders ausgesehen – dann hätte auch ich mehr Bisse bekommen.

So aber blieb es bei meiner PB-Brasse. Im Grunde ganz logisch: Mike fängt ufernah viele Brassen, weil Brassen sich nun mal gerne ufernah aufhalten. Doch das dauernde Drillen und Auswerfen verursacht derart viel Lärm und Unruhe, dass die größeren Exemplare argwöhnisch werden. Die fängt man dann weiter draußen. Dem entgegen steht jedoch eine weitere Erfahrung nur wenig später. Vor der nächsten Session versuchte ich, die Fische zu lokalisieren. Ich erspähte eine Brasse direkt vor dem Schilf. Dort platzierte ich eine Rute. Es dauerte nicht einmal eine Stunde und schon landete ich eine Brasse mit stattlichen 5,4 Kilo. Auf alle anderen Ruten bekam ich bei dieser 12-Stunden-Session keinen einzigen Biss. Das zeigte mir, dass die großen Brassen alleine unterwegs sind – manchmal sogar ufernah.

Beim Angeln auf Großbrassen gilt: Viel Futter lockt nicht unbedingt die Kapitalen auf den Platz. Dann lieber gezieltes Füttern auf einem Platz, an dem man zuvor die Fische ausgemacht hat.

Großer Köder, große Fische

Aber gibt es Unterschiede bei den Fressgewohnheiten von Standardbrassen und Großbrassen? Natürlich! Betrachten wir noch einmal die Session mit Mike. Er

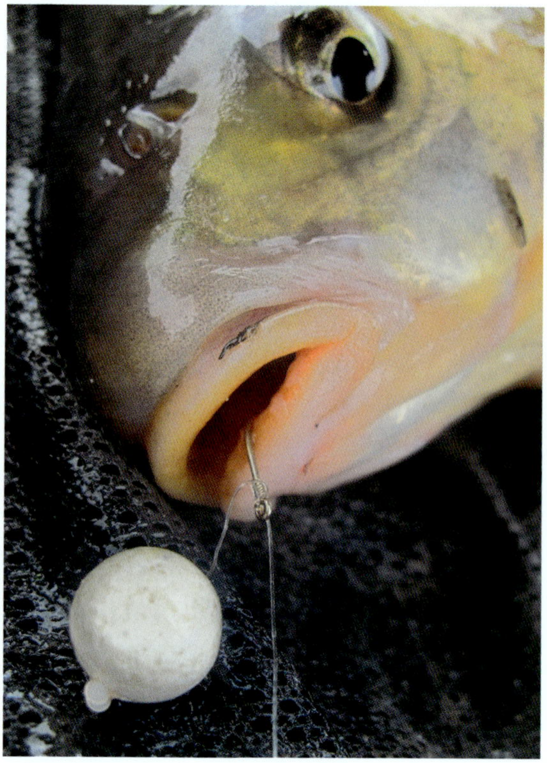

Große Köder bringen große Brassen.

fütterte feines Grundfutter und angelte mit einem kleinen 6-Millimeter-Pellet als Hakenköder. Auf der anderen Rute fischte er einen 10-Millimeter-Boilie. Alle größeren Brassen bissen auf seine Rute mit dem 10er-Boilie. Zufall? Wohl nicht. Mit größeren Ködern hat man zwar weniger Bisse, fängt jedoch die größeren Exemplare.

Geht es auf Masse (wie beim Feeder-Angeln), verwende ich einen feinen Grundfutter-Mix, mehr Beifutter und kleine Hakenköder. Angle ich aber gezielt auf größere Brassen, setze ich auf 10er-Boilies sowie einen grobkörnigen Grundfutter-Mix, bestehend aus Pellets, Mais, Sämereien und Partikeln. Angemacht mit Mais-Sirup, dem Saft aus der Maisdose und etwas Wasser erhalte ich ein unwiderstehliches Futtergemisch – perfekt für den Ball Maker (eine spezielle Form zur Herstellung von Futterbällen). Dank eines solchen Ball Makers kann ich stets gleich große Bälle herstellen, das erlaubt ein akkurates Anfüttern.

Meinen Hakenköder verstecke ich in einem dieser Futterballen. So bleibe ich von Verhedderungen verschont, wenn die Brassen, diese inoffiziellen Verhedderungsmeister, mit dem Köder spielen. Zudem liegt etwas Grundfutter um meinen Hakenköder. Wenn Karpfenangler Beifänge in Form großer Brassen bekommen, liegt das häufig daran, dass sie kleine 15-Millimeter-Boilies an kurzen Hairs fischen. Mit einem langen Haar und 20er-Boilies kann man als Karpfenangler Brassen-Beifang vermeiden. Meist reicht es schon aus, wenn man lediglich das Haar verlängert.

Darf ich vorstellen: mein Personal-Best-Fisch mit 5,7 Kilo!

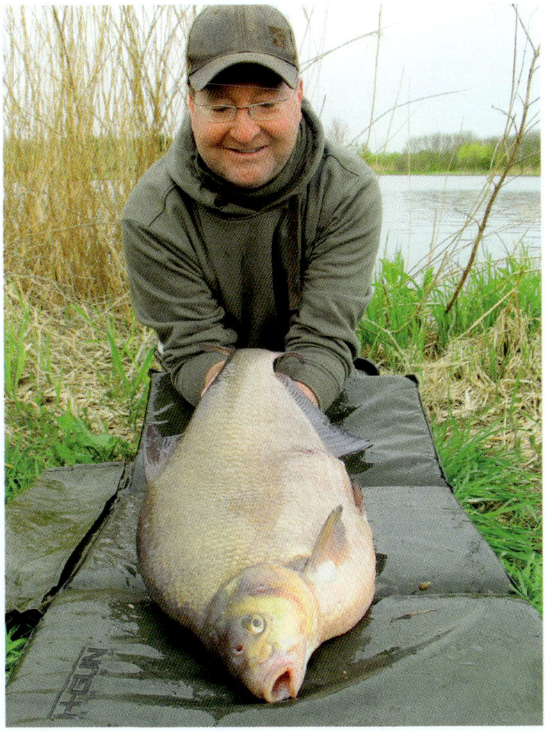

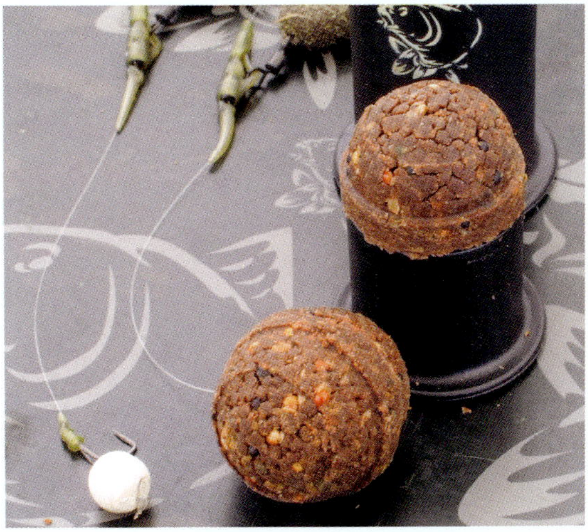

Ich benutze monofile Rigs, denn die werden von den Brassen nicht so schnell vertüddelt.

Mein Tipp: 15er-Boilie

Beim gezielten Angeln auf Großbrassen empfiehlt es sich, einen solchen 15er-Boilie, mindestens aber einen 10er-Boilie, an einem kurzen Haar zu fischen und dabei einen Haken der Größe 10 zu verwenden. Diesen binde ich an ein 0,20er- bis 0,26er-Mono-Vorfach. Vorteil des Mono-Vorfachs: Es vertüddelt sich nicht so schnell, wenn die Brassen damit spielen. Denn grundsätzlich gilt: Karpfen haken sich nicht, weil sie es schaffen, den Köder wieder auszuspucken. Brassen haken sich nicht, weil sie oftmals zuvor das Vorfach vertüddelt haben.

Was die Vorfachlängen beim Brassenfischen angeht: 15 bis 18 Zentimeter haben sich bei mir bewährt. Das Ganze fische ich an einer traditionellen Semi-fixed-Bleimontage oder an einem Feeder-Set-up.

Wenn Sie sich an diese Details halten und bei jedem Ansitz die bereits gesammelten Informationen umsetzen, werden Sie früher oder später eine dieser Schwergewichtsbrassen landen.

Stausee

Stauseen dienen der Bewässerung umliegender Felder oder zur Gewinnung von Energie. In der Regel wird ein Fluss oder ein Bach durch einen Damm blockiert, so staut sich das Wasser an. Während es bei Baggerseen viele verschiedene Ausprägungen gibt (in puncto Tiefe, Struktur, Krautvorkommen), folgen Stauseen im Grunde immer dem gleichen Prinzip. Nur ihre Größe variiert.

In meiner Thüringer Heimat gibt es zahlreiche solcher Stauseen, die oft nicht tiefer als vier Meter sind. Und das bei einer Gewässergröße von bis zu 100 Hektar. Ausnahmen bilden nur die riesigen Speicher Hohenwarte und Bleiloch mit Längen von über 28 Kilometern (Bleilochtalsperre) und Tiefen von über 70 Metern. Solche Stausee-Giganten habe ich in der Vergangenheit erfolgreich beangelt, dennoch möchte ich sie in diesem Kapitel aufgrund ihrer außerordentlichen Größe und Beschaffenheit nicht in den Fokus stellen. Mir geht es vielmehr um die zahlreichen kleineren, flacheren Stauseen. Diese sind aufgrund ihrer geringen Tiefe schon zeitig im Frühjahr erwärmt und bieten, bedingt durch ihre nährstoffreichen Böden, eine ideale Nahrungsgrundlage für kapitale Friedfische. Ganz gleich ob Sie auf Brassen, Karpfen, Schleien oder Rotfedern abzielen, an einem Stausee werden sie fündig. Vorausgesetzt Sie kennen die Hot Spots.

Kleine, flache Stauseen, die sich schnell erwärmen, beherbergen oft kapitale Fische. Hier der Cavagnac im Süden Frankreichs, in dem Karpfen bis 38 Kilo gefangen wurden.

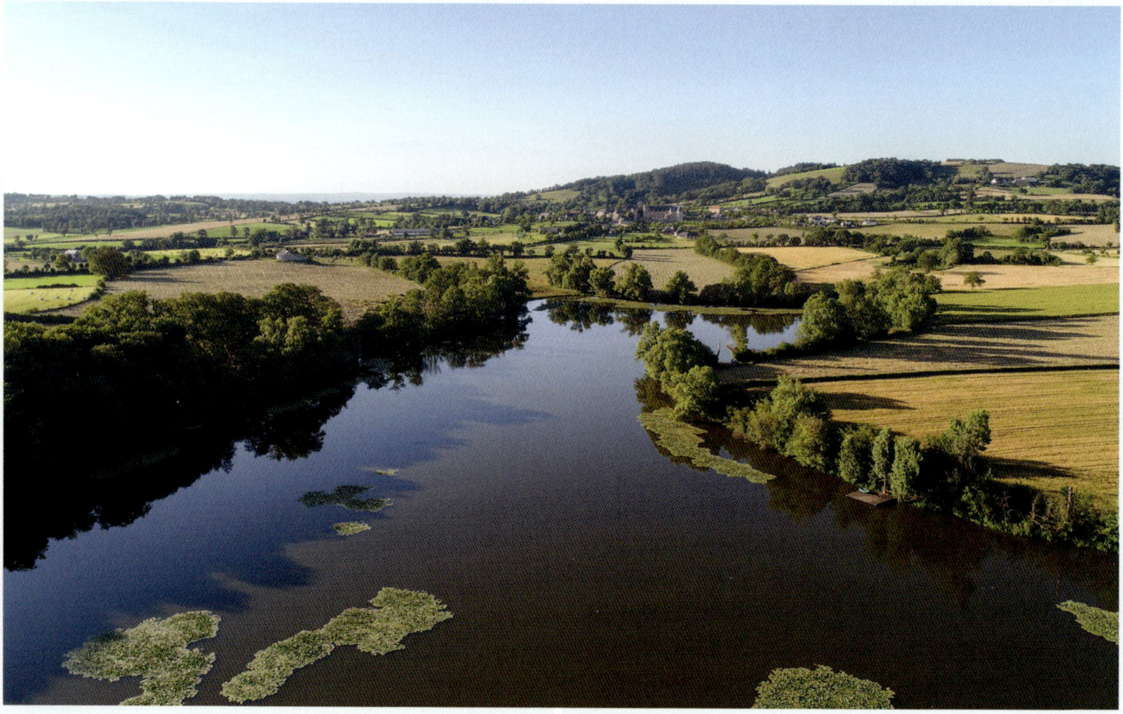

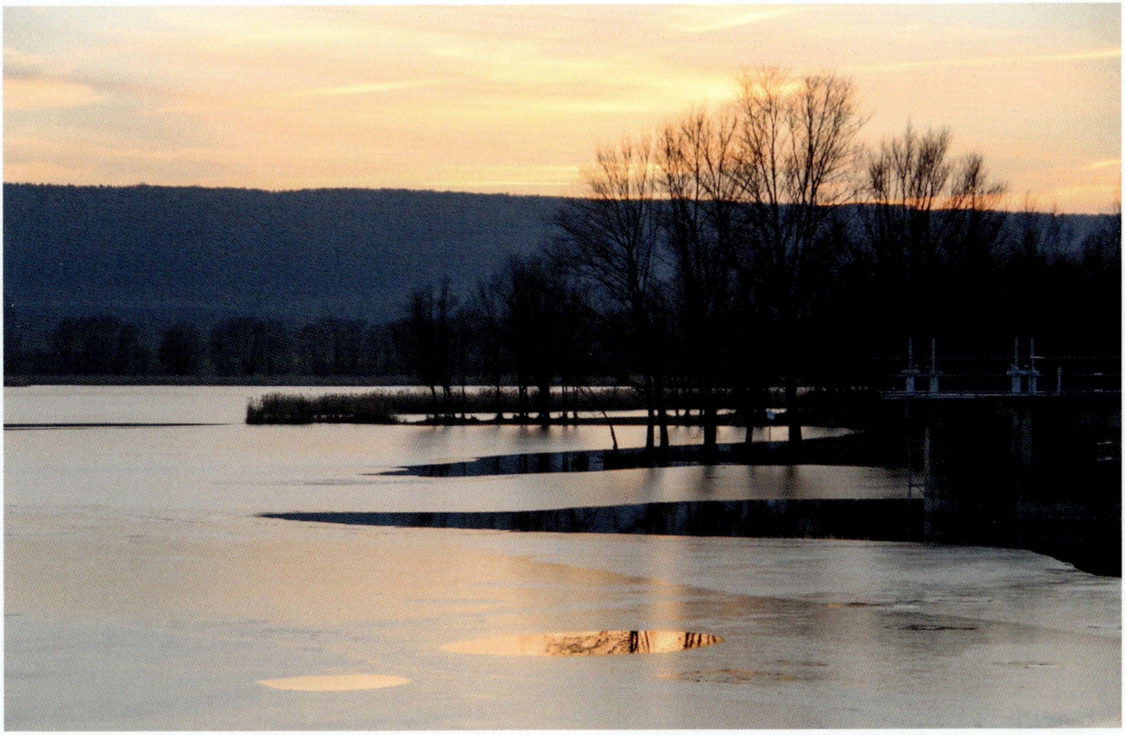

Der Mönch (rechts im Bild): der tiefste Punkt des Stausees. Ein guter Platz im Winter.

Staumauer

Manche Staumauern sind betoniert. Mir aber sind jene Staumauern lieber, die zum Wasser hin aus Flusssteinen bestehen. Denn in diesen Steinpackungen sammelt sich Futter aller Art, beispielsweise Unmengen an Krebsen. Das macht die Staumauer zu einem ganzjährigen Hot Spot. Dort habe ich fast ausschließlich positive Erfahrungen gesammelt. Staumauern bestehend aus Steinpackungen und speziell die vorderen, tiefen Bereiche eines Stausees sind immer für Kapitale gut.

Ich habe jedoch auch schmerzhafte Erinnerungen an Staumauern. Es liegt gut 20 Jahre zurück. Ich war noch Jungangler und wollte eine solche steile Staumauer mit Rute und Futterkübel hinunterklettern. Im tiefen Winter. Und bei Dunkelheit und ohne Stirnlampe, denn ich durfte nicht gesehen werden, da das Angeln entlang der Staumauer verboten war.

Genau im Eck zwischen Mönch, also dem betonierten Ablaufsockel, und steiniger Staumauer wollte ich meine Montage platzieren. Dieser Spot war nicht anzuwerfen und genau deshalb interessant. Zudem tief gelegen, geschützt vor Wind und Wetter und obendrein noch gespickt mit Krebsen, die in der Steinpackung der Staumauer leben. Und jawohl, die Fische waren da! Ich sah Rotfedern in riesigen Trauben, entsprechend fing ich Hechte und dazu – mit der Grundmontage – einige Karpfen. Meine Strafe bekam ich dennoch: Als ich nach dem Ablegen der Montage mit offenem Rollenbügel in Richtung Camp zurückkletterte, rutschte ich auf den überfrorenen Steinen aus. Noch heute sehe ich mich dort liegen, mit schmerzverzerrtem Gesicht, mitten in der Nacht, meine Rute schon während des Fallens in die Luft streckend, sie durfte schließlich keinen Schaden nehmen. Einige Minuten später fieberte ich, mit schmerzendem Schienbein und aufgerissener Hand auf der Liege kauernd, dem Winterkarpfen entgegen. Und jawohl, Im Morgengrauen fing ich ihn. Staumauern sind gute Winter-Hot-Spots. Und wenn der Wind die Wellen auf sie drückt, sollte man dort auch im Sommer oder Herbst einen Versuch wagen.

Ablauf und Ablaufrinne

Der tiefste Punkt eines Stausees ist der Bereich vor dem Mönch, also der Ablaufbereich und die dortige Ablaufrinne. Ein besonders guter Angelplatz? Vorsicht! An solch tiefen Punkten sammelt sich viel butterweicher Schlamm an, nicht selten knietief und übel riechend. Testen Sie im Vorfeld mit Hilfe eines Prodding Sticks oder eines Tastbleies, wie tief der Schlamm ist. Testen Sie auch mit Hilfe eines Wollfadens, den Sie mehrfach um ein Blei wickeln, ob dieser nach dem Auswerfen in die Rinne nach Faulschlamm stinkt. Ist der Schlamm nicht tief und „jaucht" er nicht, dürfen Sie sich glücklich schätzen. Dann kann dieser tiefste Spot des Stausees ein Volltreffer sein.

Sollten Sie zu viel Schlamm oder/und Faulschlamm vorfinden, kundschaften Sie die Schräge hinunter zur Rinne und zum Ablauf hin aus. Am besten mit Lotrute oder Echolot. An dieser Schräge sammelt sich kaum Faulschlamm an. Darum ziehen dort mit hoher Wahrscheinlichkeit die Fische entlang. Solche Schrägen sind das ganze Jahr hindurch ein guter Angelplatz.

Zulauf

Jeder Stausee wird von Frischwasser gespeist. Frischwasser bedeutet Sauerstoffanreicherung. Gerade im Sommer, wenn das warme Wasser zur Sauerstoffarmut tendiert, sollte Zuläufen größte Aufmerksamkeit geschenkt werden. In vielen Gewässern ist der Zulauf für Friedfische ein populärer Sommerstandort. Vorsicht aber im Frühjahr. Dann kann der Zulauf mitunter unangenehm kaltes Schmelzwasser einleiten und das mögen Fische gar nicht.

Baumstümpfe und Holz

Stauseen sind geflutete Landschaften. Darum findet sich auf ihrem Grund alles, was einst vor langer Zeit überschwemmt wurde: Bäume, Sträucher, Wege, ehemalige Bachverläufe und sogar Häuser.

Auf alten Flurkarten kann man erahnen, wie die Landschaft vor der Flutung aussah. Fragen Sie auf der Gemeindeverwaltung

Das Bachbett in einem abgelassenen Stausee. Gut zu erkennen sind die alten Baumstümpfe an der Abbruchkante.

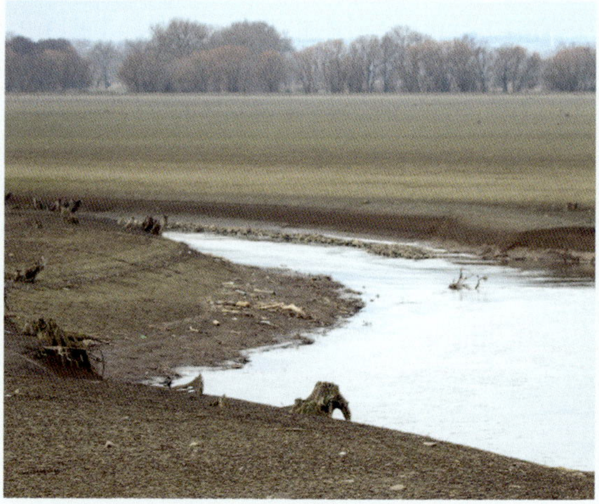

nach. Dort bekam ich schon oft nützliche Tipps – gegen ein Paket Kaffee. Die meisten Bäume wurden zwar vor dem Fluten gefällt, zurück blieben jedoch Baumstumpffelder. Und diese überdauern Hunderte von Jahren.

Finden Sie dieses Holz! In der Nähe von Holz und Geäst treffen Sie mit hoher Wahrscheinlichkeit die Stausee-Fische an. Denn im Holz fühlen sie sich sicher, hier finden sie Schutz und auch Nahrung. Sollten Sie im oder am Holz angeln, dürfen Sie nicht auf eine Subfloat-Montage verzichten. Der Subfloat, eine Art Unterwasserpose, gleitet auf der Schlag- oder Hauptschnur. Er hebt die Leine vom Bodenblei senkrecht nach oben und wird dicht unter der Wasseroberfläche von einer Perle mit Posenstopper gestoppt. Von dort führt die Schnur (bitte monofile Schlagschnur, da sich Geflecht zu fest ins Holz einschneidet) zur steil aufgerichteten Rute am Ufer. So wird die Hauptschnur über das versunkene Holz hinweg geführt. Bei einem Biss fährt der Angler mit wenig Schnurspannung über den Fisch, um diesen anschließend auszudrillen.

Sollten Sie auf der Flurkarte oder bei der Erkundung mittels Lotrute/Echolot das alte Flussbett, welches den Stausee durchzieht, ausfindig machen, müssen Sie links und rechts des Flussbetts mit Bäumstümpfen rechnen. Keine Frage, ein schwierig zu beangelnder Spot – aber definitiv ein Hot Spot in jedem Stausee.

Schilfzonen

Die flach auslaufenden Ufer von Stauseen sind oftmals von Schilffeldern gesäumt. Dort ist das Wasser meist nur knietief. Mit einer Drohne, also aus der Vogelperspektive, erkennt man, dass selbst im vermeintlich dichten Schilf kleine, freie Wasserflächen und Gänge vorhanden sind.
Im Frühjahr sind diese gefluteten Schilfbänke besonders interessant. In ihnen heizt sich tagsüber das Wasser auf, bei mildem Wetter kühlt es nachts kaum aus und bedingt durch das Schilf wird ein Austausch mit dem kühleren Wasser aus den übrigen Gewässerbereichen verhindert. Ich konnte schon Temperaturdifferenzen bis zu fünf Grad zwischen Schilfbank und Staumauer beobachten.

Der dunkle, schlammige Boden inmitten der Schilfzonen resorbiert das Sonnenlicht, das begünstigt das Aufheizen zusätzlich. Im Schilf erwacht im Frühjahr das Leben, dort wird gelaicht und gefressen. Wer nahe am oder besser noch im Schilf angelt, hat gute Chancen auf Erfolg.

Ein Boot oder zumindest eine Wathose ist beim Angeln an oder im Schilf unverzichtbar. Nach dem Anbiss versuchen die Fische vehement, in die hintersten Ecken der Schilfzone zu flüchten. Ohne Boot und Wathose können Sie kaum die Verfolgung aufnehmen.

Harte und weiche Böden

In der Regel ist die Bodenbeschaffenheit in Stauseen weich bis lehmig. Kein Grund zur Sorge. Die meisten Schlammböden bestehen aus produktivem Schlamm. Produktiver Schlamm, weil in ihm Leben herrscht. Ideal also, um darin einen Köder anzubieten. Ja, Sie haben richtig gelesen: Angeln im Schlamm, nicht obenauf. Im Schlamm fressen Karpfen, Schleien, Brassen und Co. kopfüber. Sie suchen nach Tubifex,

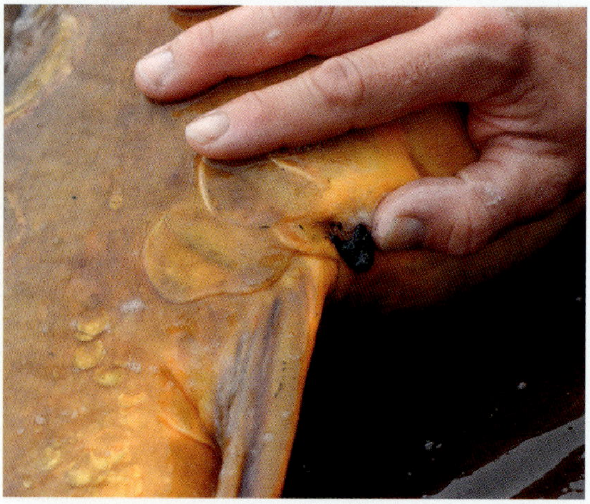

Ausscheidung Schlamm: So sieht es aus, wenn Friedfische im weichen Boden nach Tubifex suchen.

Schnecken und Muscheln. Es ist also kein Problem, mit 15 Zentimeter kurzen Rigs in 20 Zentimeter tiefem Schlamm zu angeln.

Vor vielen Jahren beangelte ich den Stausee Wangenheim. Dort gab es Unmengen dieses produktiven Schlamms. Aus Vorsicht fischte ich meist Pop-ups oder leichte, ausbalancierte Köder, heutzutage unter der Bezeichnung „Wafter“ bekannt. Damit fing ich ab und an Karpfen und Schleien, auch mal eine Brasse. Wirklich kapital waren die Fische nicht. Erst als ich mit schwereren Bodenködern und einem kürzeren Vorfach angelte und diesen Bereich zusätzlich mit schweren Bodenködern befütterte, fing ich mehr Fische. Ich realisierte, wie viel besser man fangen kann, wenn der Hakenköder im Schlamm liegt. Beim engagierten Fressen stecken die Fische ihren Kopf in den weichen Boden. Einen Köder, der auf dem weichen Boden aufliegt, erkennen sie dann gar nicht. Fressen die Fische jedoch nicht wild, aber halten sie sich in schlammigen Arealen auf, setze ich auf optisch auffällige Köder über dem Schlammboden (schneeweiße Pop-ups am Chod-Rig).

Harte Böden findet man in Stauseen selten. Schade eigentlich. Denn harter Boden bedeutet einfaches Fressen und eine ideale Köderpräsentation: gut sichtbar, gut wahrnehmbar, einfach fressbar. In Zeiten, in denen die Fische nicht in Fresslaune sind, kann ein solcher Platz Bisse bringen.

Ich kenne einen Stausee, in dem es eine ehemalige Panzerstraße gibt – in nur einem Meter Wassertiefe. Der Boden ist dort hart wie Beton und ohne jegliche natürliche Nahrung. Insofern war die Panzerstraße kein wirklich guter Spot, denn in diesem Gewässer wurden die Fische zu 90 Prozent in Bereichen mit weichem, schlammigem Boden gefangen. Verspürten die Fische jedoch keinen Drang zur Nahrungsaufnahme, wurde es schwierig. In solch schwierigen Phasen konnte ich auf der harten Straße einige Fische fangen, und zwar mit kurzen, steifen monofilen Rigs, die ich ansonsten in diesem See (wegen des weichen Bodens) nie einsetzte.

Augen zu und durch: Thomas Ursinus mit einem kapitalen Stausee-Karpfen, gefangen mit einem 15er-Boilie auf einem mit fünf Kilo Boilies präparierten Futterplatz.

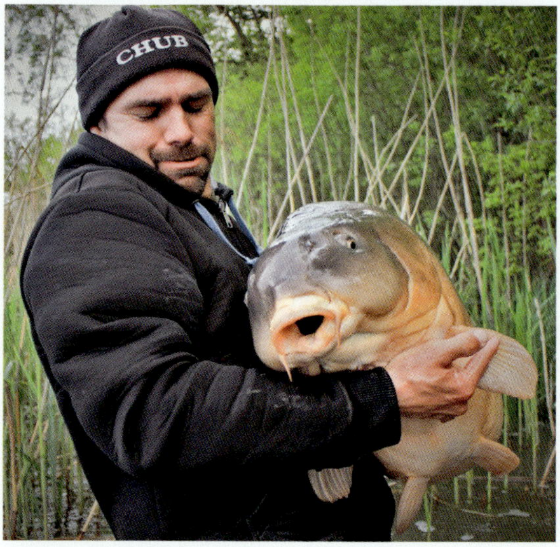

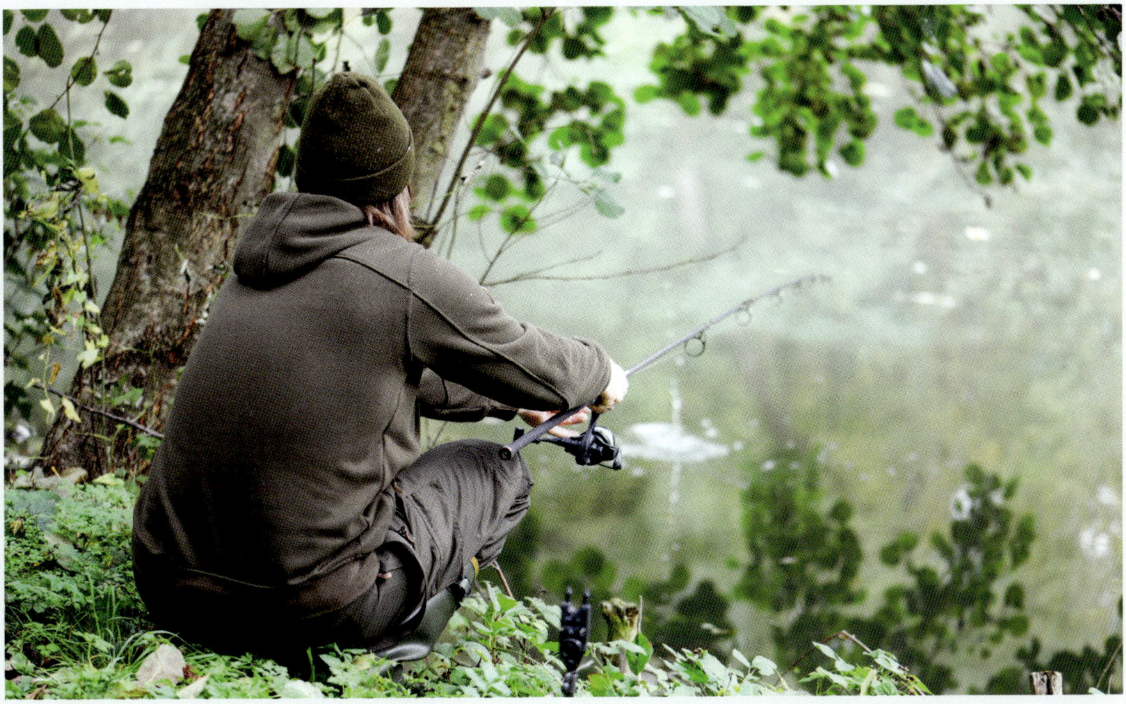

In Lauerstellung: einer meiner ufernahen Ansitze am Parkteich.

Ich bin mir sicher, dass die Fische durch meinen gut sichtbaren Köder auf der harten Panzerstraße schwach wurden. Sie hielten sich an diesem merkwürdigen Spot auf, verspürten eigentlich kein Bedürfnis zur Nahrungsaufnahme, jedoch: Gelegenheit macht bekanntlich Diebe.

Parkteich

Parkteiche liegen meist in urbanem Ambiente. Die Folge sind viele Spaziergänger und Entenfütterer, dazu womöglich Tretbootfahrer und Vergnügungssüchtige. Beschaulichkeit sieht anders aus. Parkteiche sind eigen. Ihr Fischbestand wird gerne unterschätzt und sie bieten durchaus eine anspruchsvolle Alternative für uns Friedfischangler. An Parkteichen praktiziere ich vorrangig kurze Ansitze von nur wenigen Stunden. Dabei pirsche ich die Fische an oder beangle sie an der Oberfläche.

Fische in Parkteichen ticken in der Regel anders als ihre Artgenossen in anderen Gewässern. Während in Kiesgruben, Stauseen oder Naturseen die Fische fernab vom Trubel der Menschen anzutreffen sind, ist in Parkteichen oft das Gegenteil der Fall. Gleich ob Karpfen, Rotfeder oder Schleie: Sie alle halten sich nahe des Ufers und damit dicht am Trubel auf. Sie schlängeln sich scheinheilig unter den Enten durch und lauern auf das nächste Toastbrot. Parkteichfische nehmen den Hauptteil ihrer Nahrung von der Oberfläche oder aus dem Mittelwasser auf. Darum stellen Oberflächenmontagen, Zig Rigs oder eine langsam sinkende Flocke die sichersten Wege zum Fisch dar.

Überhängende Büsche und Bäume

Dicht am Ufer patrouillieren die Parkteichfische entlang. Von Entenfütterern eingeworfenes Brot treibt an die Ufer und somit unter die Büsche. Dort ist es für das Federvieh nur schwer zu ergattern. Ganz zur Freude von Karpfen und Co.: Sie sammeln unter den Büschen ein, was übrig bleibt. Zumal sie hier auch vor uns Anglern sicher sind. Ideale, wenngleich schwierig zu beangelnde Spots sind also an Parkteichen überhängende Büsche nah am fütterndem Publikum. In der Nacht jedoch schwirren die Fische im ganzen Parkteich umher, dann fangen wir sie auch weiter draußen.

Parkbänke und Brücken

Menschen sind von Natur aus bequem. Sie lieben es, ihr Brot und ihre Brötchen von Brücken fallen zu lassen oder von einer Parkbank aus ins Wasser zu werfen. An solchen Stellen ist eine langsam zu Boden sinkende Flocke an der freien Leine (nur mit einem Schrotblei auf der Hauptschnur beschwert) der ideale Köder. An solchen Plätzen hat es sich bewährt, aktiv zu angeln: Werfen Sie die Flocke immer wieder neu aus und lassen sie diese zu Boden sinken. Einmal hier, einmal da, einmal dort – so als wären Sie beim Spinnangeln unterwegs und würden die Standorte der Räuber suchen. Sinkt die Flocke in der Nähe eines hungrigen Friedfisches zu Boden, wird sie in der Regel hemmungslos verschlungen.

Parkteiche sind Wundertüten: Du weißt nie, was du bekommst. In diesem Fall einen stattlichen Giebel.

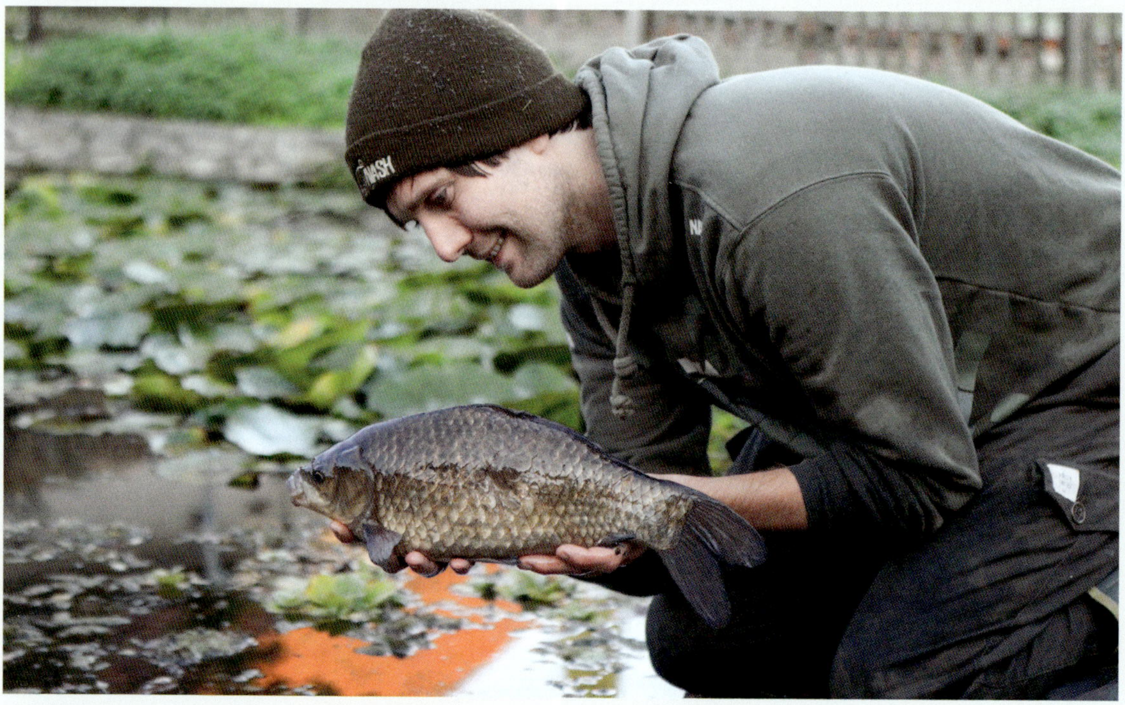

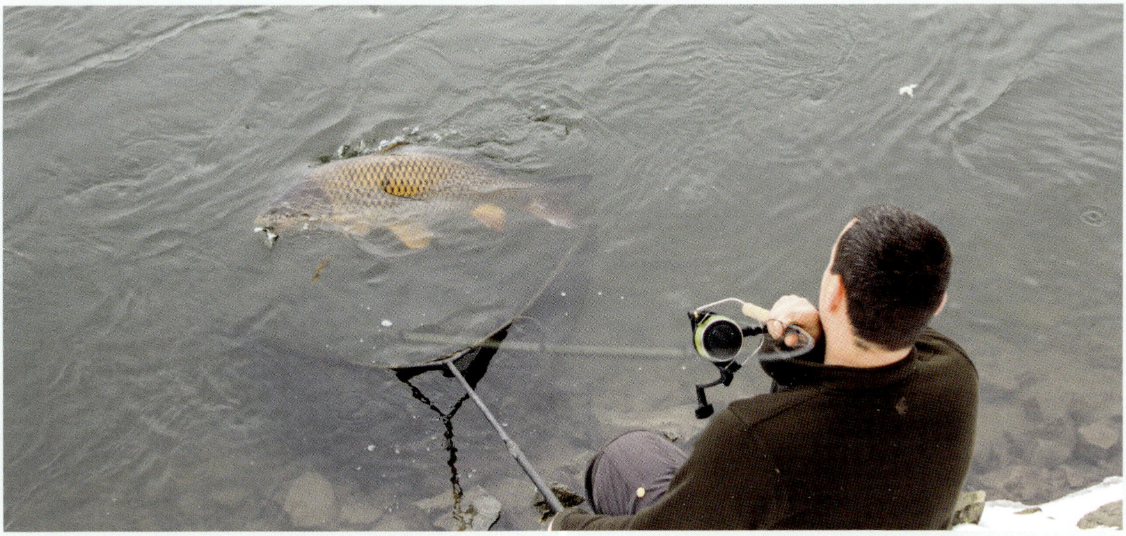

Angeln am Fluss: Für mich der Inbegriff von Freiheit. Und immer wieder erlebt man diese unberechenbaren Momente.

Fluss

Flussangeln – die Königsdisziplin. Kein anderes Gewässersystem ist so anspruchsvoll wie der Fluss: wechselnde Pegelstände, vom Platz fortgeschwemmtes Futter, sich in den Schnüren verfangender Unrat, womöglich starker Schiffsverkehr. Am Fluss wird es uns Friedfischanglern nicht langweilig. Hat man am Fluss nach langer Suche endlich die Fische gefunden, lassen sie sich kaum lange am Platz halten. Sie ziehen weiter, unsere Suche beginnt vorn vorne. Hakt man einen Flussfisch, beginnt ein nervenaufreibender Drill. Flussfische sind die besseren Kämpfer im Vergleich zu ihren Genossen in stehenden Gewässern.

Seit einigen Jahren suche ich die Herausforderung an meinem kleinen, aber zickigen Heimatfluss: der Unstrut. Zur wilden Saône im Osten Frankreich nimmt sich die Unstrut geradezu winzig aus, aber das Angeln dort gestaltete sich von Anfang an delikat. Die konstante, starke Unstrut-Strömung, vor allem in den Wintermonaten, verlangt nach Bleigewichten von 8oz (zirka 227 Gramm) oder ganzen Steinen als Beschwerung. Das Auffinden der Karpfen und Brassen gleicht einer unendlichen Geschichte, die Jahr für Jahr aufs Neue beginnt – weil sich der Fluss nach jedem Hochwasser neu formatiert: Spots und Mulden spülen sich zu oder es lagert sich in ihnen so viel Unrat ab, dass sie nicht mehr beangelbar sind.

Ich angle bevorzugt im Winter am Fluss, wenn die Seen und Teiche mit einer Eisschicht überzogen sind. So beginnt im Dezember meine zweite Friedfischsaison. Bedingt durch die Strömung müssen sich Flussfische permanent bewegen. Doch wer sich bewegt, verbraucht Energie. Und wer Energie verbraucht, hat über kurz oder lang Hunger. So kommt es, dass ich selbst bei Wassertemperaturen von nur drei Grad im Fluss Döbel, Brassen und Karpfen fangen konnte. Mir gelangen Fänge, von denen ich vor einigen Jahren nicht zu träumen wagte.

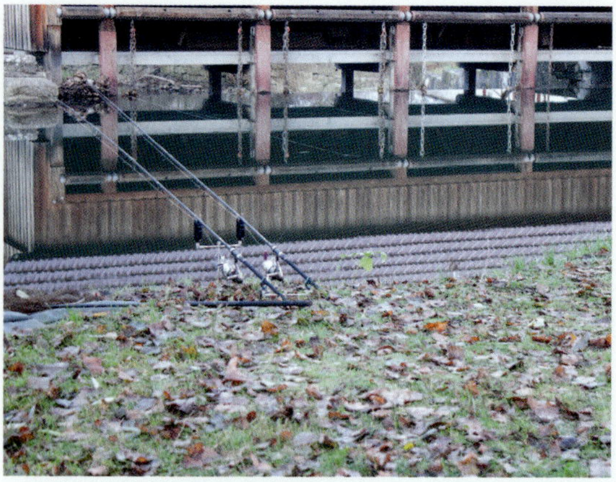

Tiefes Wehr mit wenig Strömung: speziell im Winter ein Sammelplatz für Friedfische.

Wehre

Ein Wehr ist im Fluss ist eine Art Wendepunkt. Hier kommen ziehende Fische nicht weiter. Sie können sie dort also prima abpassen.

Da sich oberhalb von Wehren das Wasser staut, sammelt sich dort antreibende Nahrung. Viele Fische machen sich das zu Nutzen. Vor oder nach einem Wehr ist das Wasser recht tief und es gibt vor allem oberhalb eines Wehres beruhigte, strömungsarme Zonen. Diese ruhigen Zonen sind deale Standorte für Friedfische aller Art. Hier macht es Sinn Futter auszubringen und im Sommer wie im Winter zu angeln.

Im Winter ziehe ich es vor, im ruhigen Wasser oberhalb des Wehrs zu angeln. Im Sommer hingegen ziehe ich Bereiche unterhalb des Wehrs vor. Der Grund ist die Sauerstoffarmut des warmen Sommerwassers. Ein Wehr ist quasi ein Wasserfall, das bewirkt eine Anreicherung des Wassers mit Sauerstoff. Deshalb ist es sinnvoll, im Sommer die Fische unterhalb des Wehres zu suchen. Unterhalb von Wehren gibt es oft große Steine und viel Geäst. Seien Sie entsprechend vorsichtig und überprüfen Sie den Gewässergrund mit einem Tastblei, bevor Sie mit dem Angeln beginnen.

Brücken und Pfeiler

Hinter Brücken und Pfeilern finden Fische Schutz vor der Strömung. Hier können sie sich eine Verschnaufpause gönnen. Interessant ist für uns Friedfischangler, dass an diesen Stellen unser eingebrachtes Futter gut liegen bleibt. Vorausgesetzt wir füttern hinter den Pfeilern, also im Strömungsschatten.

Inspizieren Sie derartige Spots jedoch im Vorfeld genau. Oft liegt unterhalb von Brücken und Pfeilern allerhand Unrat auf dem Flussgrund. Entsorgte Fahrräder oder angespültes Treibgut, welches auf den Grund abgesackt ist, können einen Spot unbeangelbar machen.

Kehrströmungen

Kehrströmungen gibt es häufig, bedingt durch einen unregelmäßigen Verlauf des Flussbetts, in Kurven. Man findet sie auch hinter großen Steinen. Derartige Stellen sind attraktive Standorte für Fische. Insbesondere bei Döbeln und Brassen scheinen Kehrströmungen beliebt zu sein.

Unregelmäßigkeiten im Flussverlauf

In jedem Fluss gibt es am Gewässerboden oder in den Uferbereichen Unregelmäßigkeiten. Einige fallen erst beim zweiten oder gar dritten Blick auf. Diese Unregelmäßigkeiten brachten mir im Fluss viele Fische.

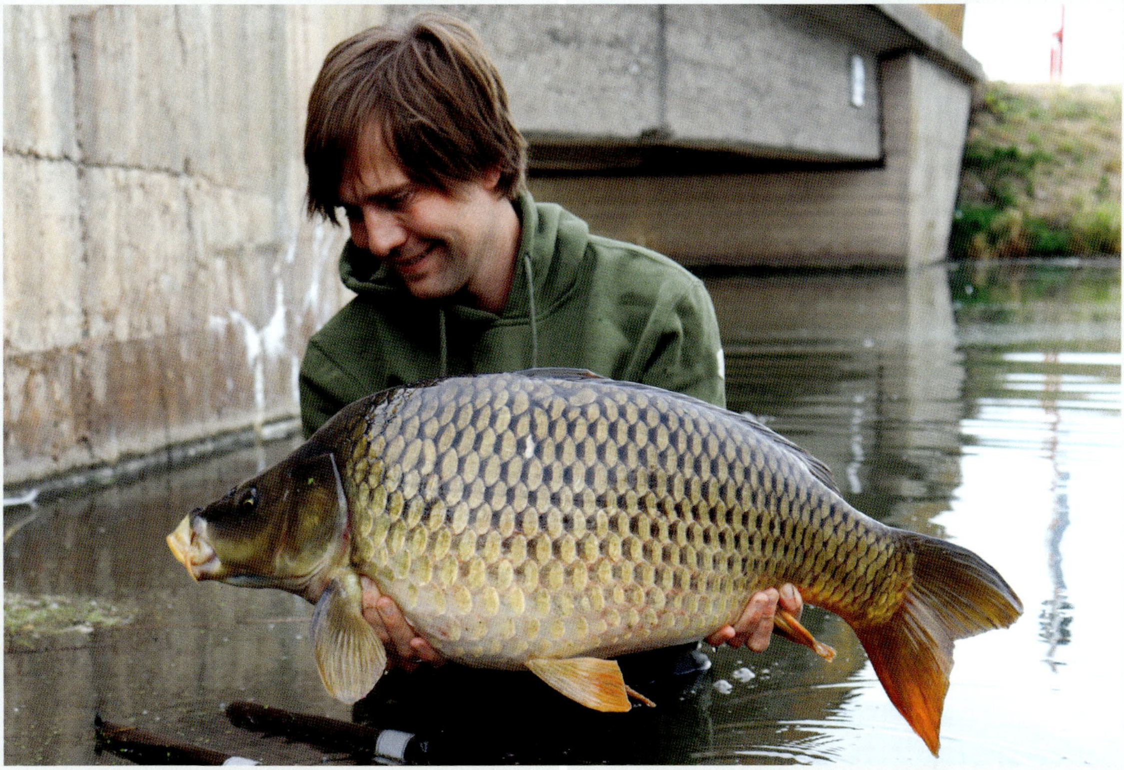

Dieser Schuppi stand unter einer Brücke. Bei meinem ummantelten Boilie wurde er schwach.

Unscheinbarer Bereich am Ende einer Steinpackung: In der kalten Jahreszeit stapeln sich hier die Karpfen.

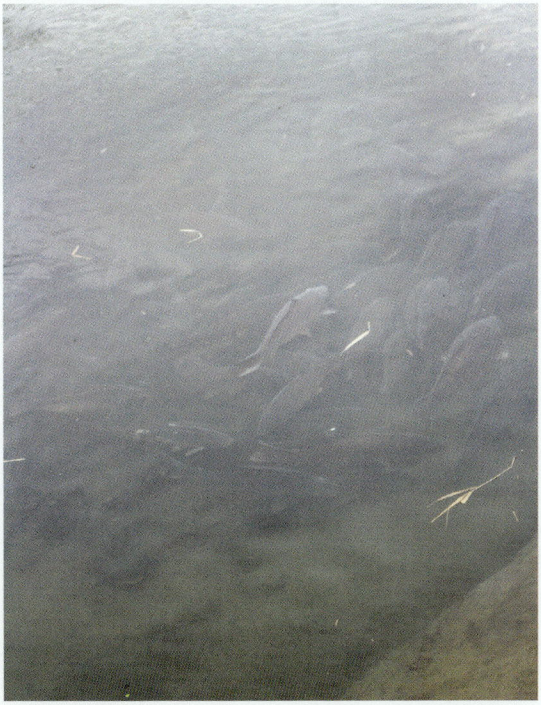

Da sie meist nicht offensichtlich sind, stehen solche Stellen unter geringem Angeldruck und bieten den Fischen deshalb mehr Ruhe. Ein Brückenpfeiler oder eine Spundwand zählen streng genommen auch zu den Unregelmäßigkeiten. Sie sind aber sehr offensichtlich. Mir geht es eher um einen angetriebenen Baumstamm am Flussufer, um eine Steinpackung unter der Wasseroberfläche, um Sandbänke oder einfach nur um den alten Traktorreifen, der im flachen Uferbereich schemenhaft zu erkennen ist. Ein solcher Reifen liegt auch in der Unstrut. In ihm bleibt das Futter besonders gut liegen. In ihm können die Karpfen sorgenfrei fressen und sind zudem von der Strömung entlastet. Mal ehrlich: Hätten Sie im Traktorreifen angefüttert?

MONTAGEN UND TAKTIKEN

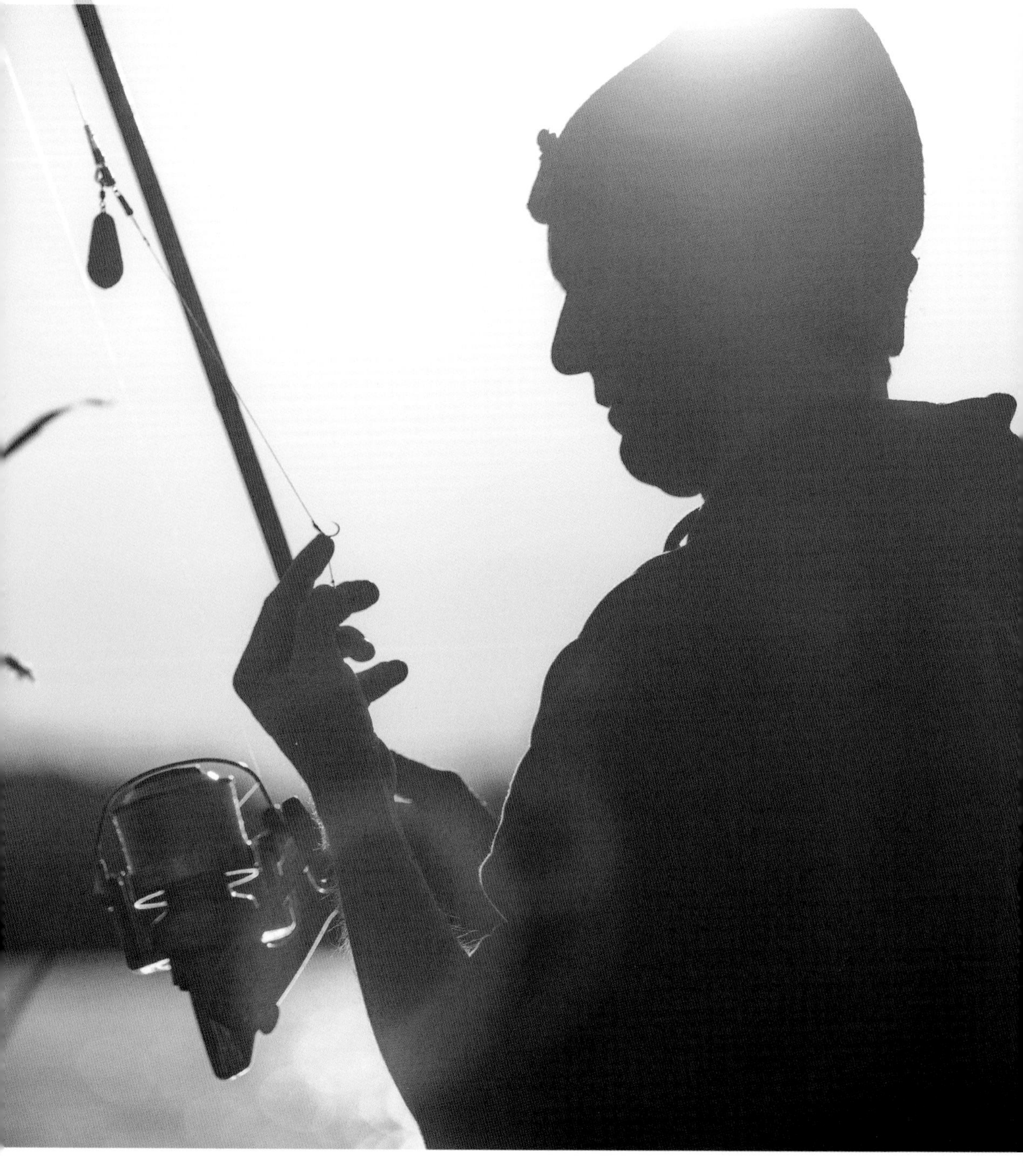

Montagen-Check: das richtige Blei, das richtige Rig, der richtige Haken – alles Bausteine des Erfolgs.

Es sind nicht zuletzt die unzähligen Montagen und Angeltechniken, die das Friedfischangeln so facettenreich machen. Oberflächen-Rigs, Zig-Rigs im Mittelwasser, das Angeln mit freier Leine oder diverse Grundmontagen wie Futterkorb oder Selbsthakmethode: In über 20 Jahren wurde mir das Friedfischangeln nie langweilig.

Nehmen wir das Angeln mit freier Leine. Einen Fisch zu fangen nur mit Schnur und Haken, ohne jegliche Zutaten wie Blei oder Pose – das kann sehr, sehr aufregend sein. Nicht zuletzt, weil aufgrund fehlender oder nur minimaler Bebleiung mit einem Klemmblei die Wurfweite limitiert ist und Sie sich deshalb nahe an die Fische heranpirschen müssen. Das ist eine delikate Angelegenheit.

Was in den vergangenen Jahren aus dem Fokus geriet, ist das Posenangeln. In Kindertagen haben wir es alle praktiziert, heute genießt das Angeln mit der Selbsthakmethode und das Feederangeln, beides Grundmontagen, mehr Popularität. Schade eigentlich, denn das Angeln mit der Pose bietet in bestimmten Situationen unschätzbare Vorteile.

Ich möchte Ihnen Mut machen: Probieren Sie mal etwas Neues aus, neue Montagen, neue Techniken. Sie werden staunen, was sich damit alles fangen lässt. Ganz nebenbei erweitern Sie Ihren anglerischen Horizont.

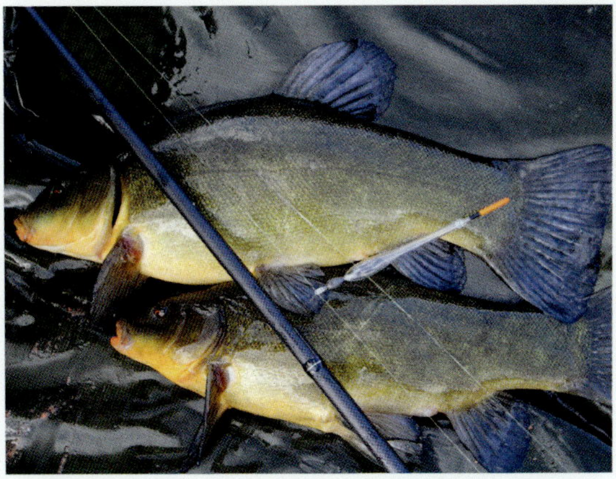

Posenangeln ist eine stille und gleichzeitig spannende Weise, um Friedfische zu fangen.

Posenangeln

Fünf Uhr in der Früh. Es dämmert bereits, das Gras ist vom Morgentau feucht. Meine Turnschuhe weichen durch als ich mich in gebückter Haltung zwischen Brennnesseln, Gras und Löwenzahnblättern hindurch schlängele. Mein Ziel ist die kleine Bucht am hinteren Ende der flachen Kiesgrube. Dort hinten angelt kaum noch jemand. Entsprechend sensibel und argwöhnisch sind die Fische an dieser verlassenen Stelle. Würde man hier ein Zelt aufbauen oder würden gar elektronische Bissanzeiger piepen, wäre alles vorbei. Hier möchte ich mit der Pose eine der kapitalen Schleien überlisten. Mit etwas Glück kann es sogar eine der seltenen kapitalen Karauschen werden.

In einiger Entfernung erkenne ich die Zelte der anderen Angler. Sie schlafen noch. Gut so. Als ich mich der kleinen Bucht nähere, hüpfen zwei Frösche ins Wasser. Na prima, die habe ich also schon mal verschreckt. Mein erster Griff geht zur Thermoskanne, ein Beruhigungs-Kaffee muss jetzt sein. Dann werfe ich einen Blick über die Bucht. Erst bei genauerem Hinsehen erkenne ich, dass inmitten der Nebelschwaden, die noch immer die Bucht bedecken, einige Schilfhalme zucken. Schleien, Rotfedern oder doch eine Karausche? Gerade als ich den vorgebleiten Waggler auf zirka einen Meter einstelle, durchbricht ein Platscher die morgendliche Stille. Draußen vor der Bucht ist ein Karpfen gesprungen. Der würde mir hier hinten, in dieser kleinen, engen Bucht an der feinen Posenmontage noch fehlen. Vor einigen Jahren hatte ich einmal das Vergnügen. An feinstem Gerät, an 0,20er-Hauptschnur mit einem kleinen Waggler, drillte ich einen feisten Schuppi. Er brachte es bestimmt auf zehn Kilo. Er zog derart brachial ins Schilf, dass ich keine Chance hatte. Die Schnur war der Belastung nicht gewachsen.

Pleiten gehören dazu. Doch derberes Material möchte ich dennoch nicht einsetzen.

Still und starr ruht der See. Oder doch nicht? Gleich setzt sich der Waggler in Bewegung.

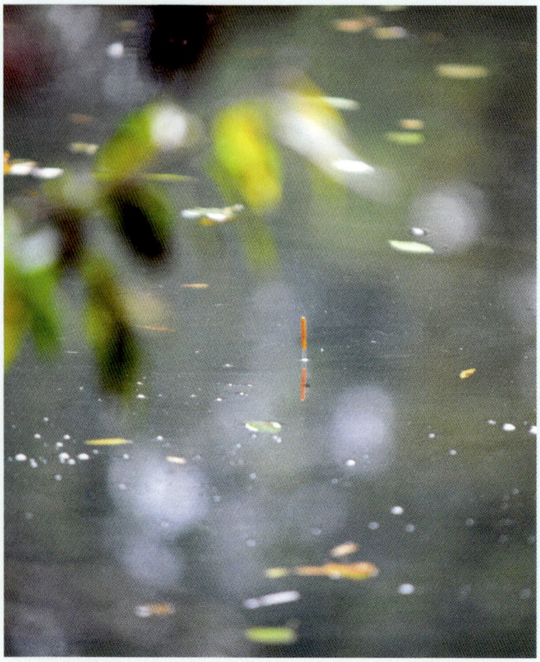

Das würde die Chance auf Schleien und Karauschen hier in dieser Bucht schmälern. Ich benötige eine Montage, die beim Aufprall auf die Wasseroberfläche wenig Lärm verursacht, eine Schnur, die die Fische kaum wahrnehmen und einen Bissanzeiger, der penibler nicht sein kann: eine feine, leichte Pose. Als Köder habe ich Maden und Mini-Boilies dabei. Ich entscheide mich für einen Miniboilie als Hakenköder. Damit umgehe ich die kleinen Rotfedern, die hier zahlreich vertreten sind. Bekäme ich an diesem stillen Morgen zwei oder drei dieser Rotfedern an den Haken, wären die kapitalen Zielfische gewarnt. Mit einem dezenten Unterhandwurf schlenze ich die Montage an der 10-Fuß-Rute hinüber zum Schilf, exakt dorthin, wo soeben ein weiteres Mal das Schilf gezuckt hat. Die Pose steht perfekt. Ich liebe vorbebleite Modelle. Fünf weitere Mini-Boilies werfe ich dazu. Danach zuckt kein Schilfhalm mehr. Das Geräusch der Miniboilies beim Aufprall auf die Wasseroberfläche war wohl zu laut. Ich ziehe mich von der Uferkante zurück und gehe ein paar Schritte nach hinten.

Für einen Moment genieße ich die Stille an diesem unberührten Ufer. Ab und an lasse ich von meinem Kaffeebecher ab und mache einen langen Hals: Was macht die Pose? Bewegt sich etwas an der Wasseroberfläche? Ein Blesshuhn paddelt in die Bucht. Oh nein! Hat das Federvieh etwa meinen Köder im Visier? Schon steuert es auf meine Pose zu, meckert herum und dann, welch Glück, es verschwindet im Schilf. Später bemerke ich, dass es dort brütet.

An meinem Bein krabbelt eine Zecke hoch. Ich ziehe sie ab. War das die erste heute? So ist es eben, wenn man im hohen Gras kauert, mit kurzer Hose und Turnschuhen. Ich suche mich nach weiteren Zecken ab, bin also für einige Sekunden unaufmerksam. Danach richte ich den Blick wieder Blick aufs Wasser: Die Pose, wo ist die Pose? Schon spannt sich die Schnur. Jetzt aber schnell, ich bin spät dran mit dem Anhieb. Zu spät, befürchte ich. Doch das Glück ist an diesem Tag auf meiner Seite. Eine kapitale Schleie lässt das spiegelglatte Wasser aufschäumen. Mit vielen schnellen Richtungswechseln versucht sie, sich aus ihrer misslichen Lage zu befreien. Ohne Erfolg. Mit viel Gefühl kann ich sie in den Kescher führen. Einpacken? Nein, wieso auch. Ich habe noch Zeit, ich habe noch Kaffee. Warum sollte ich diese bezaubernde morgendliche Idylle vorzeitig verlassen? So bleibe ich, obwohl ich nach dem Tumult mit der Schleie nicht mit einem weiteren Biss rechne.

In der Ferne öffnen sich die Reißverschlüsse der Zelte, die Kollegen kriechen aus ihren „Schlafzimmern". Jetzt, da die beste Zeit des Tages fast vorbei ist. Mein Blick schweift zurück auf meinen Waggler. Der leichte Wind bläst das Oberflächenwasser in die Bucht, der Waggler treibt auf einen Schilfhalm zu und bleibt schließlich stehen. Dort steht er gut. Denn am Schilf suchen die Fische nach Wasserschnecken. Am späten Vormittag, kurz vor dem Einpacken, bekomme ich einen weiteren Biss. Vorsichtig taucht der Drennan-Waggler ab. Wieder wird es eine schöne Schleie.

Eigentlich beangle ich kapitale Schleien lieber mit einer Festblei-Montage am Grund. Doch hier, in dieser beschaulichen Bucht mit hypersensiblen Fischen war die feine Posenmontage die bessere und zugleich spannendere Wahl. Eine Pose garantiert eine feinfühlige Bissanzeige und

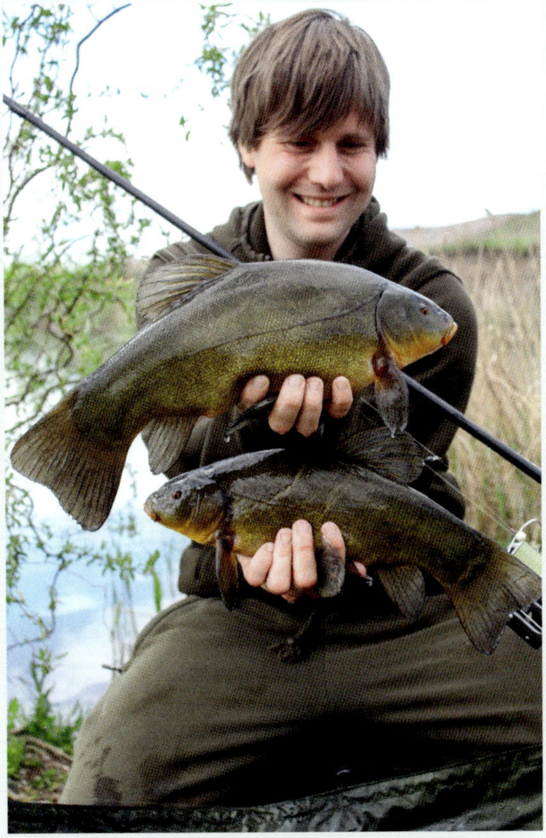

Zwei prächtige Schleien dank Waggler und Ruhe am Angelplatz.

ist ideal, um nahe gelegene Standorte der Fische anzuwerfen – ohne viel Lärm zu verursachen. Posenangeln ist also ideal, wenn man sich an die Fische heranpirschen möchte. Gleich ob am Tag oder in der Nacht. Mit der Pose sind Sie in unmittelbarer Ufernähe und bei windstillem Wetter perfekt bedient. Lediglich bei längeren Ausflügen, über einen ganzen Tag hinweg, würde mich das konzentrierte Anstarren der Pose in den Wahnsinn treiben. Ich müsste danach wahrscheinlich zum Augenarzt. Wenn noch Wind und Wellen hinzukommen, wippt synchron zur Pose auch die Schnur zum Köder auf und ab. Zu auffällig für sensible Fische. Dann greife ich zur Grundmontage.

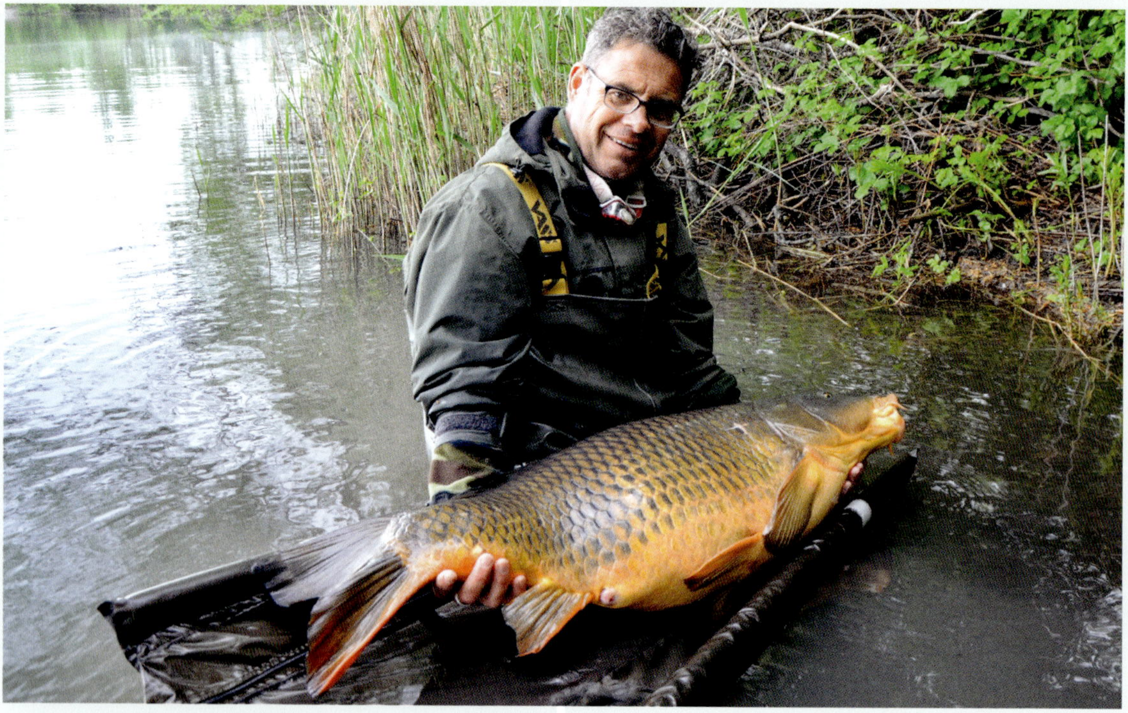

Markus Schocker, Textredakteur von Carp in Focus, geht der Sache gerne auf den Grund. Zurecht, wie dieser 49-Pfünder beweist.

Grund-montagen

Grundmontagen sind etwas für Faulenzer. Fest verankert durch Blei, Feeder oder einen Stein liegen sie auf dem Gewässergrund. Strömung, Wind und Wellen können der Grundmontage nichts anhaben. Der Köder bleibt an Ort und Stelle, bis er (hoffentlich) von unserem Zielfisch verspeist wird. Ich wähle das Gewicht der Grundmontage so leicht wie möglich und so schwer wie nötig. Gewichte von zehn bis 50 Gramm nutze ich bei sehr weichen, schlammigen Böden, bei kurzen Wurfentfernungen, bei ruhigen Wetterlagen oder wenn ich den Aufprall auf den Futterplatz leise gestalten möchte, um scheue Fische nicht zu verschrecken. Gerade bei Ansitzen über nur wenige Stunden greift das Argument mit dem Lärm. Mittelschwere Grundmontagen (60 bis 130 Gramm) setze ich bei großen Wurfdistanzen ein, oder wenn ich den Selbsthakeffekt verbessern möchte. An einem kleinen französischen Stausee, dem Etang de Brigueuil, angelte ich einst auf Karpfen, die sehr harte Mäuler aufwiesen. Die Fische mussten auf einen großen Widerstand stoßen, um sich zuverlässig zu haken. Festbleimontagen mit 90 bis 120 Gramm waren dort ideal. Auch weil die Montagen selbst dann liegenblieben, wenn der Wind Pflanzenteile in die Schnüre trieb.

Am Fluss, bei heftigen Strömungsverhältnissen oder bei sehr großen Gewässern, in denen die Hot Spots mehrere hundert

Meter entfernt liegen, setze ich auf schwere Grundmontagen. Mit Bleien oder Steingewichten zwischen 160 und 300 Gramm. Derartige Gewichte müssen mit dem Boot abgelegt werden, am Fluss können sie maximal mittels Pendelwurf ausgebracht werden. Wichtig ist, dass sich das Gewicht beim Biss ausklinkt. Niemand sollte einen Fisch mit derart großen Gewichten am Rig drillen. Ausgeschlitzte Haken und damit einhergehend Schäden am Fischmaul wären vorprogrammiert.

Im Folgenden biete ich Ihnen einen detaillierten Überblick über die vielfältigen Einsatzmöglichkeiten von Grundmontagen.

Durchläufer

Durchlaufmontagen, auch Running Rigs genannt, werden heute nur noch selten verwendet. Zu Unrecht, wie ich finde. Durchlaufmontagen erleichtern das Angeln in vielen Situationen ungemein, oft sind sie die bessere Wahl. Beispiele gefällig?

Wenn Sie mit Fallbissen rechnen müssen, beim Angeln vor einer Spundwand beispielsweise, haben Sie dank einer Durchlaufmontage garantiert immer einen Run. Da die Schur immer durch das Blei gezogen wird, egal in welche Richtung der Fisch abzieht, kann es nicht zu einem Fallbiss kommen. Der direkte Draht zum Bissanzeiger, den eine Durchlaufmontage garantiert, ist auch bei hohem Weißfischaufkommen von Vorteil. Beim herkömmlichen Festblei-Angeln lutschen die Weißfische oftmals den Köder ab, ohne dass der Angler davon erfährt. Nicht so bei einem Running Rig. Da bemerken Sie sofort, was Sache ist.
Einen Nachteil sehen viele Angler im geringeren Selbsthakeffekt, den eine Laufbleimontage mit sich bringt. Ich kann Sie aber beruhigen. Wenn Sie mit gespannter Schnur und schwerem Swinger oder Hanger angeln, bringen Sie ausreichend Druck auf die Schnur, damit sich der Haken gut ins Fischmaul setzt. Ich stelle zusätzlich die Rollenbremse etwas straffer ein. Somit muss ich bei einem Biss keinen sofortigen, derben Anhieb setzen. Probieren sie es aus. An Gewässern, wo seit vielen Jahren mit Festbleimontagen geangelt wird, sind vor allem die Karpfen geschult. Mit kurzen aber beherzten Kopfschlägen nutzen sie das Festblei, um den Haken aus dem Maul zu hebeln. Diese Prozedur macht sich nur durch kurze Töne am Bissanzeiger bemerkbar, die meisten Angler vermuten lapidar Schnurschwimmer und ahnen nicht, welch kapitaler Fisch ihnen da womöglich gerade entgeht.

Freie Fahrt für freie Fische: Laufblei-Montagen ermöglichen eine feinfühlige Bisserkennung.

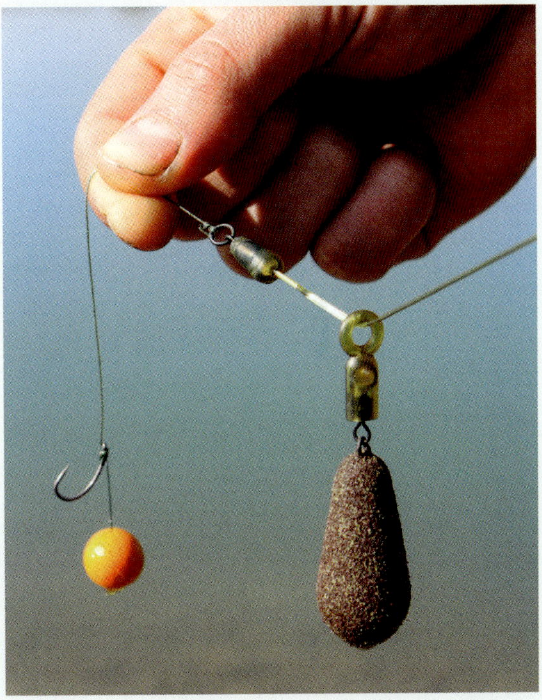

In meiner Anfangszeit des Karpfenangelns vor über 20 Jahren lernte ich das Angeln mit der Laufbleimontage gleich zu Beginn. So richtig rustikal, mit einem Sargblei in 40 oder 60 Gramm, als Durchläufer auf der Hauptschnur. Später dann der Durchbruch mit einem Boom, also einem Plastikröhrchen, in welches das Birnenblei seitlich eingehängt wurde. Ich kannte keine andere Montage und wollte lange Zeit nichts von Festbleimontagen wissen. Warum auch? Never change a running system. Ich war zufrieden mit den Fängen, die ich damit erzielte.

Damals angelten ohnehin fast alle Angler mit Durchläufern. Der Jahre später beginnende Siegeszug von Festbleimontagen stellte für mich eine Überwindung dar. Heute angeln die meisten Angler mit Festbleimontagen. Weil sie damit erfolgreich sind hinterfragen sie ihr Vorgehen nicht. Was sie nie erfahren werden, ist jedoch, welche Fische sie nicht fangen – weil sie mit dem Festblei an diesen Fischen vorbei angeln. Es ist also gerade in der heutigen Zeit wichtig umzudenken und der Laufbleimontage wieder mehr Aufmerksamkeit zu schenken. Arbeiten Sie also gezielt gegen den Dressureffekt. Vor allem an Gewässern, an denen seit unzähligen Jahren fast ausschließlich mit Festblei gefischt wird.

Eine Alternative bietet übrigens das Shocker Rig, eine Art Hybrid von Running Rig und Festblei. Dieses Shocker-Rig lässt dem Fisch nach der Köderaufnahme Spielraum und sorgt dann durch eine Stopperperle, welche sich zirka einen Meter hinter dem Blei befindet, für den Selbsthakeffekt.

Um beim Running Rig und Shocker Rig einen reibungsarmen Durchlauf der Schnur durch das Bodenblei zu gewährleisten, ist es von Vorteil, spezielle Run Rings zu verwenden. Diese bilden eine große Schnurdurchführung, welche sich auch bei Sedimentablagerugen am Gewässergrund nicht zusetzt. Desweiteren macht es Sinn, schwere Bleie (ab 60 Gramm) einzusetzen. Sie dienen als fixer Punkt wie eine Art Umlenker am Gewässerboden.

Monofile Leader (Nash Diffusion Camo Leader) oder bleifreie Leader wie die Cling on Leader von Nash sind nicht nur fischschonender als Leadcore, sie sind auch weicher und geschmeidiger und laufen dadurch besser durch das Running Rig. Leadcore hingegen hat einen hohen Memory-Effekt, es ist drahtig und deshalb für Running Rigs wenig geeignet.

Vorteile des Running Rigs auf einen Blick:

- Selbst vorsichtige Bisse sowie Weißfischattacken auf den Hakenköder können vom Angler registriert werden.

- Es ist eine simple und fischfreundliche Montage – denn nach einem Schnurbruch wird der Karpfen das Blei definitiv los.

- Keine Fallbisse mehr, somit bessere Bisserkennung.

- Auf Festbleimontagen konditionierte Fische sind wieder leichter fangbar.

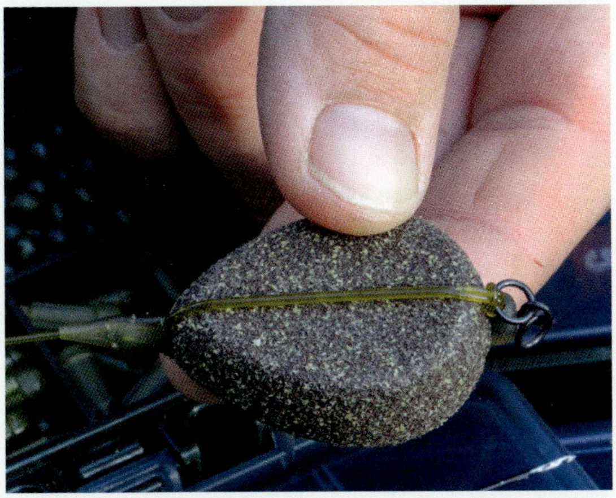

Inlineblei in Drop-off-Version: Der Leader wird nicht durch das Blei, sondern um das Blei herum gelegt. Der Hakeffekt bleibt bestehen, doch im Falle eines Abrisses droht dem Fisch weniger Gefahr.

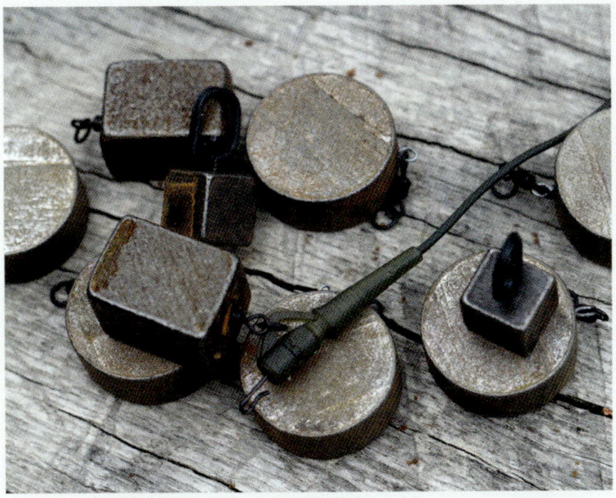

Bleiersatz am Safety Clip: Stahl statt Blei. Dieser Stoff schont die Umwelt.

Festblei

Die klassische Festbleimontage wird heutzutage am häufigsten eingesetzt. In der Inline- oder Safety-Bolt-Variante.

Beim **Inlineblei** wird die Schnur oder der Leader durch das Innere des Bleis geführt. Beim **Safety-Bolt-Rig** wird das Blei in einen Clip eingehängt, der fest mit dem Wirbel verbunden ist. In beiden Fällen ist das Blei fest sitzend. Nimmt der Fisch den Köder und somit den Haken auf, strafft sich das Vorfach und durch den Gegenzug des fixierten Bleies wird der Haken ins Fischmaul getrieben.

In schlammigen Gewässern setze ich auf Safety-Bolt-Rigs, weil das Blei im weichen Schlamm zwar einsinkt, aber das Vorfach mit dem Wirbel noch obenauf liegt. Bei einer Inline-Montage dagegen würde der Wirbel samt einigen Zentimeter Vorfach mit dem Blei einsinken.

Kommen schwere Bleie zum Einsatz (über 100 Gramm) setze ich Festbleimontagen als sogenannte **Drop-off-Montagen** ein: Wenn sich der Fisch hakt und mit dem Blei im Schlepptau flüchten will, klinkt sich das Blei aus dem Clip des Safety-Bolt-Rigs aus. Das erleichtert den Drill des Fisches ungemein.

Der Clou ist, dass die Fische durch den Bleiverlust in den meisten Fällen rasch vom Grund hochkommen. Das ist ein großer Vorteil, wenn Sie in krautreichen Gewässern angeln. Denn so können Sie den Fisch über das Kraut hinweg drillen. Fiele das Blei nicht ab, müsste ich die Fische im Kraut drillen. Das führt oft dazu, dass ich am Ende einen riesigen Batzen Kraut mit in den Kescher wuchten muss, der Fisch ist inmitten des vielen Grüns oft kaum mehr auszumachen.

Bei den Durchlaufmontagen habe ich es bereits erwähnt: Karpfen, die über Jahre hinweg unter hohem Angeldruck stehen, können das fixierte Blei dazu nutzen, den Haken abzuschütteln. Dem kann durch den Einsatz einer **Semi-fixed-Montage** entgegen gewirkt werden. Dazu ist es wichtig, dass das Festblei (egal ob Inline oder Safety-Bolt) nur leicht auf dem Wirbel fixiert wird. Nach dem ersten Kopfschlag des Fisches löst es sich dann, gleitet auf dem Leader oder der Schnur nach hinten und bietet somit keinen Konterpunkt für die Kopfschläge der Fische.

Um dies zu gewährleisten, können Sie Inline-Bleie mit einem Lead Insert, also einem Gummi-Inlet versehen. Ersetzen Sie dafür das innenliegende Plastikröhrchen durch ein Gummi-Inlet. Das Gummi-Inlet stecken Sie dann nur leicht auf dem Wirbel auf. Beim Safety Clip genügt es, wenn Sie den Safety Clip nur leicht auf den Wirbel stecken. Sollte diese Verbindung zu locker sein, kneten Sie ein wenig Knetblei um das Tönnchen des Wirbels. Das genügt, um den Clip etwas fixierter aber nicht bombenfest aufzuschieben.

Wollen Sie maximale Wurfweiten erzielen, sollten Sie sich für das **Helikopter-Rig** entscheiden. Bei einem Helikopter-Rig befindet sich das Blei an erster Stelle, exakt dort wo sich bei Inline- und Safety-Bolt-Rigs das Vorfach befindet. Das Blei fliegt also beim Wurf voran. Das Vorfach rotiert hinter dem Blei auf dem Leader, bedingt durch den Helikopter-Wirbel. Bei dieser Montage kommt es fast nie zu Verwicklungen. Beim Wurf bewirkt die Fliehkraft, dass der Köder vom Leader entfernt wird und das kurze Vorfach gestreckt wird.

Eine spezielle Art des Helikopter-Rigs ist das **Chod-Rig**, bei dem der Köder ein Pop-up ist, der sich an einem sehr kurzen und steifen Mono-Vorfach auf dem Leader frei bewegt. Sinkt das Blei in den weichen Schlamm oder in dichtes Kraut, liegt der Leader mit dem kurzen Pop-up-Rig obenauf. Das Chod-Rig eignet sich also für weiche Böden und für das Angeln auf/über einer dichten Krautschicht.

Method und Pellet Feeder

Das Angeln mit dem Feeder, auch Method Feeder genannt, ist eine erfolgversprechende Instant-Taktik. Wenn Sie nicht darauf abzielen, den ultimativen Großkarpfen zu fangen, sollten Sie dieser Methode Ihre Aufmerksamkeit schenken.

Ganz gleich zu welcher Jahreszeit Sie angeln und wie wenig Zeit Sie zur Verfügung haben: Mit dem Method Feeder können Sie rasch Action erleben. Sie

Kleine Boilies am Method Feeder machen müde Schleien munter.

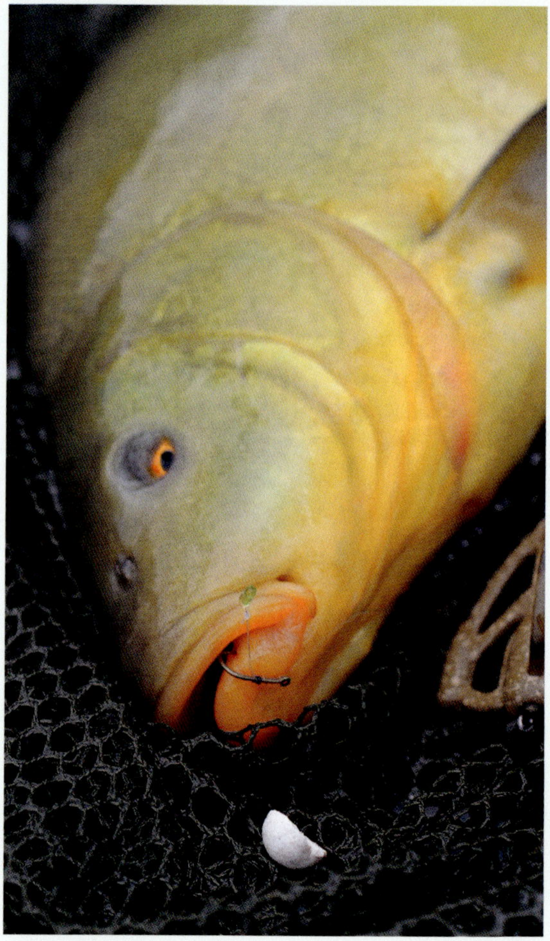

trimmen die Fische auf den kleinen Futterberg, den der Feeder mit sich bringt und Sie bieten den Köder ganz dicht, meist sogar „on top" dieses Futterhaufens an. Nicht verwunderlich, dass Sie so zügig Bisse bekommen. Feeder sind vorgebleit und sitzen wie ein Festblei auf dem Wirbel. Durch die Futterfüllung erhält der Feeder ein Gewicht bis zu über 100 Gramm (bei großen Modellen). Sie können also sowohl ufernah als auch auf große Distanzen angeln.

Der Clou: Die Montage kann sich nicht mit dem Method Feeder verwickeln. Dafür drücken Sie den Köder auf oder in die Futtermasse. Somit ist das Angeln mit dem Feeder sogar im Kraut eine sichere Variante. Um dem Method Feeder etwas Arbeit abzunehmen, füttere ich in den meisten Fällen ein paar Pellet-Bälle (Futterbälle aus vorgeweichten Pellets) mit dem Ball Blaster an. Dann versammeln sich die Fische rasch auf dem Platz und stürzen sich auf die kleinen Futterhäufchen.

Über die Jahre hinweg habe ich drei erfolgversprechende Feeder-Varianten entdeckt. Diese stelle ich ihnen im Folgenden näher vor.

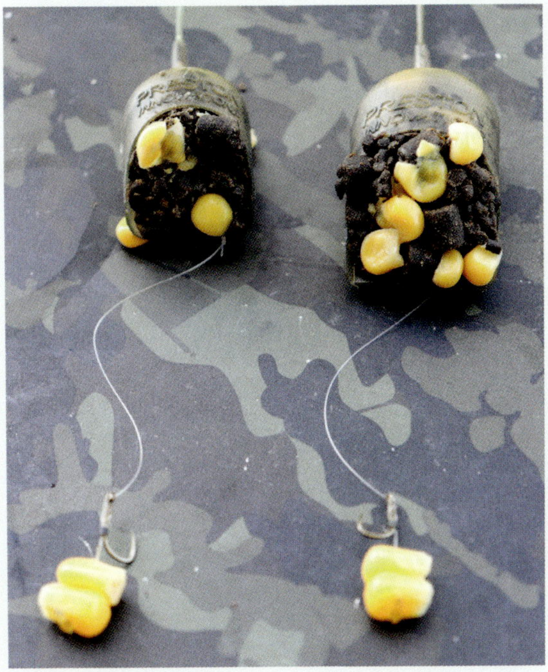

Method Feeder mit Pellets und Maiskörnern: die perfekte Brassen-Falle.

Pellet Feeder mit Dosenmais

Diese Variante nutze ich vorzugsweise im Frühjahr oder in Gewässern ohne großes Weißfischaufkommen. Der Köder auf dem Haar ist gelber, süßer Dosenmais. Leider ist dieser Köder nicht widerstandsfähig, dafür aber ungemein fängig. Den Feeder befülle ich mit einem Gemisch aus vorgeweichten Feed Pellets und Dosenmais. Das Vorweichen der Pellets erfolgt mit der süßen Brühe aus der Maisbüchse. Die leuchtend gelben Maiskörner und die vorgeweichten Pellets bieten einen optischen und geschmacklichen Reiz und sprechen damit die Rezeptoren der Fische an.
Mit dieser einfachen und zugleich kostengünstigen Methode machen Sie im Frühjahr träge Fische munter – und läuten einen unterhaltsamen Saisonstart ein.

Active Method Feeder

Der Active Method Feeder lässt ein selektives Fischen auf Karpfen zu und eignet sich deshalb bei unerwünschtem Weißfischaufkommen. Er wird mit Boilies oder Boilistücken am Haar geangelt. Meist setze ich diese Methode im Sommer und im Herbst ein.

Um den Hakenköder (bestehend aus Boiliebruch) knete ich Boilieteig, um damit zusätzliche Attraktion zu generieren. Ist der Teig im Wasser nach einer gewissen Zeit gelöst, kann der Boilie dank seiner

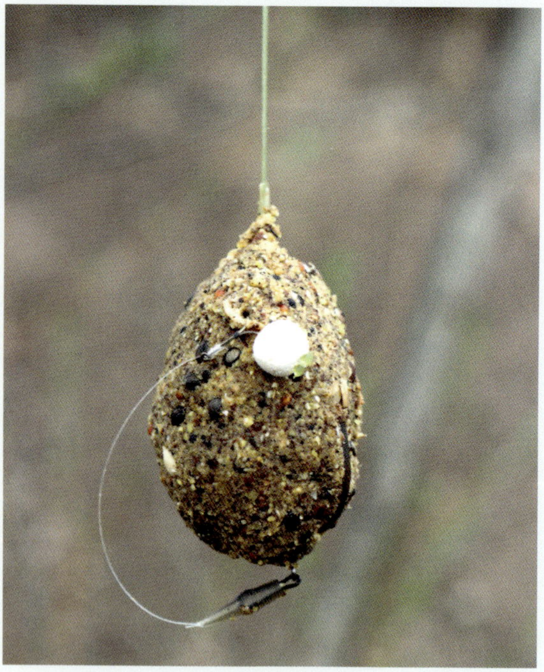

Vorteil des Method Feeders: Futter und Hakenköder sind auf engstem Raum komprimiert.

beschädigten Oberfläche weiter seine wasserlöslichen Inhaltsstoffe freigeben. Sie ahnen schon, warum ich bei dieser Methode vom „Active Method Feeder" spreche: Hakenköder und Futtermasse sind auf höchste Attraktion ausgelegt. Die Füllung des Feeders erfolgt mit einer hochwertigen Grundfuttermischung, der ich je nach Bedarf flüssige Attraktoren wie Shellfish Concentrate, Fischöl oder pulverförmige Additive wie Squid Extrakt zugebe. Auch Boiliebruch kann der Mischung zugefügt werden. Diese Methode ist aufgrund des resistenten Hakenköders auch für Nachtansitze geeignet, bei denen Sie Schlaf finden wollen, anstatt alle 30 Minuten den Köder wechseln zu müssen.

3. Teig-Feeder

Der Teig-Feeder ist mein ungewöhnlichstes Feeder-Modell. Im Teig-Feeder befindet sich alles andere als eine schnell lösliche und zerfallende Masse. Im Gegenteil. Der Feeder beinhaltet zähen Boilieteig, der mit vielen wasserlöslichen Attraktoren in hoher Konzentration angereichert wird. Squid-Extrakt, Leber-Extrakt, Robin Red, Shellfish Concentrate oder Scopex Nr.1 sind nur einige der vielen bewährten Aromen.

Der Sinn an der Sache ist, dass der Method Feeder über einen langen Zeitraum Attraktoren abgibt. Das Futter soll also nicht von Weißfischen binnen kurzer Zeit vertilgt werden. Gerade in Flüssen oder im Winter ist diese Methode sinnvoll. Sie müssen sich keine Gedanken machen, ob nach 60 Minuten noch ausreichend Lockmaterial am Hakenköder liegt. Der Hakenköder an sich stellt die einzige kleine, fressbare Portion dar.

Lockstoffspeicher Feeder-Teig: Er löst sich nur langsam auf und gibt somit seine Attraktoren über einen langen Zeitraum ab.

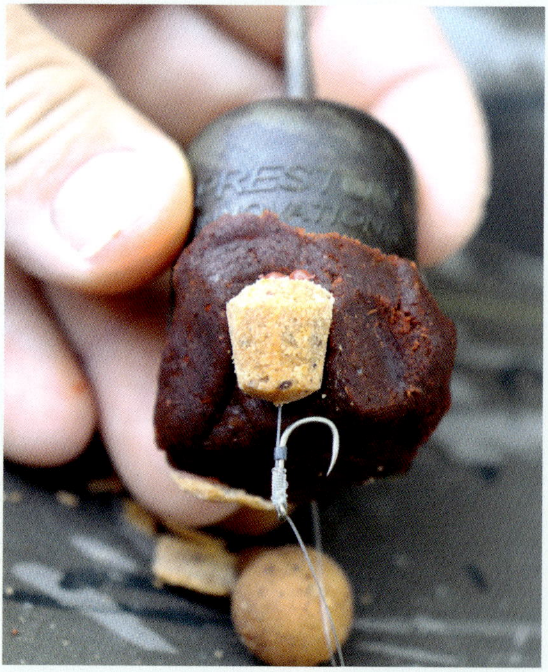

Vorsicht ist dennoch geboten. Wer diese Teig-Methode mit zu kleinen Feeder-Modellen ausübt, riskiert Fehlbisse. Denn es kann vorkommen, dass ein Karpfen oder ein Wels den ganzen Feeder kurzzeitig einsaugt und ihn damit um einige Zentimeter versetzt. Deshalb mein Rat an dieser Stelle: keine zu kleinen Modelle verwenden!

Ganz gleich für welche Feeder-Variante Sie sich entscheiden: Ich kann Ihnen versichern, dass ein Method Feeder in den meisten Gewässern seine Abnehmer findet. Nicht zuletzt aufgrund seiner intensiven Lockwirkung und der attraktiven Präsentation des Hakenköders inmitten des Futters. Das Angeln mit dem Method Feeder ist spannend und zugleich eine kultige Methode, um jene Fische zu fangen, die Sie mit gewöhnlichen Montagen bislang nicht fangen konnten.

Oberflächen-montagen

Ihre Montagen liegen unangetastet am Gewässergrund? Die Fische scheinen nicht an der Nahrungsaufnahme interessiert? Sie fürchten das berüchtigte Sommerloch? Das kann ein Trugschluss sein. Oft halten sich nun die Fische in den oberen Wasserschichten auf, auch an der Wasseroberfläche. Dort nehmen sie ihre Nahrung auf.

Brotstücke von fütternden Passanten, Wasserkäfer, Mücken sowie andere Insekten treiben speziell im Sommer an der Wasseroberfläche – für Friedfische eine willkommene Nahrungsquelle.

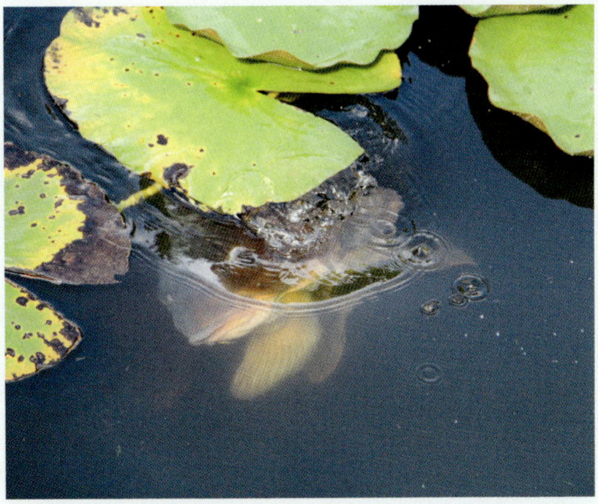

Erst wenn die Fische unvorsichtig werden, sollten wir unsere Oberflächenköder auswerfen.

Viele Angler nehmen davon kaum Notiz. Selbst dann nicht, wenn die ansonsten so vorsichtigen Fische ohne Argwohn die umher treibende Nahrung von unten einsaugen. Wer nun auf eine Oberflächenmontage setzt, kann einen spannenden Angeltag erleben.

Um erfolgreich an der Oberfläche zu angeln, brauchen Sie nicht einmal viel Zeit. Oft genügen ein paar Stunden. Suchen Sie die Wasseroberfläche nach Bugwellen oder Ringen ab – dort sind Sie richtig. Scheint die Oberfläche still und regungslos, dann bringen Sie doch Schwung in die Sache: Füttern Sie Brotstückchen, auftreibende Hundefutterkroketten oder auftreibende Forellenpellets, bis sich die Fische an diesen laben. Werden die Fische verfressen und unvorsichtig, beginnen Sie zu angeln. Hierzu eignet sich die Bolt Machine. Dank des Gewichts der Bolt Machine können Sie die Fische selbst auf große Distanzen anwerfen. Ideal ist es, wenn Sie den Wind mit einbeziehen. Lassen Sie die Bolt Machine mit dem Oberflächenköder und ihrem Futter ins heiße Areal der Fische treiben.

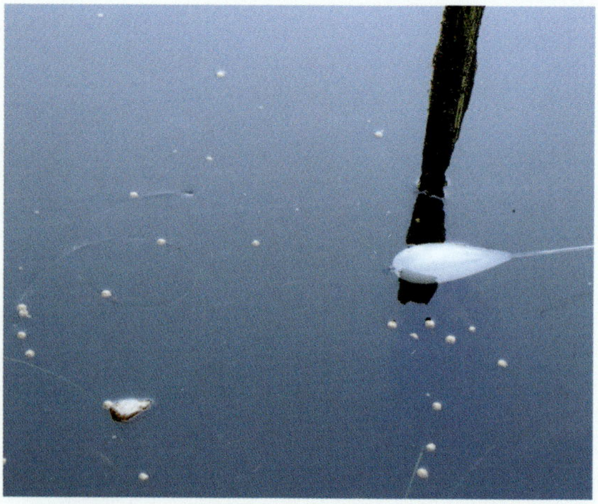

Bolt Machine: eine spezielle Oberflächenpose, die mit Hilfe eines Wirbels fixiert wird.

Das zirka einen Meter lange Vorfach erstreckt sich dann bis hoch zur Wasseroberfläche.

Oberflächenköder können sowohl Insektenimitate als auch Brotkrusten sein. Künstliches Brot und Brötchenimitate sind ebenfalls einen Versuch wert. Vor allem in Gewässern mit einem hartnäckigen Weißfischbestand macht es Sinn, seine Brotkruste in einer Bread Bomb zu sichern. Das ist eine Silikonschlaufe, die man über den Hakenschenkel schiebt und die das Brötchen am Haken hält.

Wollen Sie verhindern, dass Ihr Köder abdriftet oder wollen Sie gar dicht unter der Wasseroberfläche angeln, sozusagen stationär, können Sie auf den Zig Float zurückgreifen. Der Zig Float wird als eine Art Unterwasserpose an einem Laufblei angeboten. Das Prinzip: Die Hauptschnur durchläuft das Blei (welches am Grund liegt), führt von dort senkrecht nach oben und endet an einem Wirbel, der im auftreibenden Zig Float steckt. Am anderen Ende dieses Wirbels wird ein dünnes, unauffälliges Vorfach angeknotet. Auch dieses Vorfach treibt auf, es streckt sich also weiter Richtung Wasseroberfläche, wo schließlich der ebenfalls auftreibende Hakenköder dicht unter der Oberfläche gehalten wird.

Nach dem Auswerfen schweben Zig Float und Köder noch dicht über Grund. Dann geben sie dem Zig Float so viel Schnur, dass er bis auf die gewünschte Höhe auftreibt. Beispiel: Soll der Köder bei neun Meter Wassertiefe dicht unter der Wasseroberfläche stehen, geben Sie dem Zig Float acht Meter Auftrieb (indem Sie die acht Meter Schnur von der Rolle ziehen).

Sicher gelandet: Gleich zwei Karpfen gierten nach meinen Oberflächenködern.

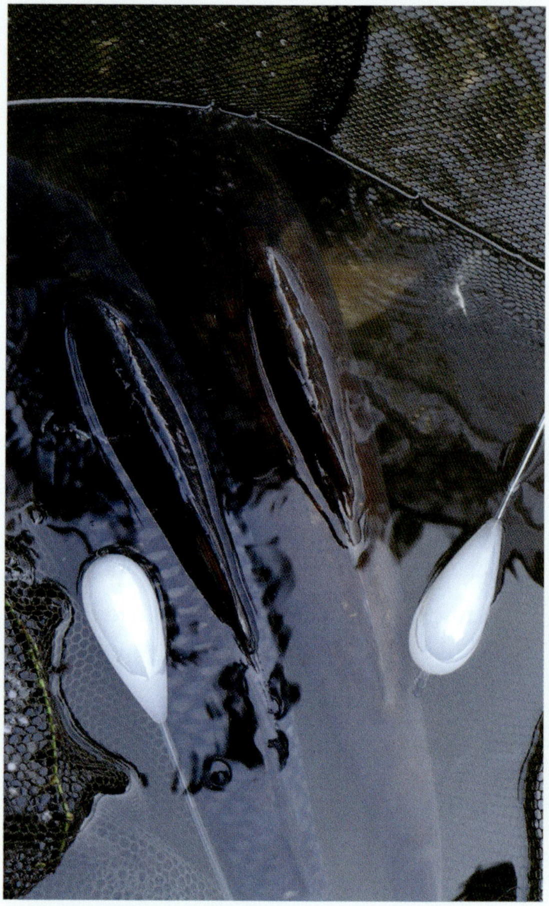

Zig-Montagen

Wissen Sie, wo selbst in stark beangelten Gewässern so gut wie kein Angeldruck herrscht? Im Mittelwasser.

Die meisten Friedfischangler angeln am Grund, wenige an der Oberfläche und so gut wie keiner im Mittelwasser. Deshalb nehmen die Fische einen Köder in den mittleren Wasserschichten ohne großen Argwohn auf. Vorausgesetzt sie schwimmen dort umher.

2018 war ich in Kroatien. Die dortige Kiesgrube beherbergt bei 40 Hektar Wasserfläche über 1000 Karpfen. Drei von ihnen wiegen über 40 Kilogramm. Rund um den See saßen 30 eingefleischte Karpfenangler. Sie waren heiß auf Karpfen und angelten mit Grundmontagen. Leider tat sich kaum etwas an den Bodenködern. Die Karpfen sprangen und rollten an der Oberfläche. Am Tage gab es so gut wie keine Bisse.

Es war Jamie Clossick aus England, der als erster seine Zig-Rigs raus kramte. Er angelte mit seinen drei zur Verfügung stehenden Ruten konsequent mit Zig-Rigs. Bei fünf Meter Wassertiefe bot er je einen Zig-Köder in zwei, drei und vier Metern Wassertiefe an. Das Ergebnis dieser Vorgehensweise waren rasante Bisse – zur Mittagszeit! Er fing mehrere Fische bis über 20 Kilo in Zeiten, in denen alle anderen Angler am See leer ausgingen. Erst in der Nacht fühlten sich die Karpfen sicher und begannen, am Grund zu fressen. Am Tage aber erwiesen sich Zig-Rigs als bessere Variante. Um effektiv mit diesen Rigs zu angeln, ist es wichtig, eine äußerst unauffällige Vorfachschnur zu verwenden. Ich

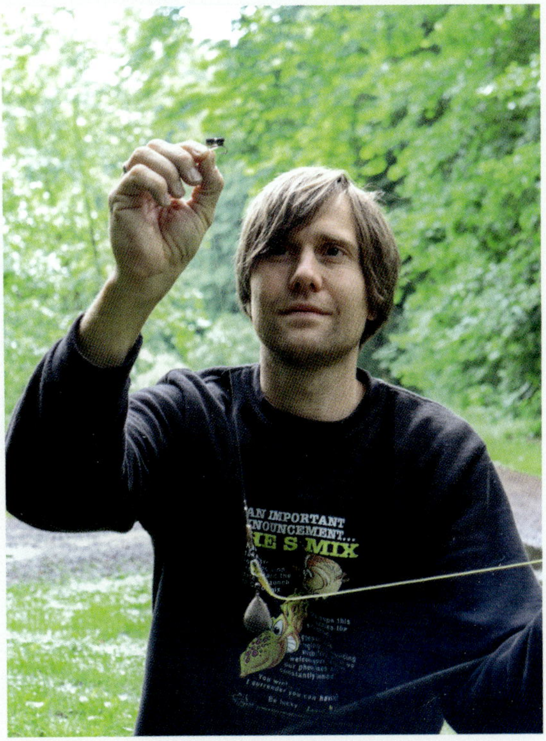

Ein Zig-Rig mit Schaumstoff als Hakenköder, bereit für den Einsatz am Parkteich.

nutze (wie auch Jamie) die Zig Flo-Schnur von Nash, ein Monofilvorfach, das unter Wasser so gut wie unsichtbar ist.

Die Hauptschnur sollte ebenfalls möglichst dünn gewählt werden. Zum einen, um so unauffällig wie möglich zu angeln. Zum anderen, um den Auftrieb des Hakenköders nicht zu beeinträchtigen. Denn eins dürfen Sie nicht vergessen: Ein winziges Stück Schaumstoff oder ein Mini-Pop-up muss das Gewicht des Haken und das Gewicht des Vorfachs tragen. Je länger und dicker das Vorfach, desto schwieriger wird es. Aus diesem Grund empfehle ich, die Vorfachlänge nie langer als 1,5 Meter zu wählen. Wollen Sie den Zig-Köder nur bis zu 1,5 Meter vom Grund auftreiben lassen, genügt es, das Vorfach an eine Festbleimontage zu knüpfen. Brauchen Sie aber

– wie damals Jamie – mehr Auftrieb, weil sie den Köder drei, vier Meter oder sogar noch höher über Grund anbieten wollen, müssen Sie einen Zig Float vorschalten. Diesen Zig Float habe ich bereits im Abschnitt über die Oberflächenmontagen beschrieben.

Wichtig beim Zig-Rig-Angeln ist das Putzen des Vorfachs. Ja, Sie haben richtig gelesen. Wenn Sie die Montage einholen und erneut auswerfen, sollten Sie peinlichst darauf achten, dass Ihr Vorfach sauber und ohne Knicke ist. Im Wasser gibt es Schwebstoffe, die sich auf der Schnur ablagern wie Staub auf der heimischen Schrankwand. Das macht die eigentlich unsichtbare Schur für Fische sichtbar. Weil sich der Durchmesser der Schnur verdickt. Das reduziert die Chance auf einen Biss.
Also: Schnur putzen! Mit einem leicht befeuchteten Brillenputztuch, zur Not mit dem T-Shirt. Ziehen Sie mehrfach das Vorfach durch das Putztuch, welches sie mit zwei Fingern zusammenpressen.
Lassen Sie aus diesem Grund ihre Zig-Montage nicht zu lange am Spot. Holen Sie nach 30 bis 60 Minuten Ihre Montage ein, putzen Sie das Vorfach, wechseln Sie eventuell den Köder in Farbe oder Aussehen und werfen Sie erneut aus. Übrigens: Meist erfolgen die Bisse bei Zig-Rigs unmittelbar nach dem Auswerfen.

Freie Leine

Wer braucht schon eine aufwändige Montage, wenn es auch einfach geht? Oder lassen Sie mich es folgendermaßen ausdrücken: Angeln an der freien Leine, also ohne jedes Beiwerk wie Blei, Method Feeder oder Pose, nur mit Schnur und Haken, kann so einfach und doch so kompliziert sein. Es ist angeln in seiner reinsten Form.

Es war einmal am Cavagnac, einem See weit im Süden Frankreichs, wo ich beim Angeln mit der freien Leine ein unvergessliches Erlebnis hatte. Der Cavagnac ist ein Stausee, den einst Kevin Nash für sich entdeckte, wo später Fische bis weit über 30 Kilogramm schwammen und der als unverwechselbares Charakteristikum sehr weiche Böden und weitläufige Seerosenfelder aufweist.

Es war an diesem Gewässer, wo sich einmal vor meinen Füßen exakt dasselbe Szenario abspielte wie am Parkteich zu Hause: Karpfen und Schleien fraßen ungehemmt direkt vor meinen Füßen, unmittelbar zwischen einem Busch, hinter dem ich mich versteckte, und einem Seerosenbeet – in nur zwei Metern Entfernung.
Kein Wunder, dass meine Grundmontagen weit draußen keine Bisse brachten. Hier, abseits der gewöhnlichen Angelstellen, rechneten die Fische nicht damit, dass sie beangelt werden. Der Weg an diesen Spot war unwegsam, er führte mich durch dichtes Unkraut, Disteln und Kletten. Doch nun war ich nah dran. Ganz nah. Ich zerkrümelte ein paar Boilies und warf sie vorsichtig ins flache, kaffeebraune Wasser. Meine Bodenblei-Montage hatte ich in Windeseile abgebissen, gekonnt mit dem Eckzahn. Dann knotete ich mein Vorfach mit dem Wirbel direkt an die Hauptschnur.

Den vorgeweichten Boilie ließ ich gleich dran. Ich hatte keine Zeit, einen neuen, trockenen Boilie aufzuziehen, der zudem eine Weile gebraucht hätte, um seine Attraktivität zu entfalten. Der vorgeweichte Köder war gleichzeitig mein einziges

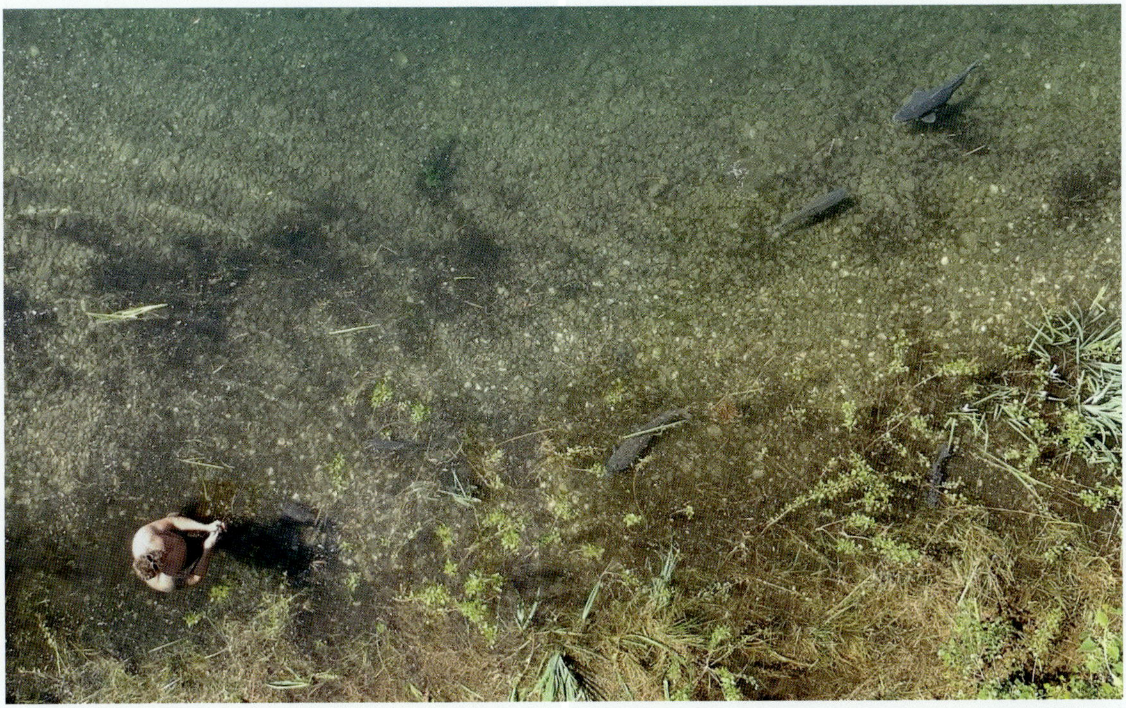

Angeln an der freien Leine: Keine andere Angelart ist so puristisch und so aufregend – oft Auge in Auge mit den Fischen.

Da steht er in unmittelbarer Ufernähe. Jetzt heißt es: Ruhe bewahren und hektischen Bewegungen vermeiden.

Wurfgewicht. Behutsam wippte ich ihn auf die Teichrosenblätter, auf denen er zum Liegen kam. Dann zupfte ich ihn vorsichtig zu mir, bis er direkt am vorderen Rand eines Seerosenblattes abrutschte und zu Boden fiel. Ich stellte die Bremse etwas lockerer und hielt kurz den Atem an.
Zwei Tage hatte ich ohne einen Anbiss verbracht. Vor Verzweiflung war ich am Ufer auf und abgelaufen, um die Fische zu finden und mir die Langeweile zu vertreiben. Nun hatte ich sie durch Zufall entdeckt.

Die locker ins Wasser hängende Schnur schnippte ab und an hin und her. Meine Erklärung für dieses Phänomen: Die Fische durchpflügten das Bodensediment, dabei schwammen sie in die Schnur, Bisse konnten das nicht sein. Unmittelbar hinter mir erstreckte sich eine Kuhweide. Ein Blick

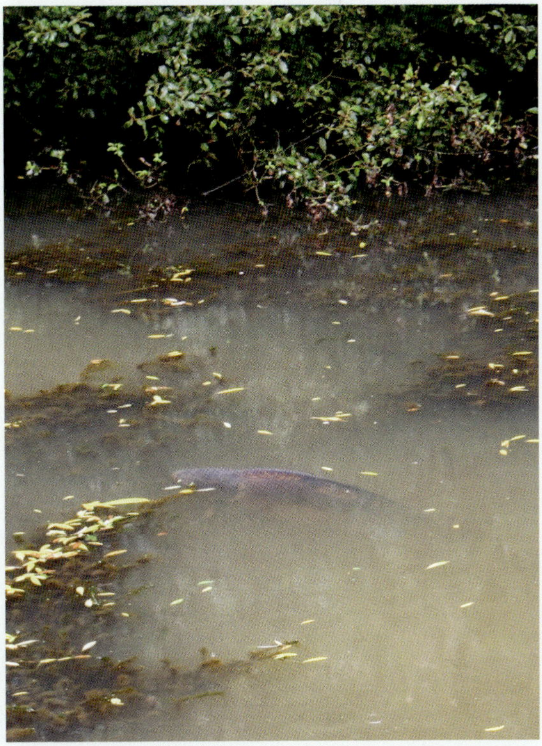

über meine Schulter nach hinten bestätigte meine Befürchtung: Zwei der gescheckten Rinder hatten sich auf den Weg zu mir gemacht. Nein, nein, nein! Als sie schließlich hinter mir standen, streckte eine von ihnen ihre sabbernde Schnute über den rostigen Drahtzaun in Richtung meines Hinterns. Ich duckte mich, um Abstand zu gewinnen. Es ging um Zentimeter. Nur kein Interesse zeigen, dachte ich. Dann, Gott sei Dank, drehte sich das Freilandrind ab. Die Fische waren durch die beiden Wiederkäuer zum Glück nicht verscheucht worden. Noch immer stiegen braune Wolken an die Wasseroberfläche. Dann plötzlich ein Schlag in der Rutenspitze, die Rollenbremse surrte. Ich hielt dagegen, doch der Karpfen suchte zielstrebig Schutz in den Seerosen und schwamm im Zick-Zack-Kurs durch das Grünzeug.

Mir blieb nur, ins Wasser zu steigen, um dem Fisch zu folgen. Die Brühe war gerade mal einen halben Meter tief, dazu kamen geschätzte 50 Zentimeter butterweicher Schlamm. Bis zum Oberschenkel stand ich in der Brühe, doch der Fisch war nicht zu bremsen.

Den Kescher hatte ich gerade noch zu fassen bekommen, bevor ich ins Wasser gestiegen war. Als ich nun inmitten der Seerosen stand, stellte ich fest, dass mein Kontrahent keinen Ruck mehr machte. Ich folgte der Schur mit den Fingern, ich fühlte an ihr hinunter ins Ungewisse. In diesem Moment zerstob meine Hoffnung, den Fisch noch am Haken zu haben: Ich konnte nur noch den Haken ertasten. Er steckte in einer der dicken Teichrosenwurzeln am schlammigen Boden des sagenumwobenen Lac de Cavagnac (Frankreich).

Das Angeln mit der freien Leine eignet sich exzellent, um Fischen in Ufernähe nachzustellen. Der entscheidende Vorteil dabei ist, dass Sie eigentlich ohne Montage unterwegs sind. Noch subtiler kann man kaum vorgehen: Kein großes Grundblei, kein Method Feeder, keine Pose. Bei dieser Methode ist höchste Konzentration gefordert. Einen beherzten Anhieb zu setzen, ist sehr wichtig. Der Anhieb erfolgt pätestens dann, wenn der Fisch mit dem Köder im Maul davonschwimmt. In meinem Fall am Cavagnac geschah das über ein gut wahrnehmbares Nach-vorn-Schnippen der Schnur, in anderen Situationen haben Sie vielleicht Glück und können den Fisch beobachten, wie er den Köder einsaugt.

Übrigens ist der beste Köder für das sogenannte Freelining nicht immer ein ausgewaschener Boilie, auch ein Madenbündel oder eine an den Haken gedrückte Brotflocke bringen Bisse. Beide Ködervarianten sinken langsam zu Boden. Das reizt die Fische ungemein und führt zu einem zielgerichteten, abrupten Biss. Auch hier gilt: ruhig etwas öfter den Köder auswerfen, um die verführerische Absinkphase zu wiederholen. Grundvoraussetzung dafür ist aber, dass Sie die Fische dabei nicht verschrecken.

GASTKAPITEL

Simon Crow

Simon Crow zählt zu Englands Top-Anglern, ist seit 25 Jahren in der Angelbranche zuhause und arbeitet heute bei der Ausrüsterfirma Avid. Crow fing die hochkarätigsten Karpfen Englands, auf dem europäischen Festland liegt sein persönlicher Rekord bei 36 Kilogramm. Crow ist der Autor des Buches „The Adventures of a Carp Angler“, in dem er unter anderem seine Anfänge an englischen Tageskartengewässern, seinen Sieg beim World Carp Cup 1996 sowie die Zeit als Chefredakteur von Carp Talk beschreibt.

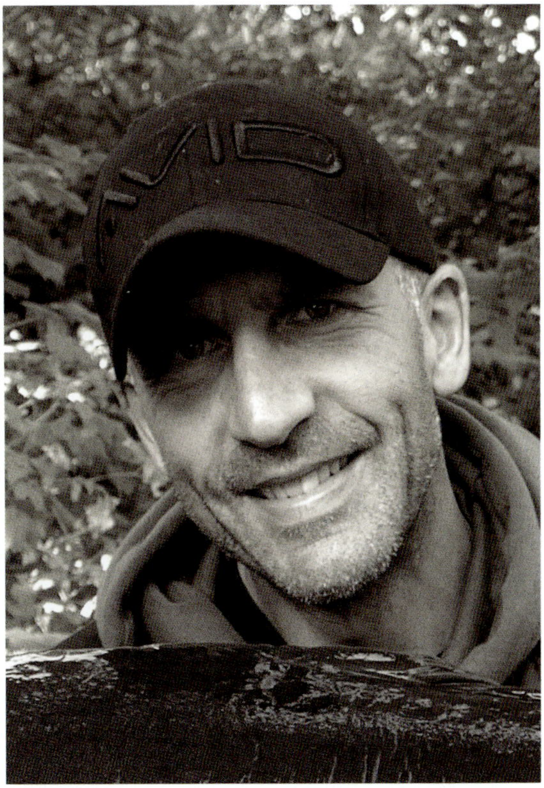

Simon Crow über die Rotfedern am Spitfire-Pool.

Small Water Monsters

Eines der bekanntesten britischen Karpfengewässer ist der Spitfire-Pool. Nur knapp einen Hektar klein beherbergt dieser See in der Grafschaft Norfolk 13 einzigartige Karpfen, die nur äußerst schwer zu überlisten sind. Manche Exemplare, bis zu 50 Pfund schwer, werden nur alle paar Jahre einmal gefangen.

Neben den Karpfen wachsen in diesem See auch Rotfedern gut ab. Das Problem: Es schwimmen derart viele Rotfedern im See, dass es schwierig ist, die großen Exemplare gezielt zu beangeln.

Unmögliches Unterfangen

Der Betreiber des Spitfire-Pools ist Rich Wilby. Er kümmert sich um diesen glasklaren See, der voller Vegetation und reich an Kleinstlebewesen ist. Als ich erstmals am Spitfire angelte, das war 2017, meinte Rich: „Unmöglich, dass du eine dieser großen Rotfedern in der Nacht fängst!“ Selbst ihm als erfahrenem Specimen-Angler gelänge es kaum, eine dieser großen Rotfedern zu überlisten. Egal zu welcher Tageszeit.

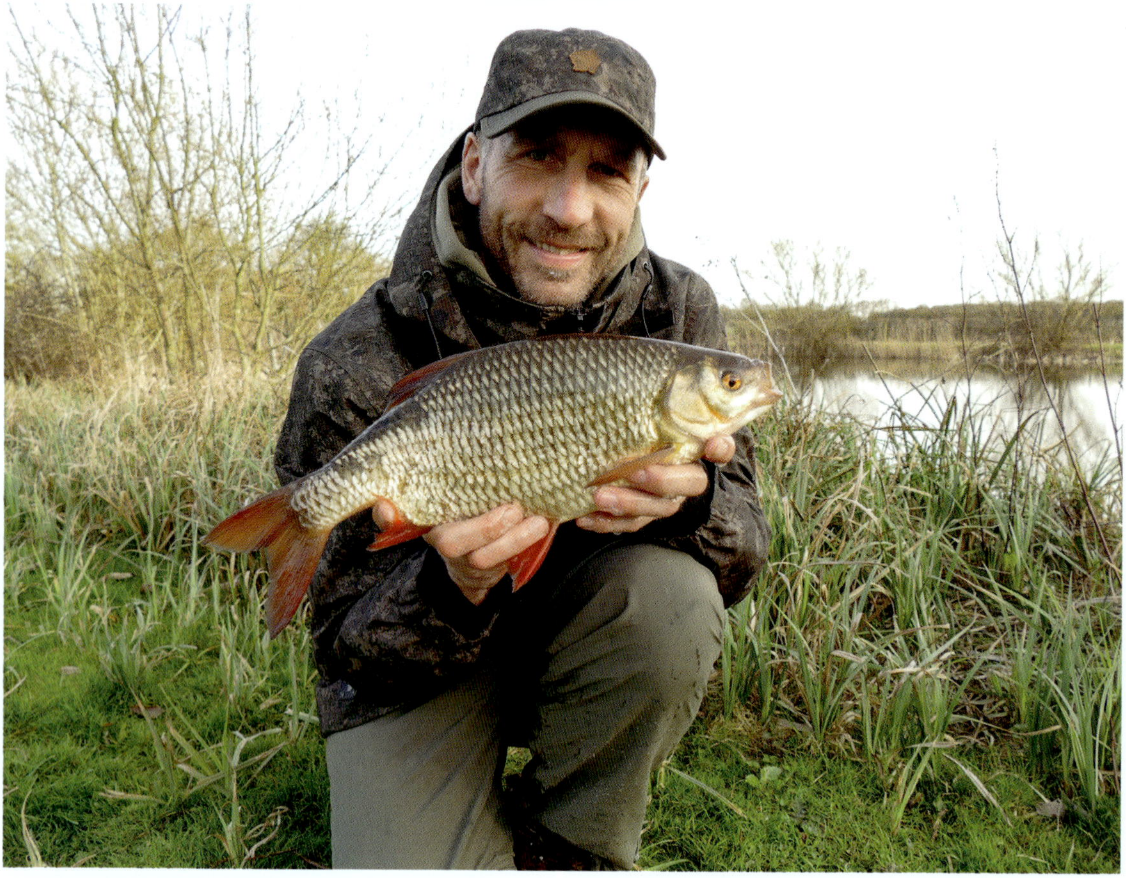

Da machte Simon Crow große Augen: eine Rotfeder mit 1,45 Kilo.

Tor zum Paradies: der Spitfire-Pool, eines der Topgewässer auf der Insel.

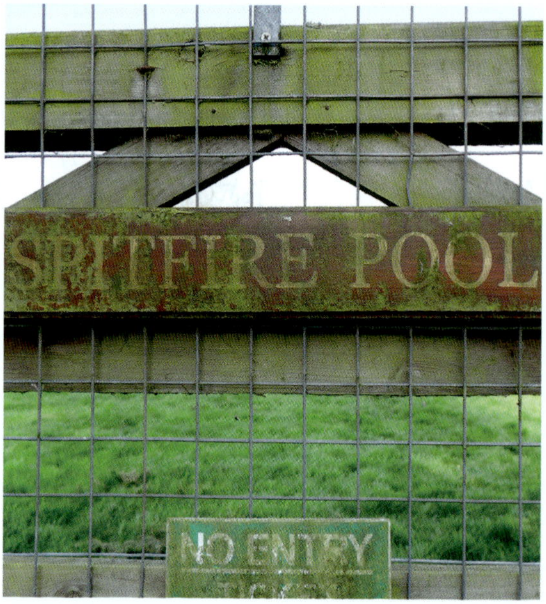

Rich glaubte, dass der See das Potential für eine Rotfeder mit einem Gewicht über 3 lb (lb = englisches Pfund) hat. Für England wäre das eine beachtliche Größe. Natürlich sind am Spitfire die Karpfen mein Hauptziel. Doch der Gedanke, eine Ausnahme-Rotfeder zu fangen, hatte einen gewissen Reiz. Ich würde mich allerdings durch die unzähligen kleineren Exemplare durchangeln müssen. Deshalb war für mich klar: Die klassischen Rotfederköder wie Maden, Mais oder Hanf kommen nicht in Frage. Vielmehr mussten es Karpfenköder sein. Das passte mir perfekt in den Kram, denn meine eigentliche Leidenschaft (und mein Beruf) ist das Karpfenangeln. Es wäre

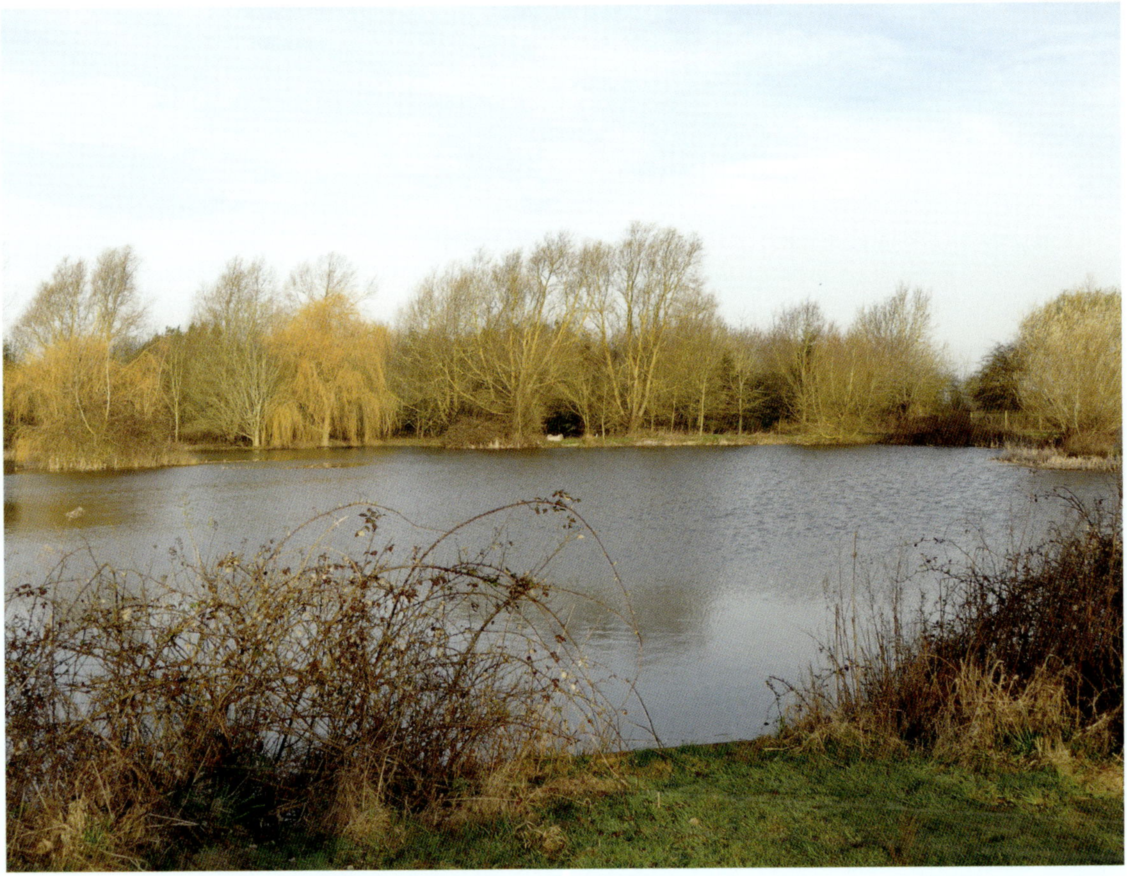

Am Spitfire bleiben viele Angler ohne Fisch, obwohl drei Ruten pro Angler erlaubt sind.

schlichtweg idiotisch, an solch einem Gewässer gezielt auf Rotfedern zu angeln und dafür eine Karpfenrute zu verschwenden, denn es darf nur mit maximal drei Ruten geangelt werden.

Exemplare über 3 lb

Bei meinem ersten Spitfire-Trip fing ich eine Rotfeder mit 2 lb. Eine zweite Rotfeder mit etwa derselben Größe verlor ich leider im Drill. Als Rich meine Buchung für 2018 bestätigte, erwähnte er, dass er die Rotfedern über die letzten zwölf Monate beobachtet habe und es mittlerweile Exemplare über 3lb geben müsse. Eine solche Rotfeder wäre für englische Verhältnisse ein beachtlicher Fang. Zumal die Spitfire-Rotfedern reinrassige Rotfedern sind – im Gegensatz zu den (größeren) Hybrid-Exemplaren, die aktuell im ganzen Land gefangen und falsch identifiziert werden.

Meine zwei Wochen, in denen ich alljährlich am Spitfire-Pool angle, liegen im April. Das ist eine der Topzeiten im Jahr, da dann die Vegetation zum Leben erwacht. Und mit ihr die Fische. Obwohl ich hier zu zweit angeln darf, buche ich den See immer exklusiv für mich und verteile meine Ruten rundherum an den wenigen krautfreien Stellen.

Lärm vermeiden

2018 passte alles zusammen. In meiner ersten Woche fing ich Joe, einen Karpfen mit 38 lb. In der zweiten Woche folgte Leney, einer der launischsten Karpfen des Sees, 35 lb schwer.

Für Leney musste ich mit dem Boot aufs Wasser und ihn aus dichtem Kraut befreien. Aufgrund der entstandenen Unruhe, so befürchtete ich, würde ich keine Chance auf einen weiteren Fisch haben. Denn an einem solch kleinen Gewässer nehmen die Fische jedes noch so kleine Geräusch wahr. Im Grunde gilt am Spitfire-Pool: etwas Lärm – und man blankt.

Am nächsten Morgen, als die Sonne aufging, konnte ich einige Karpfen beobachten. Es schien, als würden sie vor das Schilf am Ufer links von mir ziehen. Als ich vorsichtig einige Halme entfernte und durch das Schilf spähte, sah ich einen freigefressenen Spot und darauf etwa ein Dutzend massiver Rotfedern. Die größeren Fische hielten sich abseits des Schwarms auf. Ein Verhalten, das ich schon häufiger bei Rotaugen und Rotfedern beobachtet

Hier fing ich Leney, 16 Kilo schwer, einen der begehrtesten Spitfire-Karpfen. Er hatte sich tief im Kraut verschanzt.

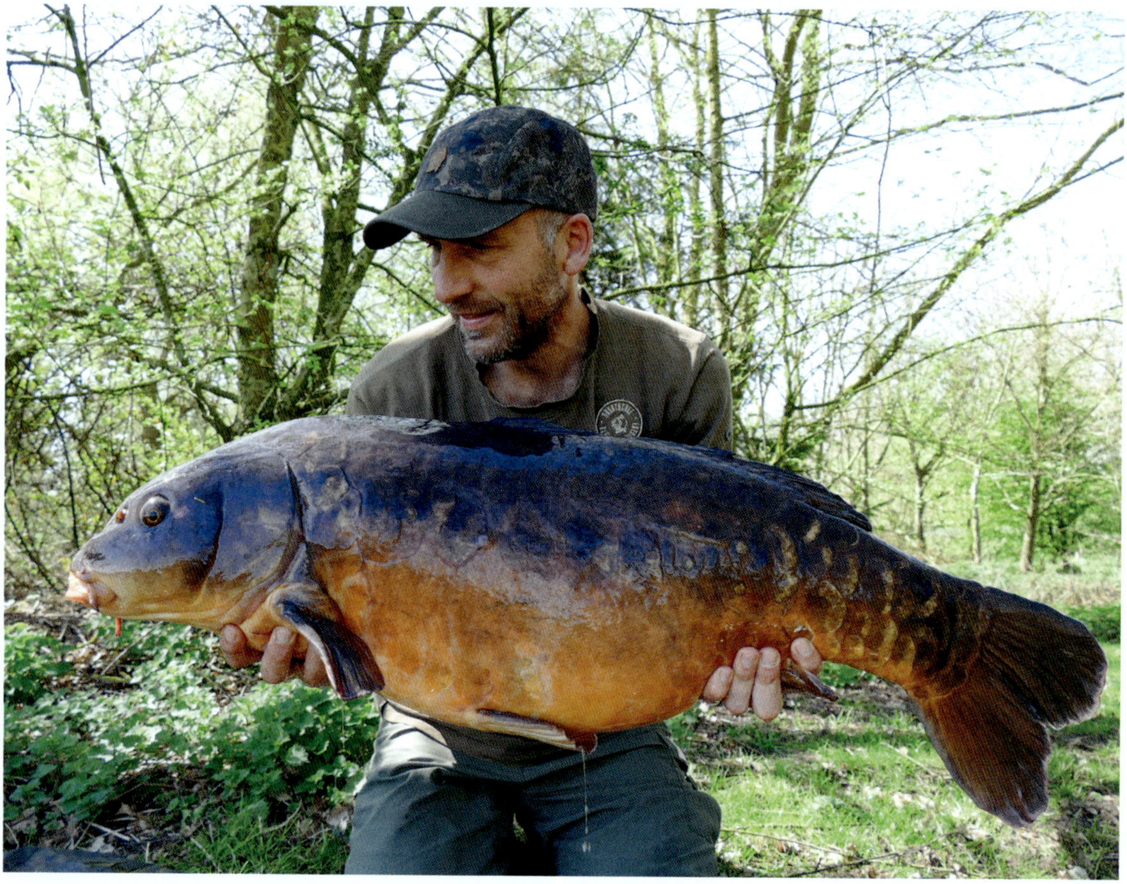

hatte. Von diesen Rotfedern konnte jedes einzelne Exemplar mein neuer Personal Best sein.

Brachialer Biss

Eine Stunde später feuerte meine Rute los. Der Biss war so brachial, dass ich dachte: Das muss ein Karpfen sein! Doch schon nach kurzer Zeit verspürte ich die typischen Kopfschläge eines kleineren Fisches.

Zunächst war ich ein wenig enttäuscht. Doch als ich den Fisch an der Wasseroberfläche sah, schlugen meine Emotionen ins Positive um. Es war nicht nur eine der großen Rotfedern, sondern es war die Größte von ihnen. Das war sofort zu erkennen, da ihr ein paar Schuppen vor der Schwanzflosse fehlten. Sie hatte keine Chance gegen meine 3lb-Karpfenrute und wie sie auf mich zutrudelte, wurde sie immer größer. Als schließlich mein großer Karpfenkescher sie verschluckte, kam Rich hinzu. Er hatte die Situation von weitem beobachtet und vermutete einen Karpfen. Beim Anblick der Rotfeder war er baff.

Noch nie hatte jemand eine Rotfeder über 3 lb in seinem kleinen See gefangen. Wir wogen den Fisch in Rotfederanglermanier – in einer Plastiktüte. Die Nadel blieb bei 3 lb und 2 oz (oz = Unzen) stehen.

Was für ein großartiges Erlebnis! Es war wohl das erste Mal in meiner Anglerkarriere, dass ich froh war, etwas anderes als einen Karpfen gefangen zu haben. Und das in einem winzigen 1-Hektar-Tümpel. Doch gerade in solchen Kleinstgewässern verbergen sich manchmal wahre Schätze: Giganten und Unikate, jedoch extrem schwierig zu fangen. Und wieder einmal erwiesen sich Boilies als exzellente Friedfischköder, selbst für kapitale Rotfedern.

VORFÄCHER

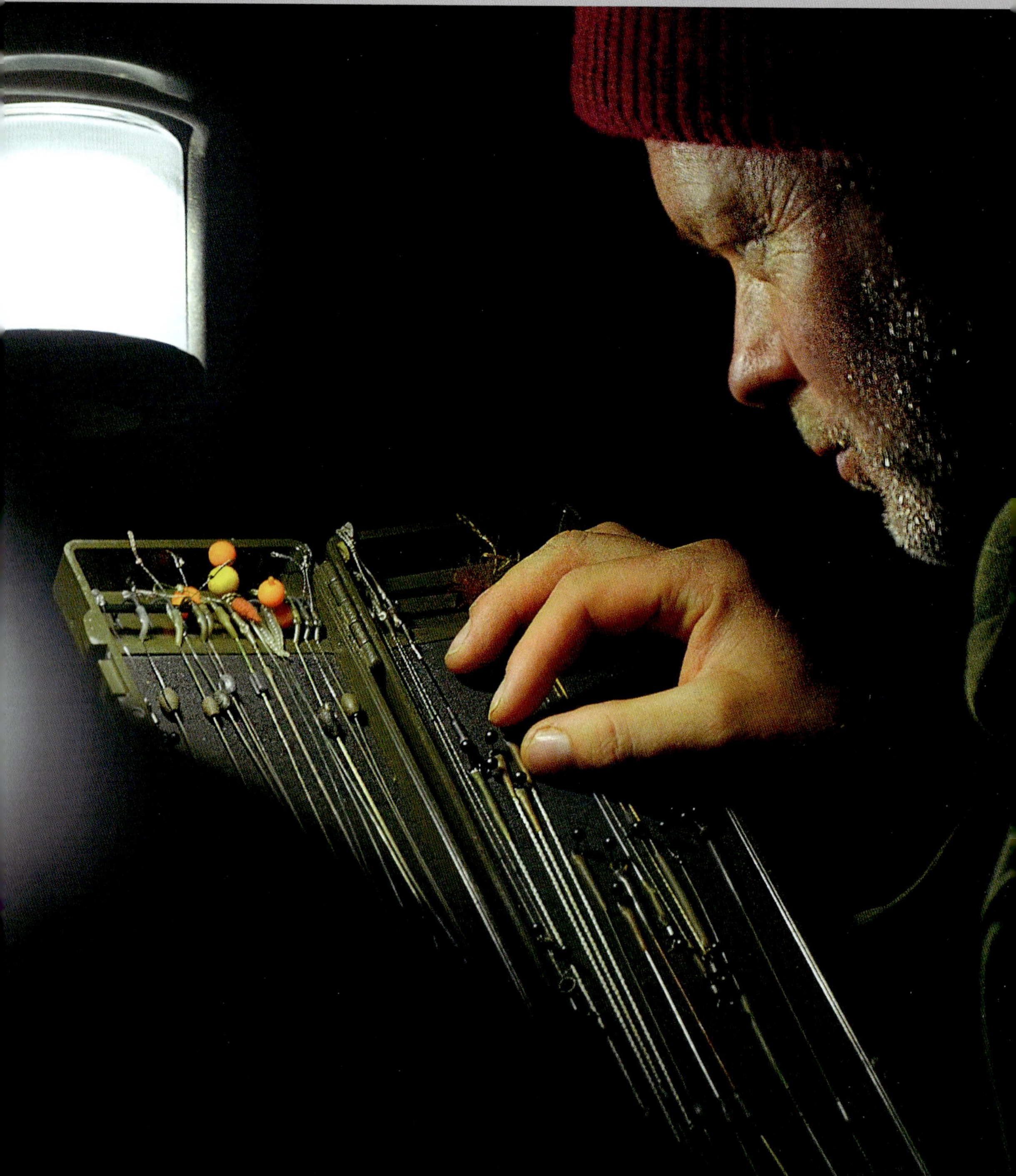

Welches nehme ich jetzt bloß? Das passende Rig für die jeweilige Angelsituation entscheidet maßgeblich über den Fangerfolg.

Vorfächer bzw. Rigs fürs Friedfischangeln mit Bodenblei gibt es unzählige. Alle Rigs aufzulisten, würde den Rahmen sprengen. Darum beschränke ich mich auf die fünf gängigsten Vorfächer.

Standard-No-Knot-Rig

Anwendung: Einfaches Allround-Rig aus weichem Geflecht. Funktioniert gut mit sinkenden Ködern oder Partikeln. Wegen des weichen Geflechts passt es sich an die Bodenkonturen an.

Aufbau: Ganz konventionell, ohne spezielle Features. Rig-Länge? 20 Zentimeter, bei tiefem Schlamm oder Bodenkraut rund 20 bis 30 Zentimeter, ansonsten gerne kürzer.

Einfach zu binden, kostengünstig, zuverlässig: das Standard-No-Knot-Rig.

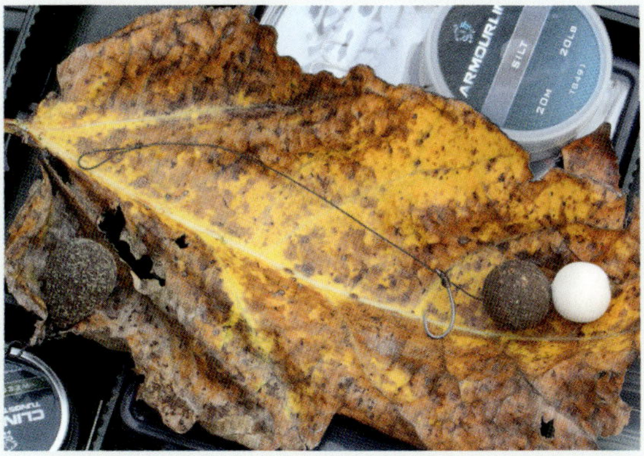

Im Winter, bei dezent beißenden Fischen, bis runter auf acht bis zehn Zentimeter. Leider verwickelt sich dieses Rig bei Gewaltwürfen sowie bei Brassen- oder Krebs-Attacken.

Vorteile: Schnell gebunden, unauffällig, natürliches Köderspiel. Kostengünstig, da wenige Rig-Bestandteile nötig.

Tipp: Mit einem Stück Silikonschlauch, über das Hakenöhr geschoben, verlängern Sie den Hakenschenkel. Ziehen Sie das Vorfach jedoch kurz vor dem oberen Ende des Silikons nach vorne (zur Hakenspitze hin) wieder raus. Das ergibt den sogenannten Line-Aligner-Effekt: Der Haken dreht beim Einsaugen besser in die Unterlippe des Fisches ein.

Stiff-Rig

Anwendung: Ein simples Rig, ähnlich dem Standard-No-Knot-Rig, nur aus Monofil-Material anstatt Geflecht. Für Bodenköder und Wafter (schwerelose Boilies) geeignet. Vertüddelt weder beim Auswerfen noch bei Brassenattacken. Gut für scheue Fische, da es kaum wieder auszublasen ist. Je steifer und kürzer das Rig, desto ausgeprägter diese Vorteile. Weil der Knoten der Haarschlaufe bei Monofilschnüren ab 0,35 Millimeter sehr dick ausfällt, verwende ich stattdessen eine praktische Köderschraube. Diese ermöglicht eine einfache Köderbefestigung. Ideal für harte Wafter-Boilies und Tigernüsse.

Aufbau: Ich nutze meist eine 0,50er Monofilschnur in 15 Zentimeter Länge. Das Haar kann ebenfalls aus der Monofilschnur

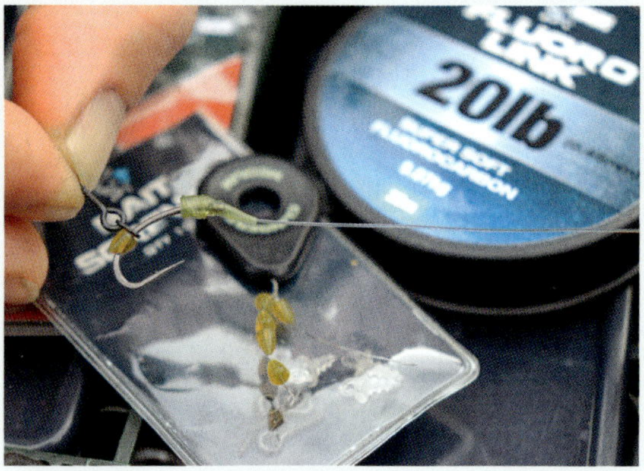

Das Stiff-Rig fängt auch scheue Fische.

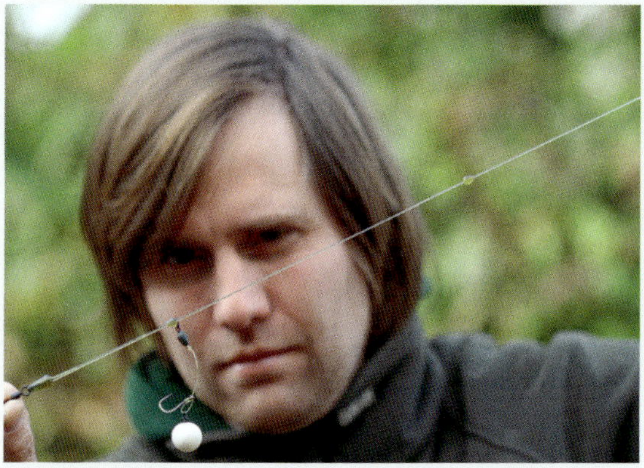

Fängt dort, wo alle anderen Rigs versagen: Das Chod-Rig eignet sich ideal fürs Angeln bei Kraut und auf tiefem, weichem Schlamm.

hergestellt werden. Für ein besseres, natürlicheres Köderspiel kann man das Haar separat, aus weichem Geflecht anfertigen.

Vorteile: Geeignet für Gewässer mit vielen Krebsen und Brassen. Sehr unauffällig bei Verwendung von Fluorocarbon-Monoschnur. Kostengünstig, da wenige Bauteile nötig und Mono-Schnur günstiger ist als Geflecht.

Chod-Rig

Anwendung: Ein Pop-up-Rig, um über leichtem bis mittlerem Kraut zu angeln. Eignet sich auch für weichen, schlammigen Boden.

Aufbau: Das Chod-Rig ist quasi ein Helicopter-Rig. Das aus steifem Monofil gebundene und drei bis fünf Zentimeter kurze Pop-up-Rig gleitet mittels eines Ringwirbels frei auf dem Leader oder der Hauptschnur. Nach unten hin (Blei) und nach oben hin (Rute) wird es jeweils von einer Perle auf dem/der Leader/Hauptschnur gehalten. Das Blei taucht nach dem Wurf ins Kraut oder in den Schlamm ein, der Leader mit dem Mono-Pop-up-Rig legt sich sanft aufs Kraut oder auf den Schlamm. Wichtig: Nach dem Auswerfen sollte man die Schnur nicht nachspannen. Sie würden damit die saubere Präsentation des Köders auf dem Kraut gefährden und das Rig samt Köder ins Kraut ziehen.

Vorteile: Verwicklungsfrei, perfekte Köderpräsentation auf unsauberen oder weichen Böden, ideal zum Anwerfen von Fischen, wenn ich nicht weiß, wie an der jeweiligen Stelle der Untergrund beschaffen ist. An diesem Rig ist der Köder gut präsentiert, selbst wenn dort Bodenkraut wächst oder Schlamm liegt.

Hinged-Stiff-Rig

Anwendung: Es ist ein Kombi-Rig, bestehend aus zwei Materialien. Wird mit Pop-up-Ködern geangelt. Für weite Würfe

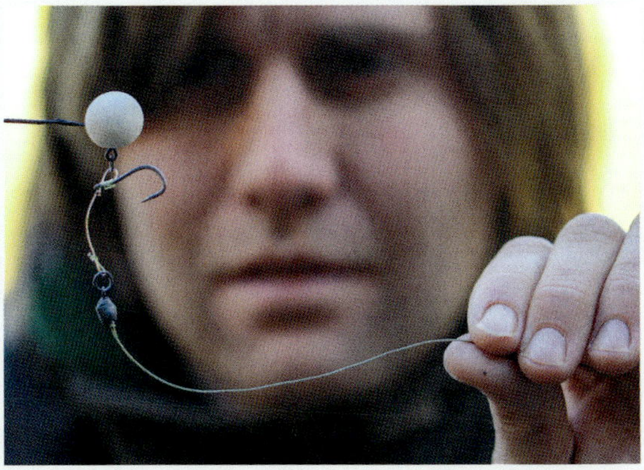

Das Hinged-Stiff-Rig ist geeignet für weite Gewaltwürfe.

geeignet. Erlaubt eine optimale Köderpräsentation selbst über unsauberen Böden.

Aufbau: Wie beim Chod-Rig kommt ein drei bis fünf Zentimeter kurzes Pop-up-Rig aus steifer Mono-Schnur zum Einsatz. Dieses Mono-Rig wird an den Ring eines Ring-Wirbels geknotet, vom anderen Ende dieses Wirbels führt ein 15 bis 20 Zentimeter langes, ummanteltes Vorfach weg.

Das ummantelte Vorfach liegt auf dem Grund auf, das Mono-Vorfach ragt senkrecht nach oben. Das Tönnchen des Verbindungswirbels wird mit Knetblei ummantelt, um den Auftrieb des Pop-ups auszugleichen und ihn in Position zu halten.

Vorteile: Verheddert selbst bei Gewaltwürfen auf Entfernungen von 130 Metern nicht. Ideal, wenn der Boden mit Laub oder Kraut bedeckt ist, weil der Köder drei bis fünf Zentimeter über dem Grund schwebt.

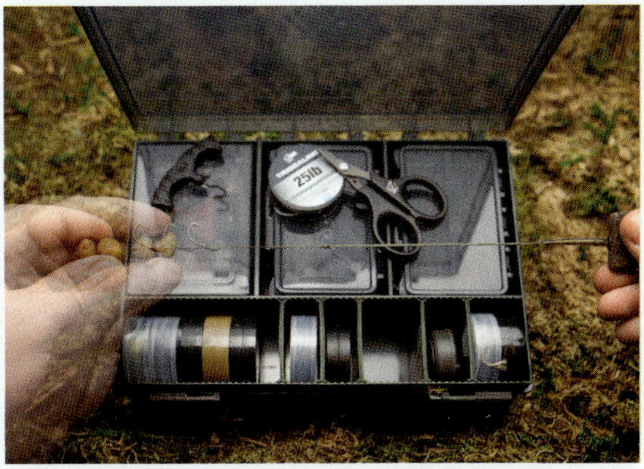

Die Fische fressen, haken sich aber nicht? Dann ist die Zeit reif für das Bungee-Rig.

Bungee-Rig

Anwendung: Für Fische, die unter starkem Angeldruck stehen. Denn die haben gelernt, den Haken nach dem ersten, leichten Einstechen wieder abzuschütteln. Das Bungee-Rig verhindert dies – weil es sich dehnt und damit die Kopfstöße des Fisches abpuffert.

Aufbau: Wählen Sie ein kurzes Rig (drei bis zehn Zentimeter lang), egal ob aus Geflecht oder Mono, und kombinieren Sie es mittels Ring-Ring oder eines kleinen Wirbels mit dem dehnbaren Triggalink-Material der Firma Nash. Dieses Triggalink-Material ist im trockenen Zustand nicht dehnbar. Erst im Wasser wird es flexibel wie ein Gummi. Beachten Sie, dass es sich unter Feuchtigkeit zusammenzieht und ein Drittel seiner Länge einbüßt. Wollen Sie also das Bungee-Rig 20 Zentimeter lang haben, müssen Sie 30 Zentimeter Triggalink verwenden.

Vorteile: Erfahrene, konditionierte Fische sind wieder fangbar. Das weiche, dehnbare Triggalink passt sich gut den Bodenkonturen an.

JAHRESZEITEN

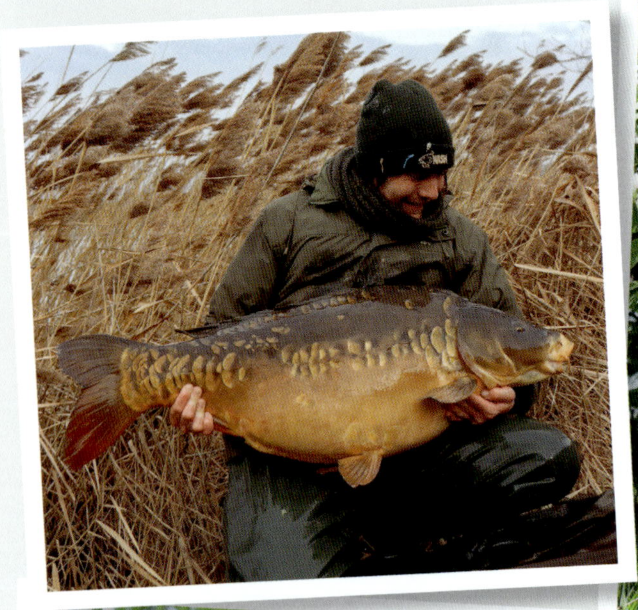

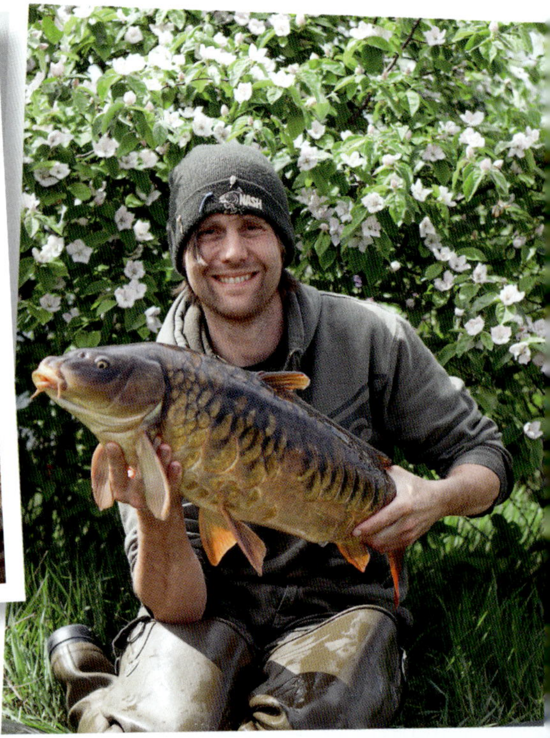

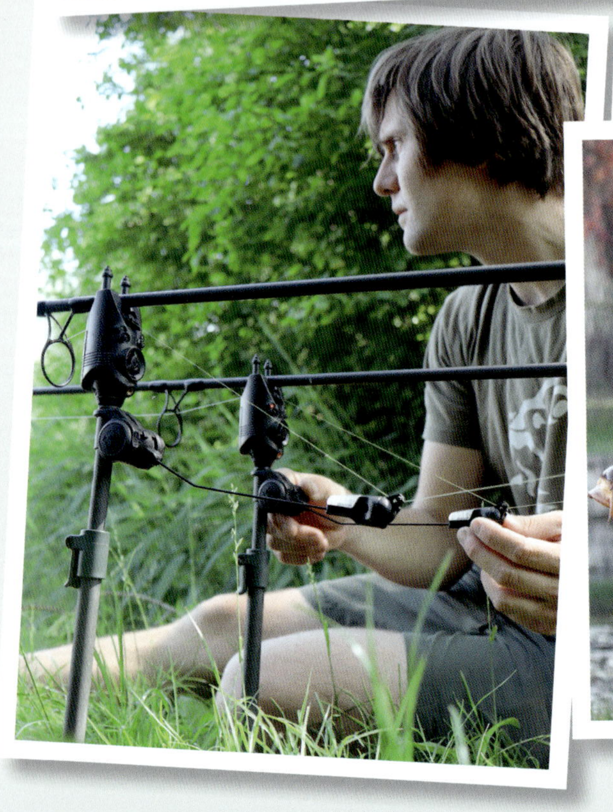

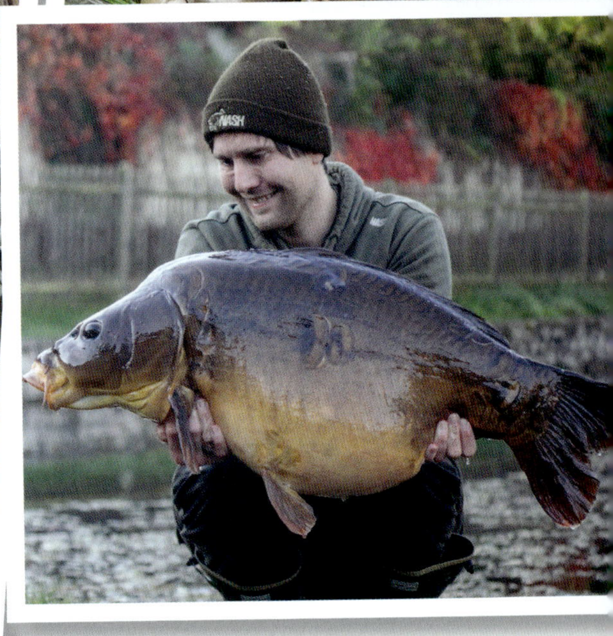

Angelpausen gibt es nicht. Jede Jahreszeit begleitet mich auf dem Weg zum Wasser mit Höhen und Tiefen.

Ganz gleich ob das Hoffnung spendende Frühjahr, der heiße Sommer, der melancholische Herbst oder der erbarmungslose und nicht enden wollende Winter: Alle Jahreszeiten haben einen maßgeblichen Einfluss auf unser Angeln, auf unsere Motivation und auf unsere Gemütslage. Was im Frühjahr mit Leichtigkeit gelingt, kann spätestens im Winter an die Substanz gehen. Die Jahreszeiten mit ihren Naturgewalten machen das Friedfischangeln so facettenreich. Die große Herausforderung für jeden Friedfischangler besteht darin, so viele Fischarten wie möglich zu fangen, in kapitalen Größen und nicht zuletzt zu jeder Jahreszeit.

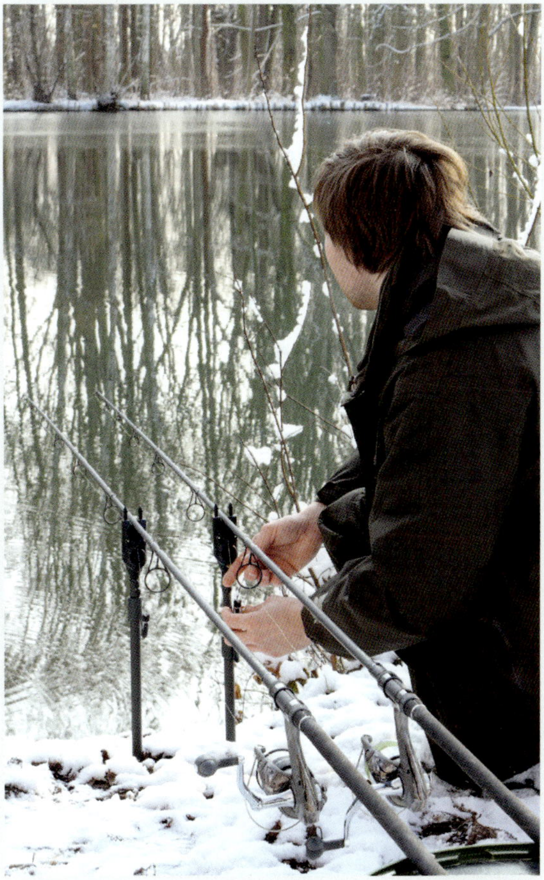

Eisige Kälte, klamme Finger sowie wenige und vorsichtige Bisse: Der Winter ist für Friedfischangler die größte Herausforderung.

Winter

Der Winter – er kann Sie in die Verzweiflung treiben. Nehmen wir die Schleie. Versuchen Sie einmal, eine Schleie im Winter zu fangen. Mir gelang es einst als Jungangler. Am Fluss, bei eisigen Minustemperaturen. Ich gestehe: es war reiner Zufall. Erst 18 Jahre später erblickte ich die nächste Winterschleie. Es war bei Ronny de Groote, der belgischen Karpfen-Ikone. Er fing sie als Beifang bei unserem gemeinsamen Karpfenansitz, im Dezember mit Chod-Rigs und 15-Millimeter-Pop-ups, an meinem Vereinssee. Ich war perplex.

Von da an hatte ich ein neues Ziel: Schleien im Winter am Vereinssee zu überlisten. Erst drei Jahre später, nach unzähligen Ansitzen fing ich sie. Es war meine erste Schleie an

Danke, Döbel! Diese Fischart beißt auch im Winter.

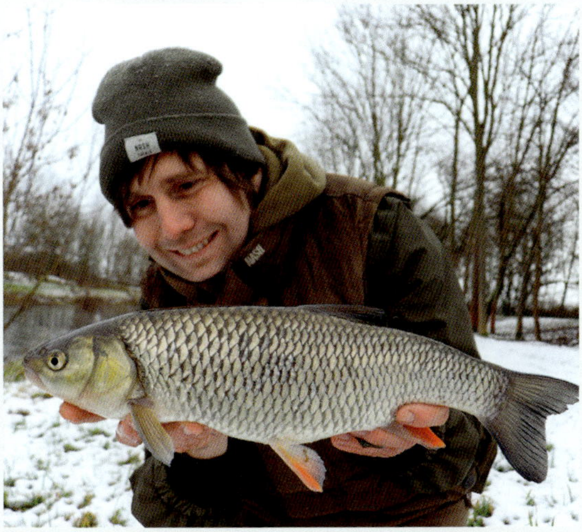

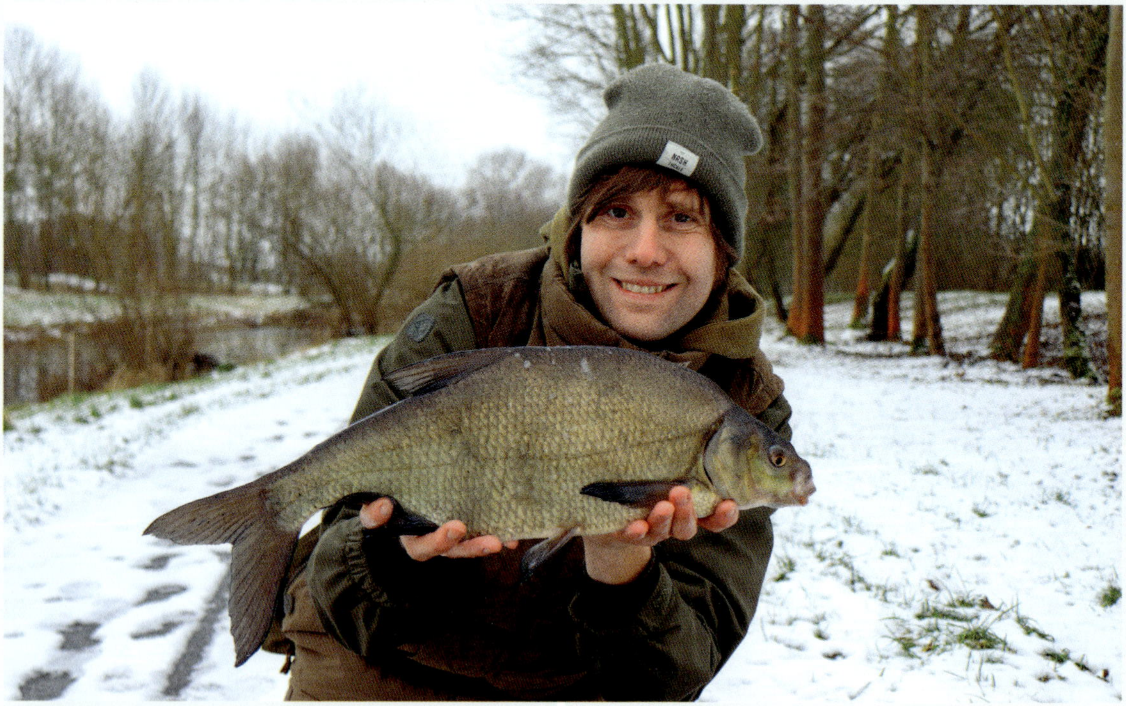

Brassen bei Schnee und Eis: Besonders aktiv sind diese Fische, wenn sich das Wasser durch Hochwasser eingetrübt hat.

einem stehenden Gewässer im Februar. Wenn ich Ihnen etwas raten darf: Versuchen Sie das mit der Schleie im Winter erst gar nicht. Zu gering sind die Erfolgschancen. Der Winter ist eine bizarre Jahreszeit. Aufgrund der niedrigen Temperaturen fahren die Fische ihren Stoffwechsel fast auf null runter. In Schulen harren sie im kalten Wasser aus und nehmen meist nur in kleinen Zeitfenstern ein wenig Nahrung zu sich. Da das winterliche Wasser in der Regel klar ist, lohnt es sich, unauffällig zu angeln. Dünne Schnüre (0,20 – 0,30 Millimeter) und kleine Haken sind für den Fisch schwierig auszumachen und liefern eine gute Bissanzeige. Die Fische haben, bedingt durch das kalte Wasser, ihre Bewegungslust eingebüßt. Darum fallen die Bisse und der Drill eher unspektakulär aus. Mobiles Angeln mit wenig Futter zahlt sich im Winter aus. Vor vielen Jahren angelte ich im Winter für mehrere Tage am selben Platz. Ich wollte es aussitzen. Doch ich blieb weitestgehend erfolglos. Erst als ich nur noch wenige Stunden am Tag angelte, konnte ich meine Ausbeute steigern. Darum mein Rat: Angeln Sie jede Woche zwei bis drei Mal für je vier bis fünf Stunden an unterschiedlichen Plätzen. Setzen Sie dabei auf vorgeweichte oder mit heißem Wasser überbrühte Boilies bis 15 Millimeter Durchmesser. Oder angeln Sie mit Maden oder Teig. Füttern Sie nur 100 bis 250 Gramm Futter an. Setzen Sie dabei auf hochwertiges Grundfutter, das die Fische lockt, aber nicht sättigt.

Das ideale Wintergewässer ist der Fluss, denn er friert fast nie zu. Im Fluss schwöre ich auf die ruhigsten Bereiche, die ich finden kann. Dort halten sich die Fische

bevorzugt auf, weil sie an solch strömungsarmen Stellen am wenigsten Energie aufwenden müssen.
Noch einige Anmerkungen zur Angeltiefe: Zunächst einmal halte ich nichts von der These, dass im Winter die tiefste Stelle des Gewässers die beste ist. Dort unten im tiefen Keller, wo kaum Licht hinkommt, sollen sich Friedfische aufhalten? Fische, die das Licht und die Wärme lieben? Nein, das kann ich mir nicht vorstellen. Zumal solche Stellen oft von nährstoffarmem Faulschlamm bedeckt sind. Aber Sie dürfen im Winter gerne tief angeln (nur eben nicht an der allertiefsten Stelle). Vor allem in der Abkühlphase des Gewässers, also im frühen Winter: Da ist das Wasser unten oft wärmer als die oberen Schichten und zieht deshalb die Fische an.
Hier eine grobe Orientierung: An einem See mit einer Maximaltiefe von 25 Metern würde ich zwischen vier und zwölf Meter tief fischen. Es darf aber auch mal der Spot unter den ufernahen Büschen sein, in nur zwei Metern Tiefe. Dort finden die Fische ein schützendes Dach über ihren Köpfen, hier hängen Muscheln und Krebse am Totholz, und bei Sonnenschein erwärmt sich das Wasser.

Schau mal einer an: ein Fluss-Schuppi im tiefen Winter, über 20 Kilo schwer. Im strömungsarmen Bereich nahm er einen 15er-Boilie.

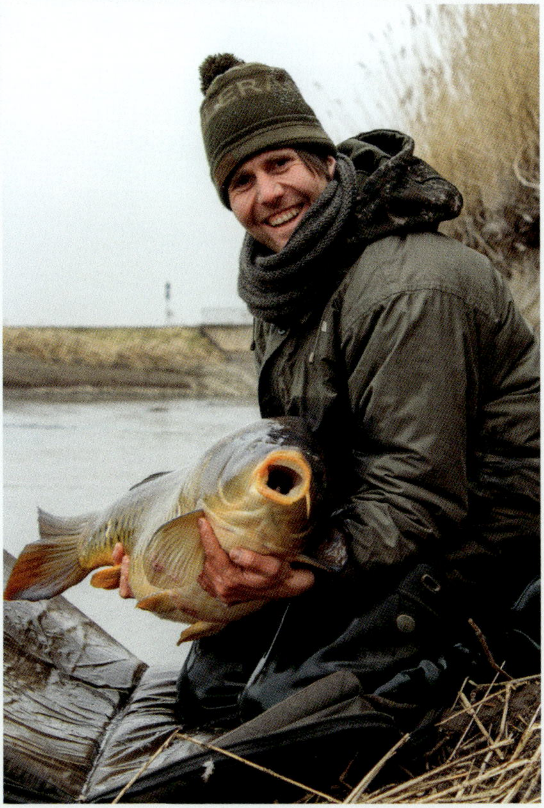

Noch ein Winter-Tipp: Stellen, an denen die Eisdecke im Spätwinter alljährlich als erstes auftaut, sollten Sie im Auge behalten. Dort scheint das Wasser einen Tick wärmer zu sein. Sei es aufgrund warmer Strömungen, wegen aufsteigendem Grundwasser oder weil dort die Sonne besser hin kommt. Egal wie tief oder flach dieses Areal ist: Dort sollten Sie angeln!

Frühling

Man sagt, das Frühjahr sei Gottes Entschuldigung für den Winter. Wenn die Temperaturen steigen und die Vögel zwitschern, kann beim Angeln nichts mehr schief gehen. Na, das hätten Sie wohl gerne! Aber so einfach ist es nicht. Vielmehr kann das Frühjahr für den Friedfischangler heimtückisch sein. Frühjahr bedeutet: Der Angler ist nach dem langen Winter hoch motiviert, die Fische sind es allerdings weniger. Sie zeigen sich bereits, gehen aber noch nicht auf Nahrungssuche. Das gilt vor allem für tiefe Gewässer. Im flachen Parksee jedoch erwacht das Leben oftmals vier Wochen früher als am 30 Meter tiefen Stausee.

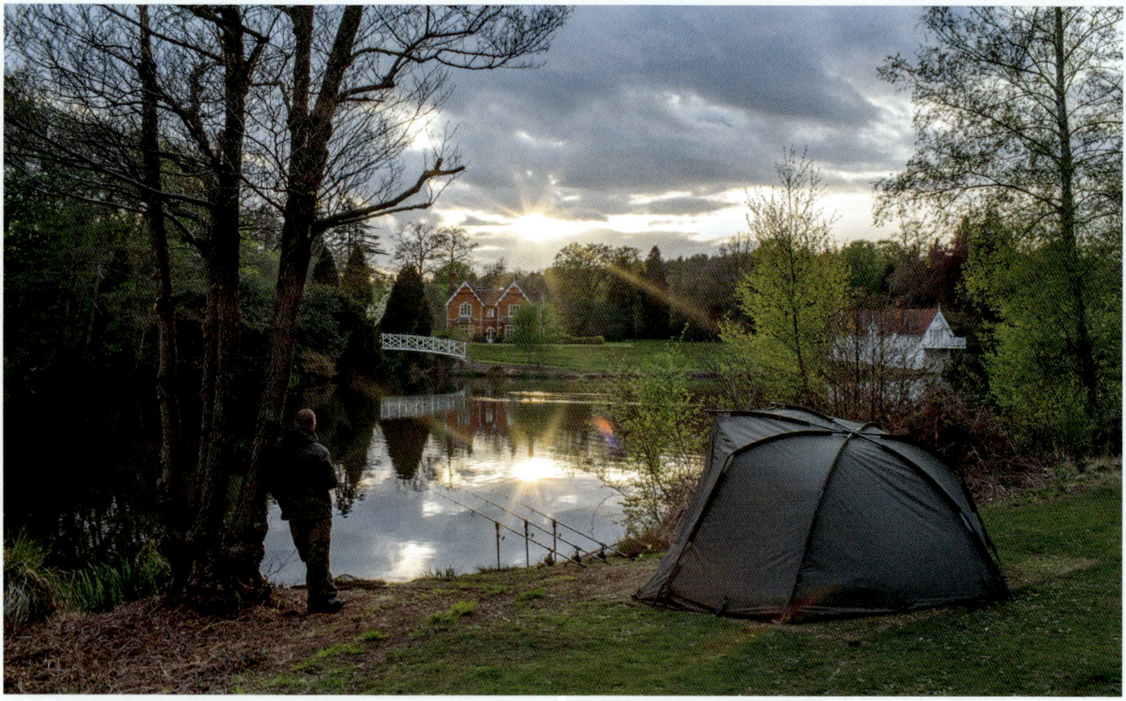

April, April: So schön kann das Angeln im Frühjahr sein. Diese Jahreszeit ist allerdings auch unberechenbar.

Frühjahrs-Karpfen zieht es ins Flachwasser. Hier finden sie Nahrung, Schutz und einen optimalen Laichplatz.

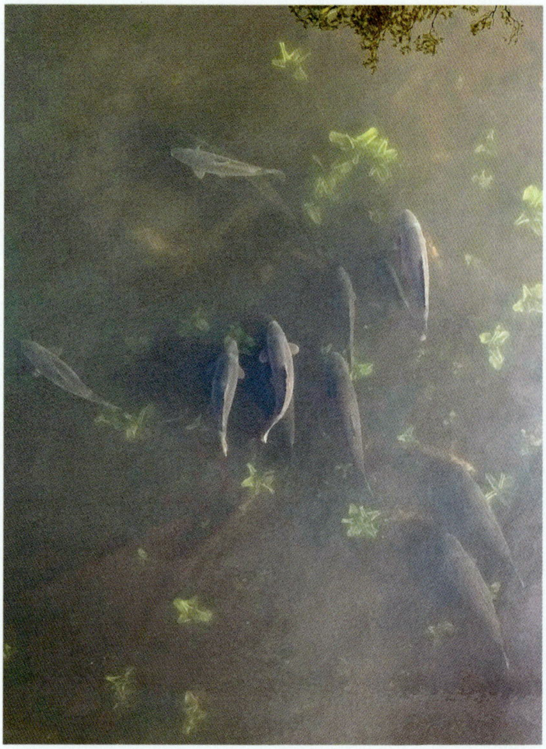

Ich unterteile das Frühjahr in zwei Phasen: in das kalte und das warme Frühjahr. Im kalten Frühjahr, meist Ende März bis Mitte April, sind die Tage mild bis warm, die Nächte aber noch empfindlich kalt bis frostig. In diesem Zeitfenster stehen die Fischer meist nur am Tage flach, in der Nacht jedoch wieder tief, nahe ihrem Winterquartier. Es ist also effektiver, tagsüber andere Spots als nachts zu befischen. Wichtig: Man sollte nur sparsam füttern, weil sich die Fische nur kurze Zeit am Spot aufhalten. Sparsam bedeutet: nur 500 Gramm pro Tag (statt einem Kilo im wärmeren Frühjahr). Die übrigen 500 Gramm platziere ich lieber im tiefen Bereich, wo ich dann nachts angle.

Im anschließenden warmen Frühjahr, von Ende April bis Mitte Mai, liegen die Wassertemperaturen über der 12-Grad-Marke, die

Nächte sind milder und die Fische halten sich bei regelmäßiger Nahrungsaufnahme überwiegend in flacheren Arealen oder in den oberen Wasserschichten auf. Dort sind sie mit größeren Futtermengen und – zumindest vor der Laichzeit – meist mit Topgewichten fangbar.

Heikel wird es zur Laichzeit. Weil die Fische dann anderes im Sinne haben als Fressen. Nun sinkt ihre Nahrungsaufnahme beinahe auf null. Weichen Sie dann auf einen anderen Zielfisch aus und beangeln Sie diesen in den Laichgebieten. Angeln Sie auf Brassen im Karpfenlaich. Oder auf Karpfen im Brassenlaich. Sie können auch fette Schleien am Rotfederlaich fangen.

Die Knospen sprießen, der Angler strahlt: Mit diesem einzigartigen Fully-Scaled-Karpfen ging mein Frühjahrstraum in Erfüllung. Gefangen vor einer flachen Landzunge auf einen 15er-Boilie.

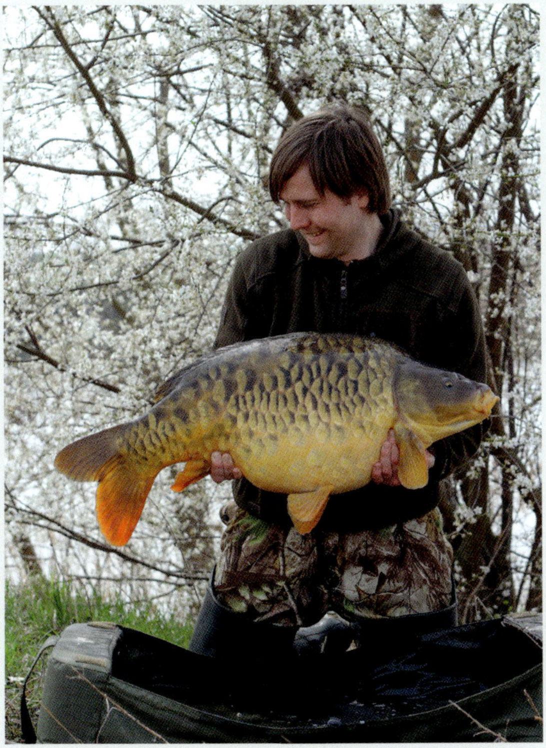

Jawohl, Friedfische fressen gerne den Laich anderer Fischarten, manchmal sogar der eigenen Artgenossen. Die richtigen Köder sind dann klein: Mini-Boilies, kleine Pellets, dazu lösliches Groundbait, das nicht sättigt, aber die Fische anlockt.

Ideale Frühjahrsgewässer sind flache Seen und Teiche, die sich schnell erwärmen. Naht dort die Laichzeit, können Sie an den tieferen, sich langsamer erwärmenden Baggerseen das Frühjahrserwachen ein zweites Mal erleben.

Sommer

Er kommt meist schneller als erwartet. Mit ihm die Hitze und mit der Hitze der Sauerstoffabfall. Denn warmes Wasser löst weniger Sauerstoff. Wenn es dazu noch windstill ist, verlieren die Fische ihre Fresslust. In krautigen Seen produziert das Kraut am Tag bei Lichteinfall ausreichend Sauerstoff. Fotosynthese heißt der Prozess, der dafür verantwortlich ist. Dort können Sie fangen. Nachts jedoch fällt der Sauerstoffgehalt ab, weil das Kraut aufgrund des fehlenden Lichts den Sauerstoff nicht mehr produziert, sondern verbraucht. Dann sollten Sie krautige Bereiche meiden – weil es auch die Fische tun.
In den Fließgewässern ist es um den Sauerstoffgehalt meist besser bestellt. Weichen Sie dorthin aus.

Im Sommer nutze ich die hellen Stunden zum Oberflächenangeln. Zu keiner anderen Jahreszeit ist das Angeln mit Zig-Rig oder der Bolt Machine so aussichtsreich. Eine aufschlussreiche Angelei, mit leichtem Gepäck, die viel Action verspricht.

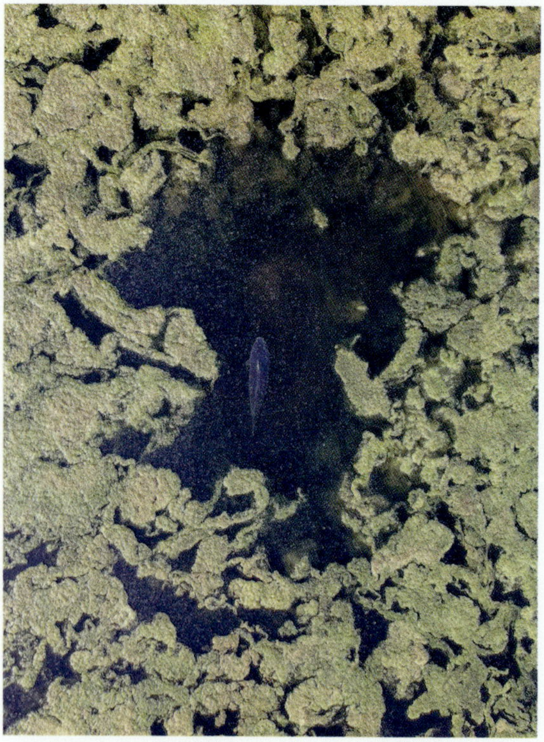

So schmeckt der Sommer: Kraut, Algen – und mittendrin (für uns kaum erreichbar) ein träger Karpfen.

Der Sommer hat also auch seine guten Seiten: die milden Nächte, das minimalistisch gehaltene Tackle, der Rotwein und die Sonnenuntergänge. Sollten Sie nicht angeln, können Sie ihr Gewässer mittels Schnorchelbrille und Flossen erkunden. Wetten, dass Sie – vor allem entlang der Uferböschung – den ein oder anderen interessanten Spot finden werden?

Was träge Sommerfische munter macht: Wind, Wellen und fallender Luftdruck. Gerät das Wasser in Bewegung, hat dies eine Sauerstoffanreicherung zur Folge. Und ein erhöhter Sauerstoffgehalt des Wassers ist im Sommer der Schlüssel zum Erfolg. Dann heißt es: füttern und fangen. Ideal ist ein Platz im auflandigen Wind, ganz gleich ob Ost- oder Westwind. Nach

Im Sommer angle ich gerne an der Wasseroberfläche.

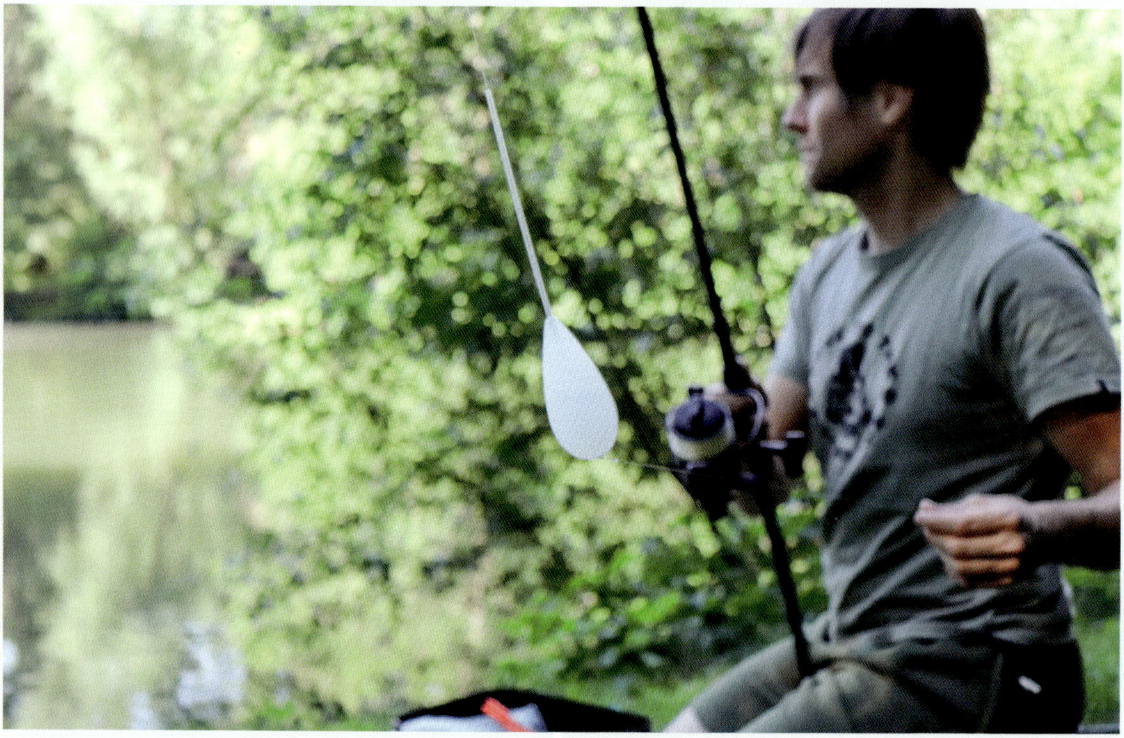

solchen Wetterumschwüngen hin zu Tiefdruck, viel Wind und aufgewühlter Wasseroberfläche werden Sie kurze, aber heftige Fressphasen erleben. Darauf ist im Sommer Verlass.

Die Sprungschicht spielt im Sommer ebenfalls eine wichtige Rolle. Sie bildet sich vorwiegend in tieferen Gewässern aus und trennt das warme Oberflächenwasser von den tieferen, kälteren Schichten. Oftmals ist die Sprungschicht auch der Übergang von sauerstoffhaltigem Wasser (oben) zu sauerstoffarmem Wasser (unten). Unnötig zu erwähnen, dass Sie nicht unterhalb der Sprungschicht angeln sollten. Wo der Sauerstoff fehlt, halten sich Fische nur ungern auf.

Die Sprungschicht kann im Sommer der größte Feind des Anglers sein. Angeln Sie, um auf Nummer sicher zu gehen, im oberen Wasserdrittel, dann liegen Ihre Köder weit genug oberhalb der Sprungschicht.

Graskarpfen lieben das warme Sommerwasser. Proline-Teamangler Thomas Rechenbach hat sich dieses Wissen zunutze gemacht.

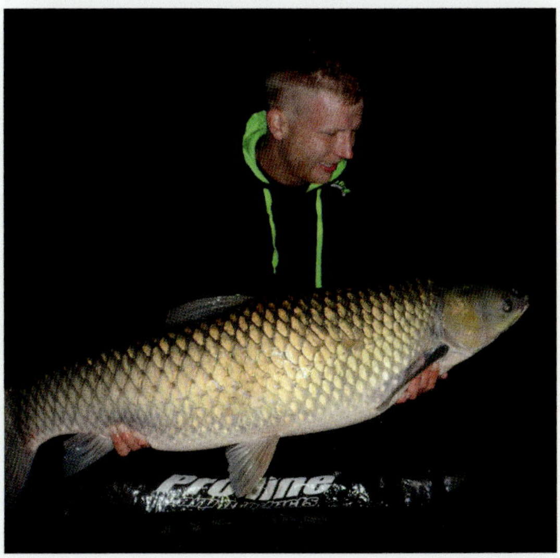

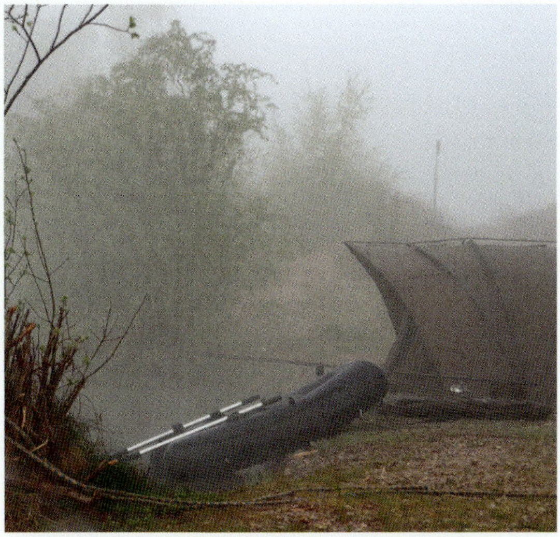

Kalt, grau, neblig: doch Herbstzeit ist Karpfenzeit.

Herbst

Mit dampfenden Gewässern und mit buntem Laub kommt er daher: der Herbst. Früher sprachen viele Angler vom Goldenen Herbst. Heute jedoch ist es um den so gepriesenen Herbst schlecht bestellt. Immer mehr Angler beklagen das Ausbleiben des großen Fressens, welches früher ein Garant für einen glorreichen Saisonabschluss war. Heute gibt es mehr spezialisierte Friedfischangler. Viele Angler bedeuten zwangsläufig viel Futter. Haben sich die Fische ihren Winterspeck schon im September angefressen, müssen sie Ende Oktober nicht mehr hastig fressen. Und: Wenn das Jahr hindurch heftiger Angeldruck geherrscht hat, sind die Fische bis zum Herbst vorsichtig geworden. Zudem plündern Blesshühner und Tafelenten unsere Futterplätze. Wie soll man da noch im Herbst vernünftig angeln?

Im Herbst nutze ich die Nächte. Das Anfüttern geschieht in der Abenddämmerung. Damit trimme ich die Fische auf das

Fressen bei Nacht, wenn sie die Köder optisch nicht selektieren können. Und ich füttere nur kleine Portionen, so dass die Enten am nächsten Morgen nichts mehr vorfinden. Meine klassische Herbst-Futtertaktik: jeden zweiten Abend 500 Gramm. Wenig Futter also, aber regelmäßig. Die Fische lernen schnell: Wer nachts nicht frisst, findet am Tag nichts mehr vor – weil die Vögel alles holen. Vögel sind generell ein guter Indikator: Wenn ich abends gefüttert habe und am nächsten Morgen Blesshühner und Enten über meinem Spot stehen, weiß ich, dass die Fische über Nacht nicht gefressen haben. Dann ist es an der Zeit, einen anderen, besseren Spot zu suchen.

Ich fische im Herbst Boilies in gemischten Größen: 15, 18, 20 und 24 Millimeter. Erstens zieht das Mitesser auf den Platz, Weißfische also, und die erhöhen den

Super, Mario! Er übersetzte die Gastbeiträge für dieses Buch, hier freut er sich über einen besonderen Fisch: Mario Winter mit seinem ersten Stör, gefangen im Herbst auf einen Halibut Pellet.

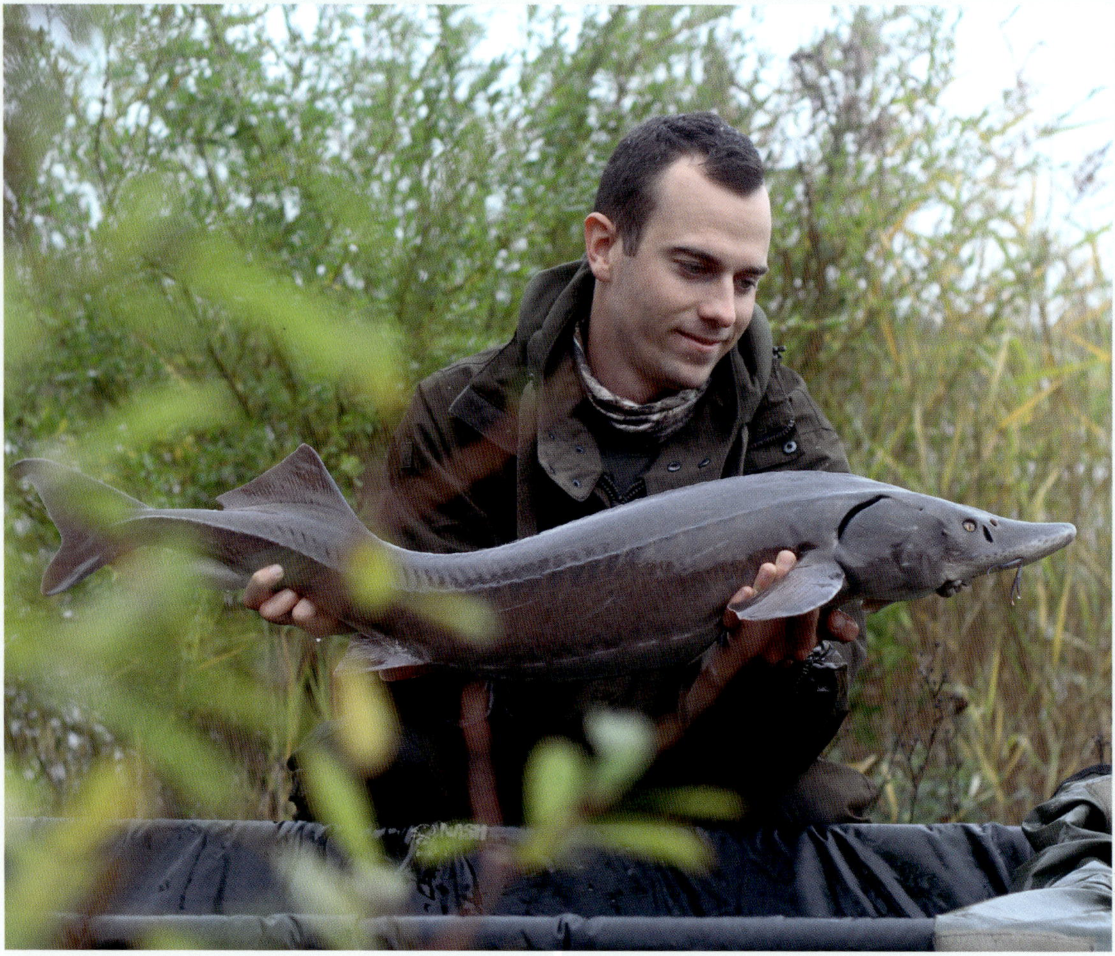

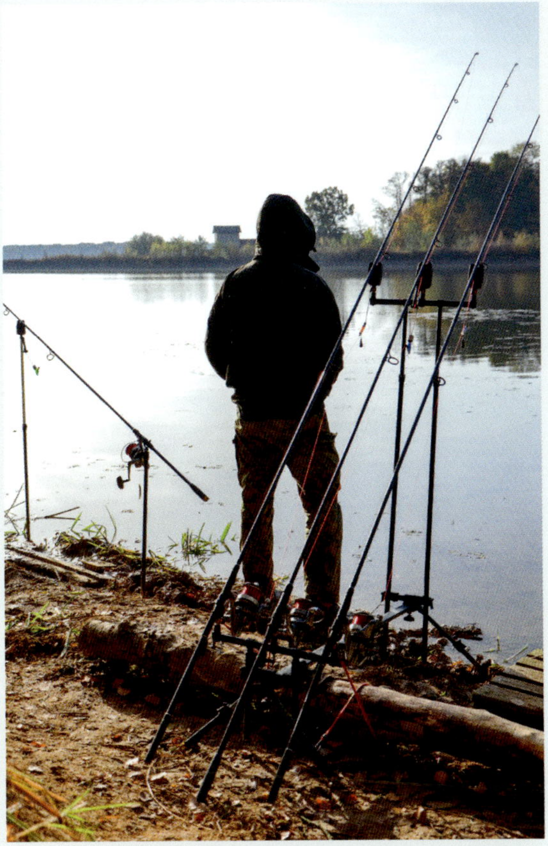

Markus Schocker, mein journalistischer Begleiter bei diesem Buch, am Etang de Gondrexange (Frankreich): So schön kann ein Oktober-Morgen sein.

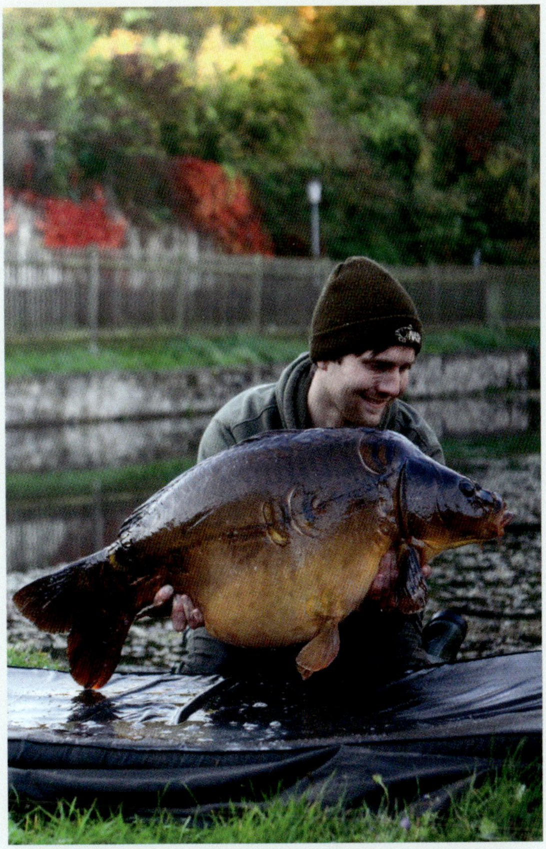

In einem winzigen Löschwasserteich gelang mir erst im Goldenen Herbst der Fang meines Zielfisches. Ein fast 20 Kilo schwerer Spiegler mit viel Eigensinn.

Futterneid. Zudem bewirken unterschiedliche Boilie-Größen, dass die Fische die Köder nicht selektieren können. Füttert man immer dieselbe Ködergröße, gewöhnt sich der Fisch daran. Er saugt jeden Köder mit exakt derselben Kraft ein. Trifft er dann auf den Köder, an dem der Haken hängt, dazu ein Vorfach, womöglich noch ein kleines Zusatzgewicht – dann spürt er dieses Zusatzgewicht. Der Köder flutscht nicht so leicht in sein Maul und er schöpft Verdacht.
Das sind genau jene Fälle, wenn am nächsten Morgen alle Boilies weggefressen sind und nur der Hakenköder noch am Platz liegt. Das hat schon etliche Karpfenangler, die ihren Spot mit dem Aquascop oder einer Unterwasserkamera kontrollierten, zur Verzweiflung getrieben.

Im Herbst angle ich zunächst an flachen Seen und Teichen. Denn diese Gewässer kühlen schneller aus. Geht dort die Beißlust zurück, ziehe ich an tiefere Kiesgruben um. Diese Prozedur ähnelt meiner Frühjahrsangelei. Der einzige Unterschied: Im Herbst ist die Nacht interessanter als der Tag. An vielen Gewässern meiner Heimat ist tagsüber fast unmöglich, Köderattacken von Wasservögeln etc. zu entgehen. Aus diesem Grund begrüße ich den Herbst mit „carpe noctem“: Nutze die Nacht.

GASTKAPITEL

Marc Voosen

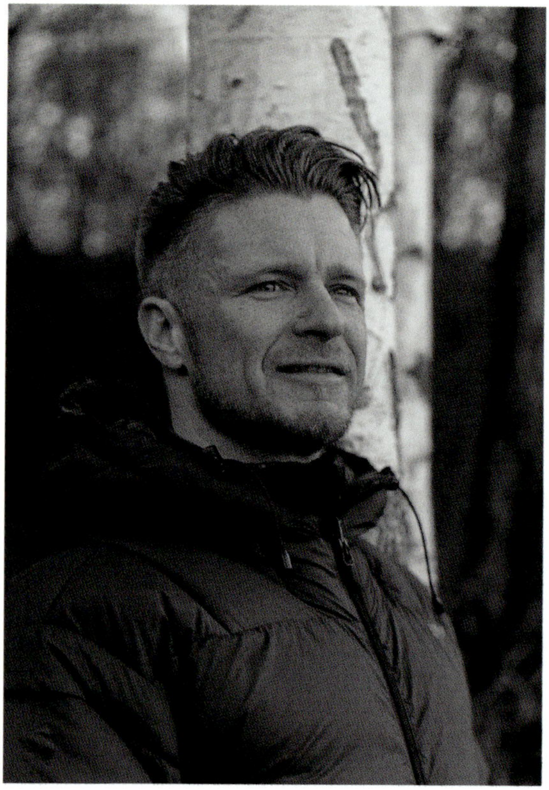

Nach einigen beruflichen Umwegen zog es Marc Voosen in die Angelbranche. Der Kölner gründete die Firma Pinpoint-Hooks, deren Spezialität das Nachschärfen von Haken ist. Heute leitet Voosen hauptverantwortlich die Geschicke der englischen Firma Nash in Deutschland, für Nash ist er sowohl im Marketing als auch in der Produktentwicklung tätig.

Marc Voosen über sich und sein Leben als Angler.

Ein Feuer, das nie erlischt

Mein Leben als Angler begann wie bei vielen kleinen Steppkes: an der Seite von Papa. Das frühe Aufstehen und die urig-archaisch anmutende Jagd auf etwas Unbekanntes entfachten in mir ein Feuer, welches das Interesse meines Vaters an der Angelei bei weitem überstieg. Anders als er, der Gelegenheitsangler, dachte ich fortan in jeder freien Minute ans Angeln. Bereits mit zehn Jahren erhielt ich die Erlaubnis, alleine mit dem Fahrrad zum nahegelegenen Rhein zu fahren. Heute undenkbar.

Mein Stammplatz befand sich auf einem verlassenen Verladeturm, welcher weit in die monotone Flussstrecke hineinragte. Dort saß ich fünf Meter über dem Wasser, mit einer Schnurspule, einem Korken, etwas Bleischrot und einem Haken und bot Regenwürmer und Grashüpfer an, welche ich zuvor am Ufer gefangen hatte. Ich weiß noch, dass ich bereits bei meinem ersten Besuch am Verladeturm große Rotfedern fing. Das war, auch wenn es dramatisch klingen mag, richtungsweisend für mein späteres Leben. Denn egal ob im Urlaub in Italien oder an den Ufern des Rheins: Fortan stellte ich immer und überall den Fischen nach. Ich war fasziniert von der Herausforde-

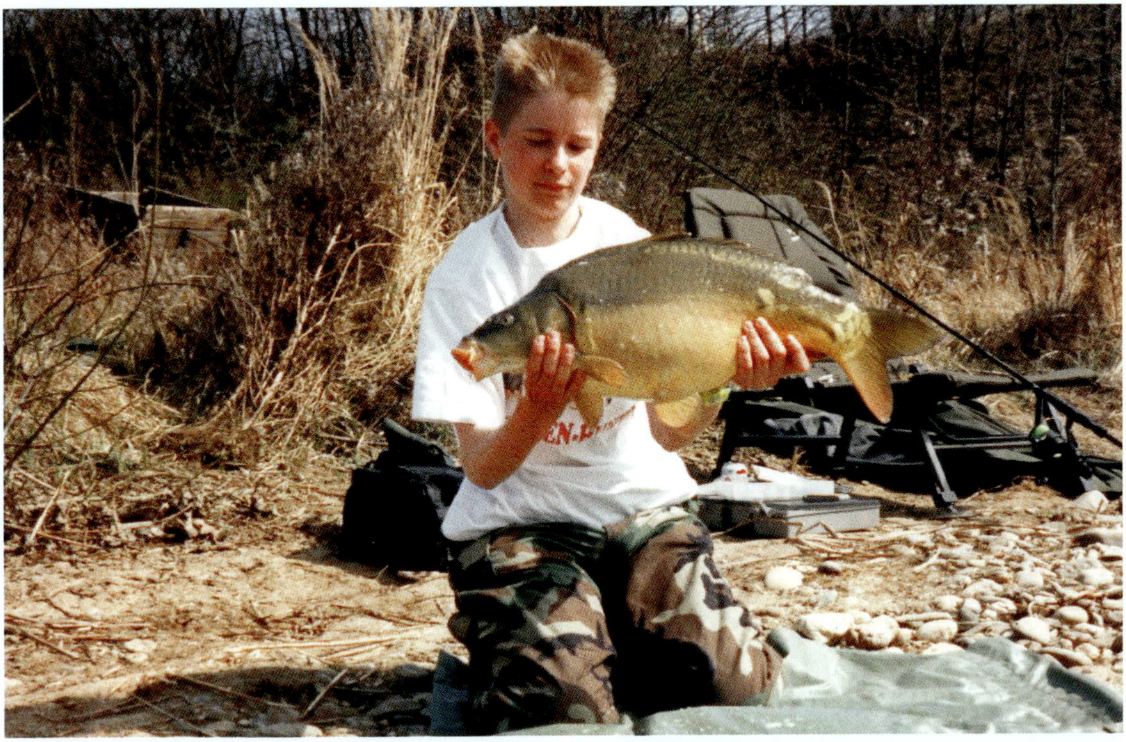

Lang, lang ist's her: als junger Steppke ging's fast täglich mit dem Fahrrad an den nahegelegenen Rhein.

Da war der Kescher noch klein.
Die Fische (meistens) auch.

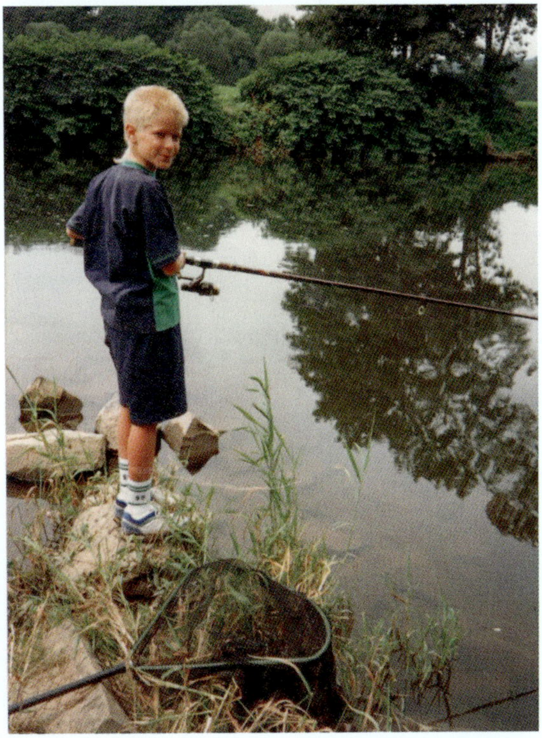

rung, das Puzzle, welches jedes Gewässer bietet, Stück für Stück zusammenzusetzen. Tagelang versuchte ich, eine dicke Forelle hinter einem Stein hervorzulocken oder die Lauben vor einem Einlauf zu überlisten.

Fing ein Angler mehr als ich, stellte ich das Angeln ein, setzte mich hinter ihn, schaute ihm stundenlang zu und löcherte ihn mit nervigen Fragen. So lernte ich das Zander- und Aalangeln am Rhein und das Fischen auf Barbe an der schnell strömenden Sieg. Ein netter Italiener zeigte mir, wie man die dicksten und vorsichtigsten Döbel des Gardasees fängt. Er sprach kein Deutsch und ich kein Italienisch, aber das war egal. Zu Weihnachten bekam ich zwei Teleruten. Damit fischte ich mit Käse auf Barbe, mit Wurm auf Aal oder ich zockte Barsche, wenn diese in Schwärmen der Brut nachstellten.

Winkelpicker mit Schwingspitze

Anfang der 1990er-Jahre gab es zwei Dinge, welche maßgeblichen Einfluss auf meine anglerische Zukunft hatten: der drastische Rückgang der Zander im Rhein, woraufhin ich mich stärker dem Friedfischangeln zuwandte. Und das Verbot des Setzkeschers, welches den Niedergang des Wettangelns zur Folge hatte.
Einer der Wettkampfangler nahm mich unter seine Fittiche und lehrte mir den Umgang mit der Schwingspitze. Damit fischte ich die folgenden Jahre hinweg, ohne jemals eine Schwingspitzen-Rute besessen zu haben. Stattdessen kaufte ich von meinem Geburtstagsgeld eine Winkelpicker-Rute. Dank ihrer Wechselspitzen war sie vielseitig einsetzbar. Einige Spitzen baute ich mir selbst: aus einem kurzen Stück Blank samt Spitzenring. Ich entfernte die Wechselspitze, stülpte ein Stück Schlauch darüber und steckte eine der Winkelpickerspitzen ins andere Ende, so dass diese im 90-Grad-Winkel herunterhing. Fertig war meine Schwingspitzenrute. Sicherlich keine optimale Lösung. Die Rotfedern und Brassen störte es indes wenig.

Einer meiner ersten Annäherungsversuche auf Karpfen.

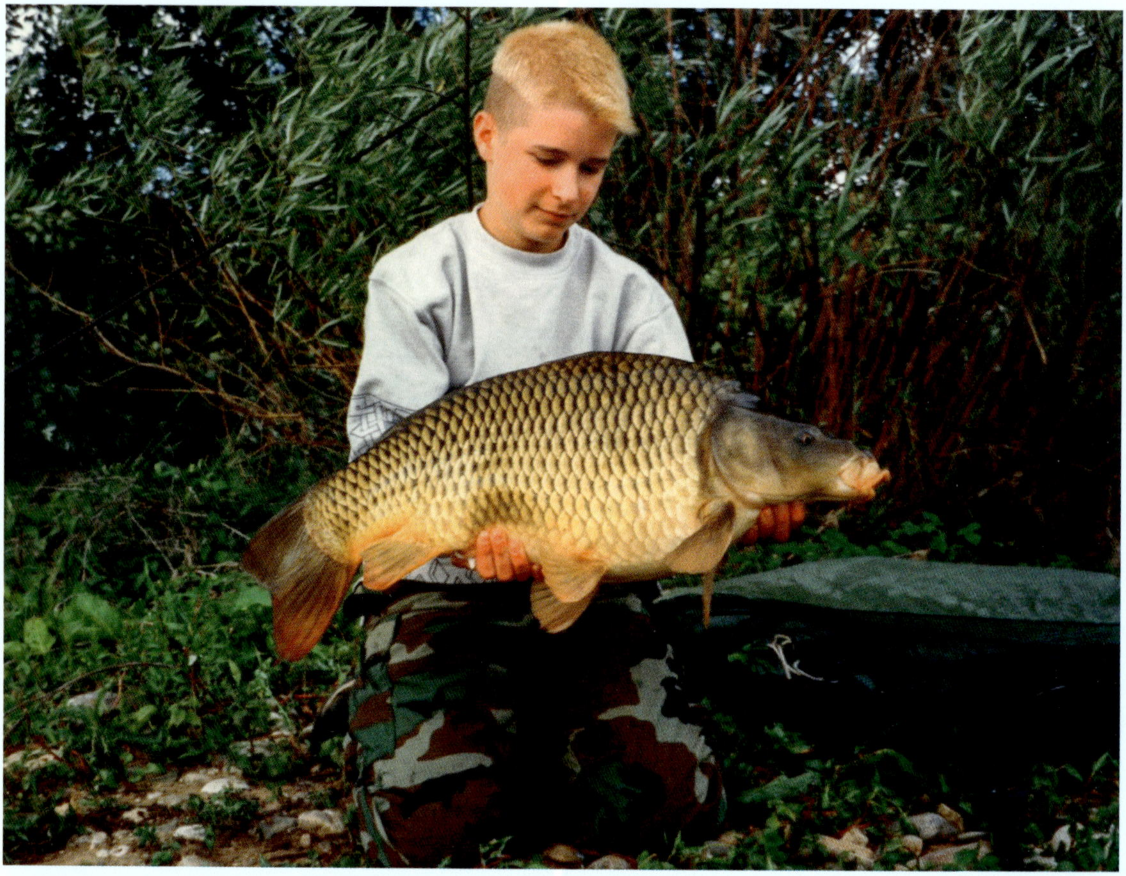

Der Rhein bot damals einen unglaublichen Reichtum an Weißfischen jeglicher Art. Der Wasserstand schwankte, das Wasser war mal trüb und mal weniger trüb, es war mal kalt und mal warm. So lernte ich, welcher Fisch bei welchen Bedingungen zu fangen ist und welche Taktik und welches Futter den meisten Erfolg bringen.

Der erste Karpfen

Im Frühjahr 1994 kam es zu einer schicksalhaften Begegnung. Ich fischte in einem Rhein-Yachthafen mit der unberingten Stipprute, als ich einen Fisch hakte, der in puncto Kampfkraft alles in den Schatten stellte, was ich bis dahin erlebt hatte. Erst nach einer guten halben Stunde und einem 100-Meter-Marsch entlang der Spundwand konnte ich ihn keschern: den ersten Karpfen meines Lebens.

Die Kraft dieses Fisches faszinierte mich. Mein Verlangen, noch größere Karpfen zu fangen, war geweckt. Ein Angelhändler verriet mir, dass ein Parkteich in unmittelbarer Nähe über einen guten Karpfenbestand verfügte. Es gelang mir, meine Eltern davon zu überzeugen, dass mein Schicksal, ach, was sage ich, mein Leben von einer Mitgliedschaft im betreffenden Verein abhing. Nach der Aufnahme in den Verein stand der Jagd auf meinen neuen Lieblingsfisch nichts mehr im Wege. Außer mein jugendliches Alter.
Während der Rhein so etwas wie der wilde Westen war, machte ich nun im Alter von zwölf Jahren Bekanntschaft mit Regeln und Gesetzen: Am Parksee durfte ich nur in Begleitung eines Erwachsenen fischen.

Ein Frühjahr lang hielt ich mich ans Regelwerk. Dann folgten die Sommerferien, die Fische standen im seichten Wasser, die Versuchung wurde immer größer und so brach ich schließlich alleine auf. Es wurde ein Sommer voller Versteckspiele, klebriger Finger vom Toastbrotteig und dicker Karpfen im zu kleinen Klappkescher.

Viel zu stumpf

Es gab an diesem Parksee einen älteren, erfahrenen Karpfenangler. Anders als ich, der ich die Fische suchte um sie dann zu beangeln, lockte dieser Herr die Karpfen an eine bestimmte Stelle. Mit Grundfutter, Mais, Kartoffeln und sogenannten Boilies: harten, runden Kugeln, die er selbst herstellte. Die Tragweite der Begegnung mit diesem Angler ahnte ich damals noch nicht. Doch sie sollte maßgeblichen Einfluss auf meine berufliche Entwicklung haben. Es war ein Morgen, in dessen Verlauf ich zwei Fische kurz nach dem Anhieb verloren hatte. Der besagte Angler saß an seiner Stelle, ich schilderte ihm meine Misserfolge, woraufhin er meinen Haken sehen wollte. Seine Einschätzung fiel eindeutig aus: „Viel zu stumpf, so hakst du die Fische nicht richtig."

Es folgte eine Lektion zum Thema Hakenschärfen, die ich nie vergessen sollte: Er brachte mir bei, die Haken vor jeder Session und nach jedem Fisch zu wechseln. Nun entwickelte ich eine Besessenheit, wenn es um die Schärfe meiner Haken ging. Nicht nur beim Karpfenangeln. Als später die Festbleimontage samt Boilies Einzug in meine Angelei hielt, war ich vollends vom Thema Hakenschärfe besessen. Nur noch die schärfsten Eisen waren gut genug. Dass ich im klaren Wasser einige Male Karpfen beobachtet hatte, die meine angebotene Maiskette wieder ausbliesen, bestärkte mich in meiner Überzeugung.

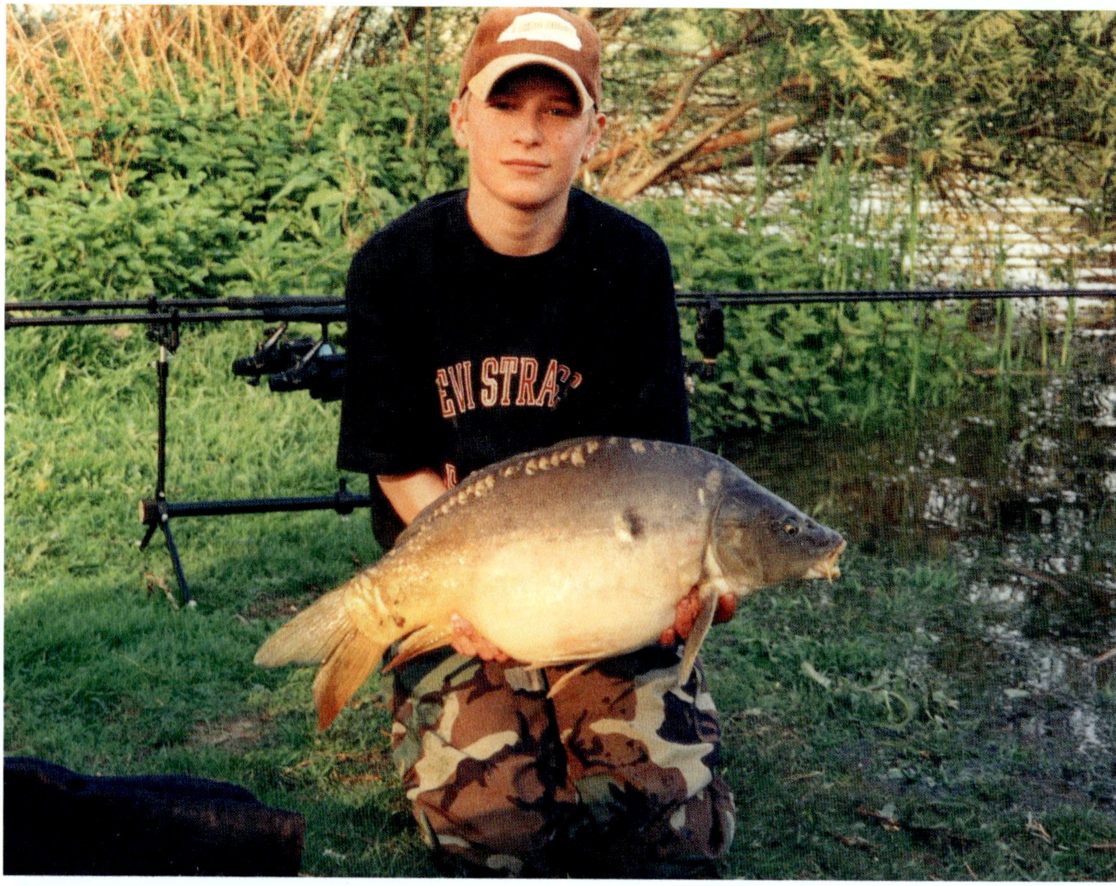

Irgendwann avancierte der Karpfen zu meinem Lieblingsfisch. Die Fischhebetechnik fürs Foto ließ jedoch noch zu wünschen übrig.

Viele Jahre später motivierte mich ein Artikel in einer englischsprachigen Fachzeitschrift, die Haken aus der Packung von Hand nachzuschärfen. Solche extrem geschärften Haken erwiesen sich nicht in jeder Situation als ideal, wohl aber beim Fallenstellen auf dicke Moosrücken.

Erst Manie, dann Business

Für mich nahm das Thema Hakenschärfe in der Folge beinahe manische Züge an. Aus dieser Manie wurde ein Business-Modell, als ich anfing, Werkzeuge zum Hakenschärfen zu verkaufen. So gebe ich heute etwas an dieses Hobby zurück, das mir über all die Jahre so viel gegeben hat.

Das Wissen um die Wichtigkeit von Hakenschärfe steht symbolisch für den nie endenden Drang zu lernen. In gewisser Weise ist Angeln für mich mit einer Kampfkunst vergleichbar: Erst lernt man die Grundlagen, dann die feinen Techniken, später spezialisiert man sich. Anders als damals, als ich jeden Tag nach den Hausaufgaben am Rhein saß, ist heute Zeit eine knappe Ressource. Es geht um effizientes Angeln und dazu tragen ultra-scharfe Haken maßgeblich bei.

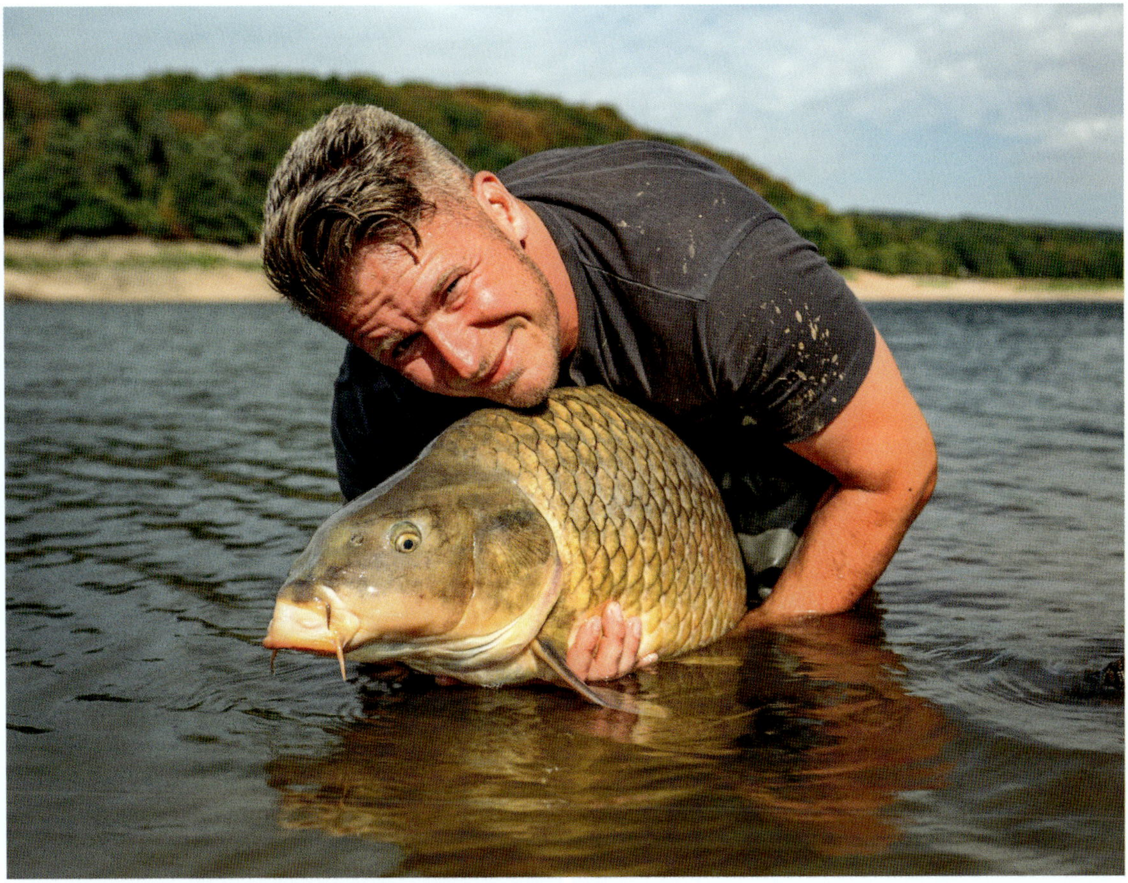

Scharfe Haken bringen scharfe Fische: Schön, dass ich meinem Hobby heute etwas zurückgeben darf.

Einen guten Friedfischangler zeichnet aus, dass er für neue Einflüsse und Inspirationen empfänglich bleibt und dass er seine Wissbegierde nicht verliert. Wer sich ein Leben lang erinnert, welcher Funken einst das Feuer in ihm entfacht hat, wird draußen am Wasser stets neue, berauschende Abenteuer erleben.

PROBIEREN SIE´S MAL SO!

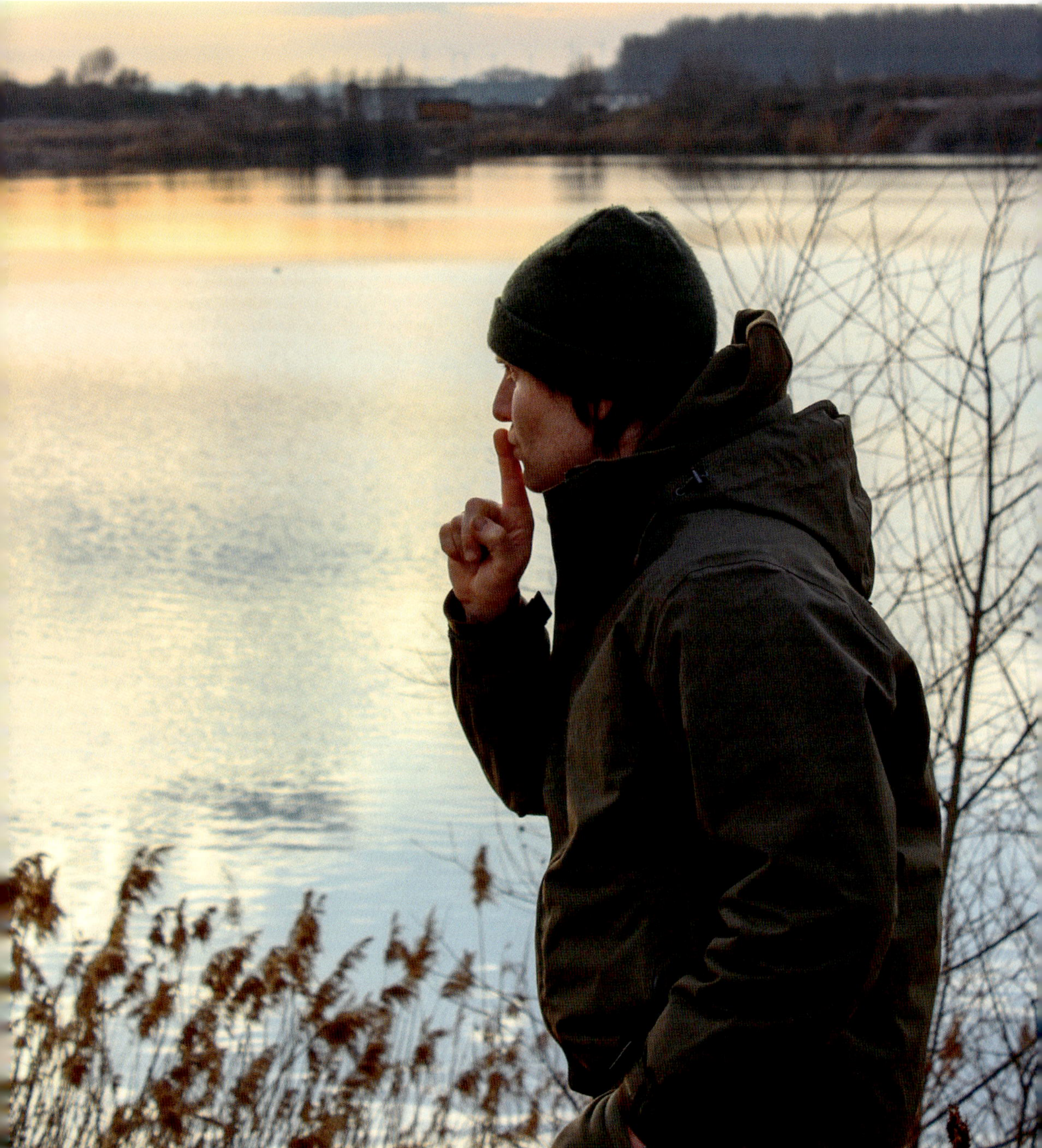

Ruhe bitte! Wer am Wasser dezent auftritt, fängt mehr.

In 25 Jahren Friedfischangeln habe ich viele, viele Erfahrungen gesammelt. Sei es in puncto Tackle, Futter oder Auftreten am Wasser. Hier eine Auswahl von Tipps und Ideen, damit Sie Ihre Angelei erfolgreicher gestalten können.

PVA: zauberhafte Lösung

Der Hakenköder sollte sich auf dem Weg zum Angelplatz nicht in Hindernissen verfangen, etwa in Krautstengeln, in versunkenem Laub oder in Totholz. Und er sollte sich beim Wurf nicht verwickeln. Die einzige wahre Hilfe gegen Verhedderungen ist PVA (Polyvinylalkohol). Hierbei handelt es sich um ein Material, das sich nach dem Kontakt mit Wasser innerhalb kurzer Zeit auflöst.

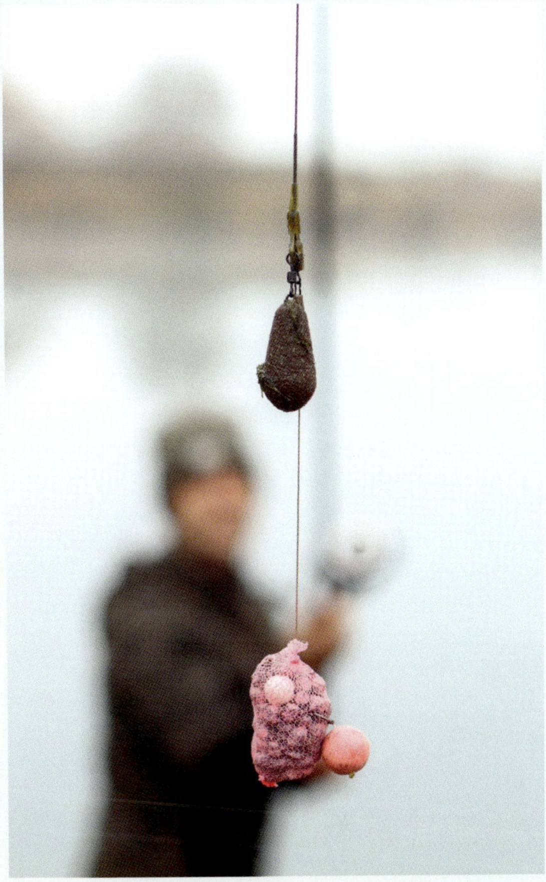

Ein PVA-Strumpf schützt den Haken vor dem Vertüddeln und bringt Lockfutter direkt an die Montage.

PVA-Tape

Dieses wasserlösliche, breite Band um den Haken wickeln, befeuchten und diesen damit verkleben: Der Haken ist geschützt, kann nicht stumpf werden und sich beim Auswerfen nicht mit dem Vorfach verheddern. Die wesentlich billigere Variante sind Bio-Verpackungschips (aus Maisstärke), die sich bei Wasserkontakt auflösen. Erhältlich bei Firmen wie ratioform.de oder mypack.de.

PVA-Strumpf

Mit diesem wasserlöslichen Netzmaterial fertigen Sie kleine, fingerkuppengroße Baitsticks an, die mit Grundfutter gefüllt sind. Die Sticks ziehen Sie auf das Vorfach, bis über den Haken, der nun sicher im PVA-Strumpf verstaut ist. Nach dem Auswerfen haben Sie direkt am Hakenköder etwas Lockfutter liegen.

PVA-Bag

Damit befördern Sie Ihre Montage samt Beifutter sicher zum Gewässergrund. Der PVA-Bag eignet sich auch für Oberflächenköder: Packen Sie Brotkrusten oder Hundefutterkroketten zu ihrem Hakenköder in den Bag. Mit einer Spritze können Sie dem PVA-Bag noch flüssige Attraktoren zufügen.

Wollen Sie Ihren PVA-Bag mit nassen Partikeln befüllen, müssen Sie diese kurz zuvor mit einem Esslöffel Salz vermischen. So wird das vorzeitige Auflösen des PVA Bags verhindert.

Ein PVA-Bag bietet sich bei dichtem Krautbewuchs an.

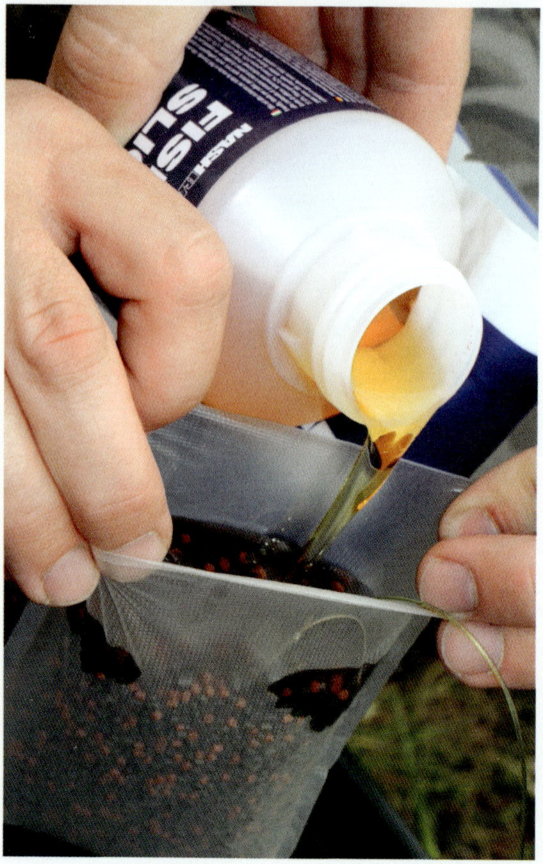

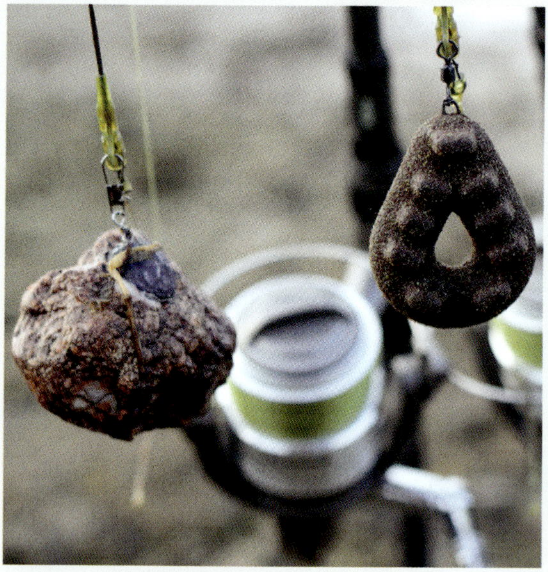

Stein im Drop-off-Style (li.) statt Blei: spart Geld, schont die Umwelt.

Blei-Ersatz: Stahl und Stein

Sie wollen mit Drop-off-Montagen angeln, bei denen das Blei zu Beginn des Drills abfällt? Das ist eine effektive, aber kostspielige Angelegenheit. Und die verlorenen Bleie sind der Wasserqualität nicht zuträglich. Anstelle von Blei können Sie auch auf Gewichte aus Stahlvollrohr, Stahlvierkant oder auf Steine zurückgreifen. Kleben Sie einen Wirbel auf den Stein oder in ein vorgebohrtes Loch eines zugeschnittenen Stücks Stahls. Dafür eignet sich Zwei-Komponenten-Kleber.

So leise wie möglich

Beim ufernahen Angeln, besonders an windstillen Tagen und im ruhigen Winter, erhöht ein dezentes Auftreten des Anglers die Fangchancen. Bauen Sie Ihr Camp möglichst weit vom Angelplatz entfernt auf und verzichten Sie auf Ufer-Spaziergänge. Stellen Sie die Bissanzeiger auf stumm und die Funkbox auf Vibration. Fische können sehen, hören und Erschütterungen wahrnehmen. Die Züge auf den Bahnschienen nebenan stören sie so wenig wie die Straßenlaterne – daran haben sie sich gewöhnt. Doch Ihre schwenkende Kopflampe und Ihr klingelndes Handy macht die Schleien an der Uferkante stutzig.
Wie oft erzählten mir Angler schon, dass sie trotz Lärm am Ufer Fische fingen. Doch die Fische, welche sie wegen des Lärms nicht gefangen haben – von denen ahnen sie nichts. Und das sind meist die erfahrenen, vorsichtigen Großfische.

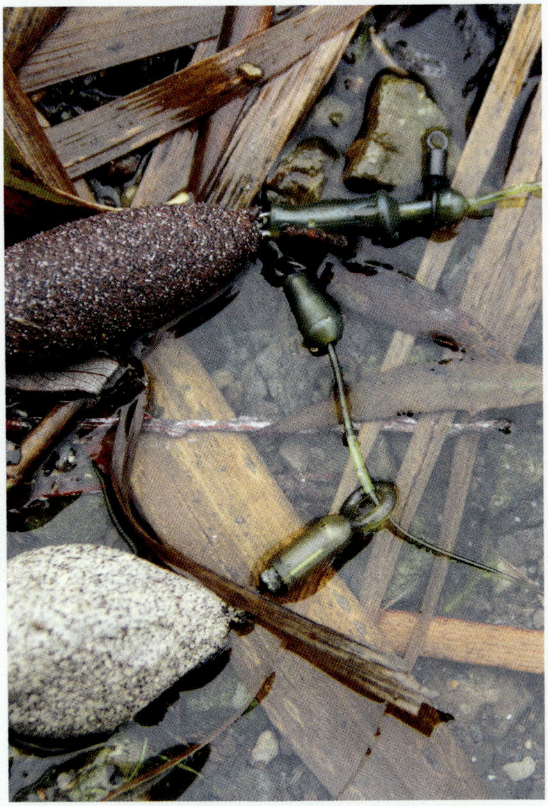

Bitte schön unauffällig: Die richtige Farbe des End. Tackles kann entscheidend sein.

Tarnung für Kapitale

Glänzende Haken, Wirbel, Bleie oder farbenfrohe Rig-Bauteile können nachteilig sein – ebenso aber ein Vorteil. Karpfen, die unter geringem Angeldruck stehen, erweisen sich oft als neugierig. Stark befischte Karpfen hingegen tendieren zur Skepsis. Darum: Tarnen Sie, was zu tarnen ist. Das Blei, die Vorfachschnur, den Leader oder das Rig Tube. Am besten alles. Sie angeln im flachen Wasser auf hartem Grund? Gerade dann ist Tarnung wichtig. Beim Angeln weit draußen auf dickem Schlammboden fällt das Thema weniger ins Gewicht.

Hilfreiches Gestochere

Mit Hilfe eines Prodding Sticks der Firma Nash können Sie vom Boot aus den Gewässerboden abtasten. Sie erfahren, wo sich schlammige Areale befinden, wie tief der Schlamm ist oder ob der Boden kiesig ist. Mit dem Prodding Stick können Sie

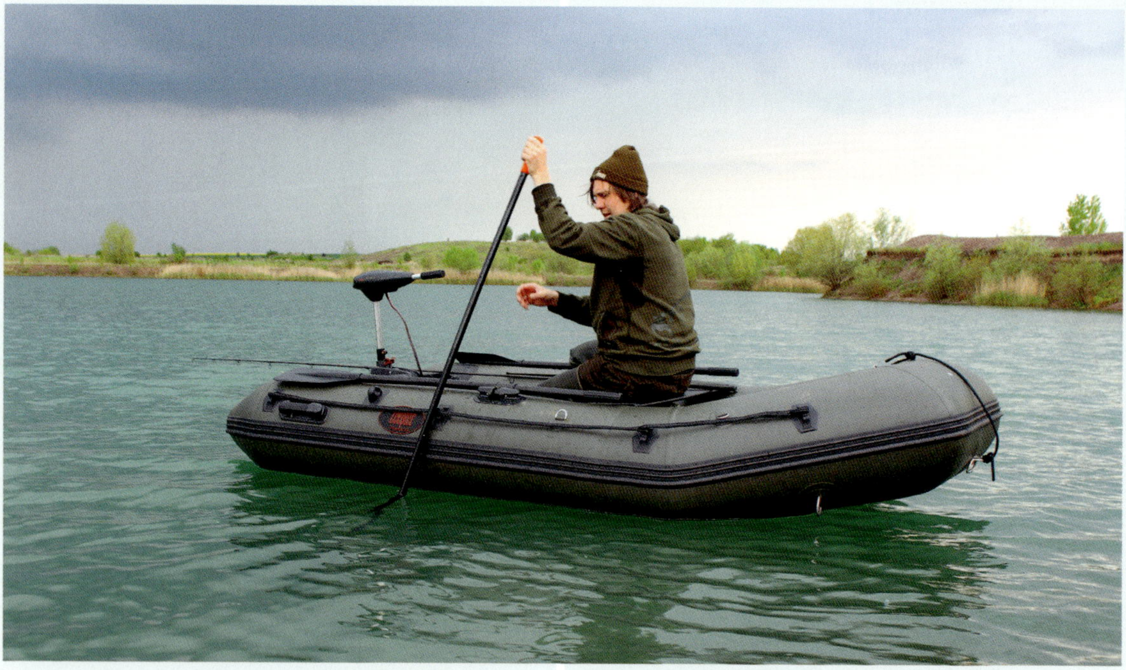

Ein Prodding Stick dient zum Abtasten des Gewässerbodens und als Markierung für gute Spots.

sogar Bodenproben entnehmen. Positiver Nebeneffekt: Durchstochern Sie einen Spot, ruft das die Fische auf den Plan. Denn Sie haben eine Sedimentwolke erzeugt und natürliche Nahrung wie Muscheln, Larven und Krebse freigelegt.

Haken: Zu scharf gibt's nicht

Oft fressen die Fische vorsichtig. Mit einem perfekt geschärften Haken werden Sie dann mehr Bisse bekommen. Legen Sie sich ein Hakenschleif-Set zu. Oft genügt es bereits, Haken ihre Teflonbeschichtung abzuschleifen. Mittlerweile haben sich

Links ein Haken frisch aus der Packung, rechts ein nachgeschärfter Haken.

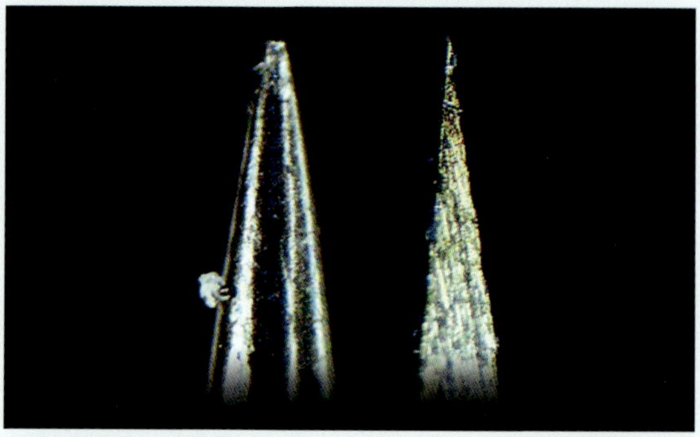

Übung macht den Meister: Gutes Hakenschleifen will gelernt sein.

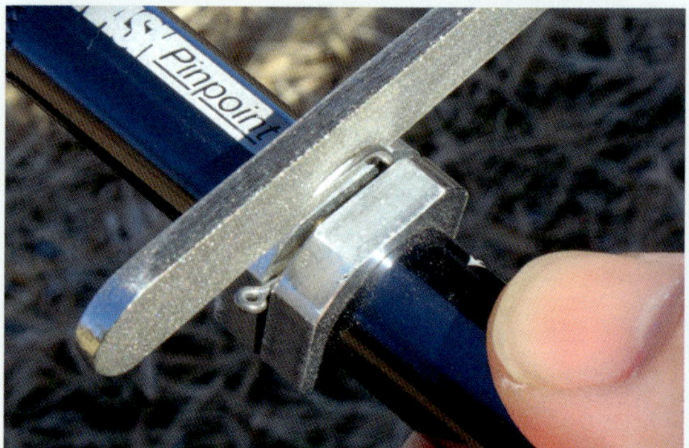

Firmen darauf spezialisiert, von Anglern eingeschickte Haken nachzuschärfen. Damit verdoppelt sich der Preis pro Haken – aber es lohnt sich.

Besser allein

Geselligkeit dank eines Angelpartners? Mag sein. Ziehen Sie dennoch lieber alleine los. Dann angeln Sie aufmerksamer und konzentrierter. Zwei Angler bedeuten zudem doppelte Unruhe. Und nähert sich der ersehnte Kapitale, wäre die Chance ihn zu fangen nur noch halb so groß, wenn Ihr Kumpel neben Ihnen angelt.

Einzelgänger: Am liebsten angle ich alleine. Das bringt einfach mehr Fisch.

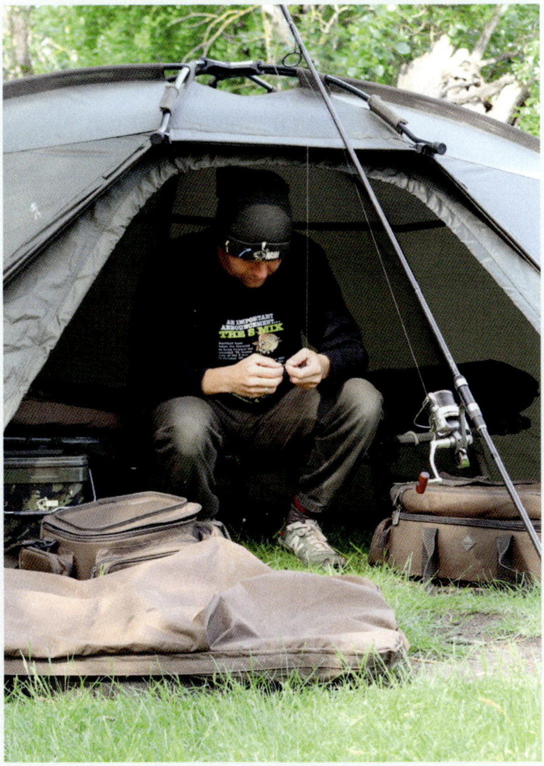

Boilies: keine Monokultur

Die meisten Karpfenangler füttern nur eine Sorte Boilies. Mein Tipp: Vermischen Sie zwei bis drei Boilie-Sorten. Diese Vorgehensweise mag etwas eigenartig anmuten, aber auf dem Gewässergrund fällt ein solcher Boilie-Potpourri mehr auf. Zudem gilt: Wer bunt füttert, ruft verschiedene Fische auf den Plan. Wichtig ist allerdings, dass alle Boilie-Sorten hochwertig sind. Dann werden sie auch gefressen.
Fische machen weniger Unterschiede, als wir glauben. Wichtig ist vor allem, dass sie Vertrauen ins Futter bekommen. Setzen Sie bei dieser Taktik immer wieder einen anderen Hakenköder ein – dann fangen Sie auch den zickigen Feinschmecker.

Raus mit dem Schnurdrall

Die Schnur falsch auf die Rolle gespult? Oder die Montage mit dem Boot rausgefahren – bei leicht eingestellter Bremse? Beides verdrallt die Schnur, irgendwann reißt sie. Darum: Bereits beim Aufspulen der Schnur die gekaufte Schnurspule in einen Wassereimer legen, mit einem Blei beschweren, 50 Kurbelumdrehungen aufspulen. Dann die Spule drehen, wieder 50 Kurbelumdrehungen, danach erneut die Spule drehen. Und beim Rausfahren der Montage den Rollenbügel öffnen, statt die Schnur über die Rollenbremse abzuziehen. Mit offenem Bügel besteht allerdings die Gefahr, dass die Schnur unkontrolliert von

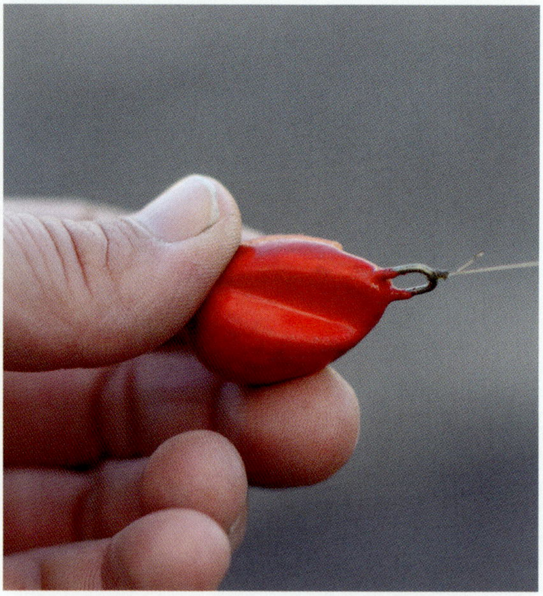

Kleiner Helfer in der Not: der Spin Doctor von Gardner Tackle.

der Spule springt und sich verheddert. Ärgerlich, wenn Sie bereits 150 Meter weit gerudert sind und nun umkehren müssen. Lösung: Mittels einer Klammer befestigen Sie ein Stück Gummi/Plastik am Blank, der unten auf den Spulenrand der Rolle drückt. So springt die Schnur nur Umdrehung für Umdrehung ab, Verhedderungen werden vermieden.

Sollte Ihre Schnur dennoch irgendwann verdrallen, nutzen Sie den Gardner Tackle Spin Doctor: ein speziell geformtes 40-Gramm-Blei in Gelb oder Rot, das ohne Wirbel an die Hauptschnur geknotet wird. Dann auswerfen und einkurbeln. Beim Einholen erzeugt das Blei einen Gegendrall und hebt so den Schnurdrall auf. Nach fünfmaliger Wiederholung dieser Prozedur sollte der Drall verschwunden sein.

Weitwurf mit Fingerschutz

Weite Würfe verlangen eine Schlagschnur – ansonsten riskieren Sie aufgrund der extremen Beschleunigung einen Schnurbruch. Ich empfehle eine 0,50-Millimeter-Monoschnur oder ein 0,25er-Geflecht, beides in doppelter Rutenlänge. Doch speziell bei einer Geflecht-Schlagschnur besteht die Gefahr, dass sich bei einem Gewaltwurf die Schnur in den Finger schneidet. Nutzen Sie also einen Wurfhandschuh.

Falls Blut fließt: Verbandskasten

In eine Scherbe oder scharfe Muschel getreten? Der Verbandskasten aus dem Auto enthält das Wichtigste für den kleinen Notfall. Empfiehlt sich vor allem bei Sessions fernab der Zivilisation.

Heiße Tipps? Vorsicht!

Seien Sie skeptisch bei (vermeintlich) heißen Tipps Ihrer Angelkollegen. Oder glauben Sie im Ernst, dass der angeblich gut gemeinte Gewässertipp wirklich hilfreich ist? Ich habe oft das Gegenteil erlebt. Die meisten heißen Tipps sind längst verbrannt. Interessant wird es im gegensätzlichen Fall: Ihre Kollegen erklären ein Gewässer für unspektakulär. Dann sollten Sie stutzig werden und sich ein eigenes Bild machen.

Gut gerüstet: Vorarbeit im Winter

Im Hobbyraum oder im Keller stehen mehrere Rutenfutterale. Eins für Ruten mit fertig montierten Zig Rig- und Oberflächenmontagen. Eins für Flussruten, vormontiert mit dicker Mono und Drop-off-Montage. In einem weiteren Futteral sind die Ruten zum Distanzangeln verpackt. Und ein Futteral habe ich für meine Method-Feeder-Ruten. Ähnlich verhält es sich mit meinem Futter. Tigernüsse, Mais, Groundbait, Teig – all das lagert gebrauchsfertig im Gefrierschrank. Diese Vorbereitungen finden im Winter statt. So kann ich während der Saison spontan angeln gehen. Müsste ich erst alles montieren und Partikel abkochen, wären viele Sessions über nur wenige Stunden unmöglich. Auch PVA-Sticks und -Bags lassen sich gut zu Hause vorbereiten. Das zeitraubende Gefummel am Wasser bleibt Ihnen dann erspart.

Kein Gefummel mit klammen Fingern: Im Winter beködere ich meine Rigs bereits zuhause.

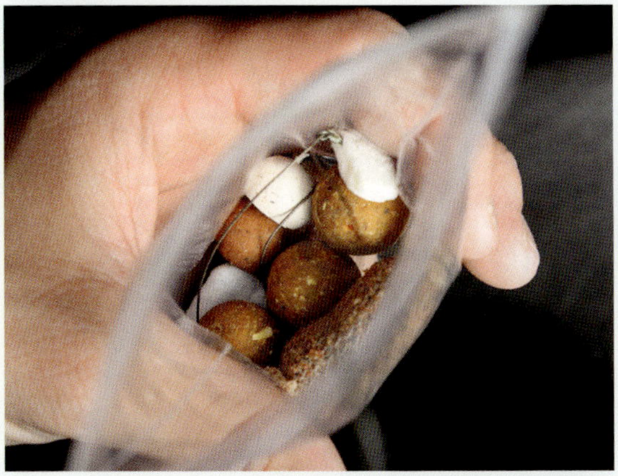

Anglerlatein: Wer's glaubt ...

Am Stehtisch im Angelladen nach dem dritten Bier: Was Angler da so alles zum Besten geben! Der eine erzählt vom 50-Pfund-Karpfen, der andere von der 60-Zentimeter-Schleie. Wie sagte schon der erste Reichskanzler Otto von Bismarck: Es wird nie so viel gelogen wie vor der Wahl, während des Krieges und nach der Jagd. Jawohl, auch nach der Fischjagd. Der eine Angler zieht das Gewicht der Wiegeschlinge nicht ab, der andere verwechselt englische mit deutschen Pfund, der Dritte kann auf der Waage nicht mal Pfund von Kilogramm unterscheiden. Glauben Sie nur Fischgewichte, die Sie selbst gewogen haben – mit Ihrer eigenen Waage.
Auch wichtig: Behalten Sie Ihre großen Fänge für sich. Ansonsten können Sie sicher sein, dass Ihre werten Angelkollegen einige Tage später dicht links und rechts von Ihnen oder im schlimmsten Fall auf Ihrem Angelplatz sitzen. Und dass Angler ans Gewässer strömen, die dort seit Jahren nicht mehr gesichtet wurden. Auch Ihre Erkenntnisse in Bezug auf Spots oder Futtervorlieben der Fische sollten Sie nicht an die große Glocke hängen. Schließlich haben Sie sich diese Infos mühsam erarbeitet.

TACKLE

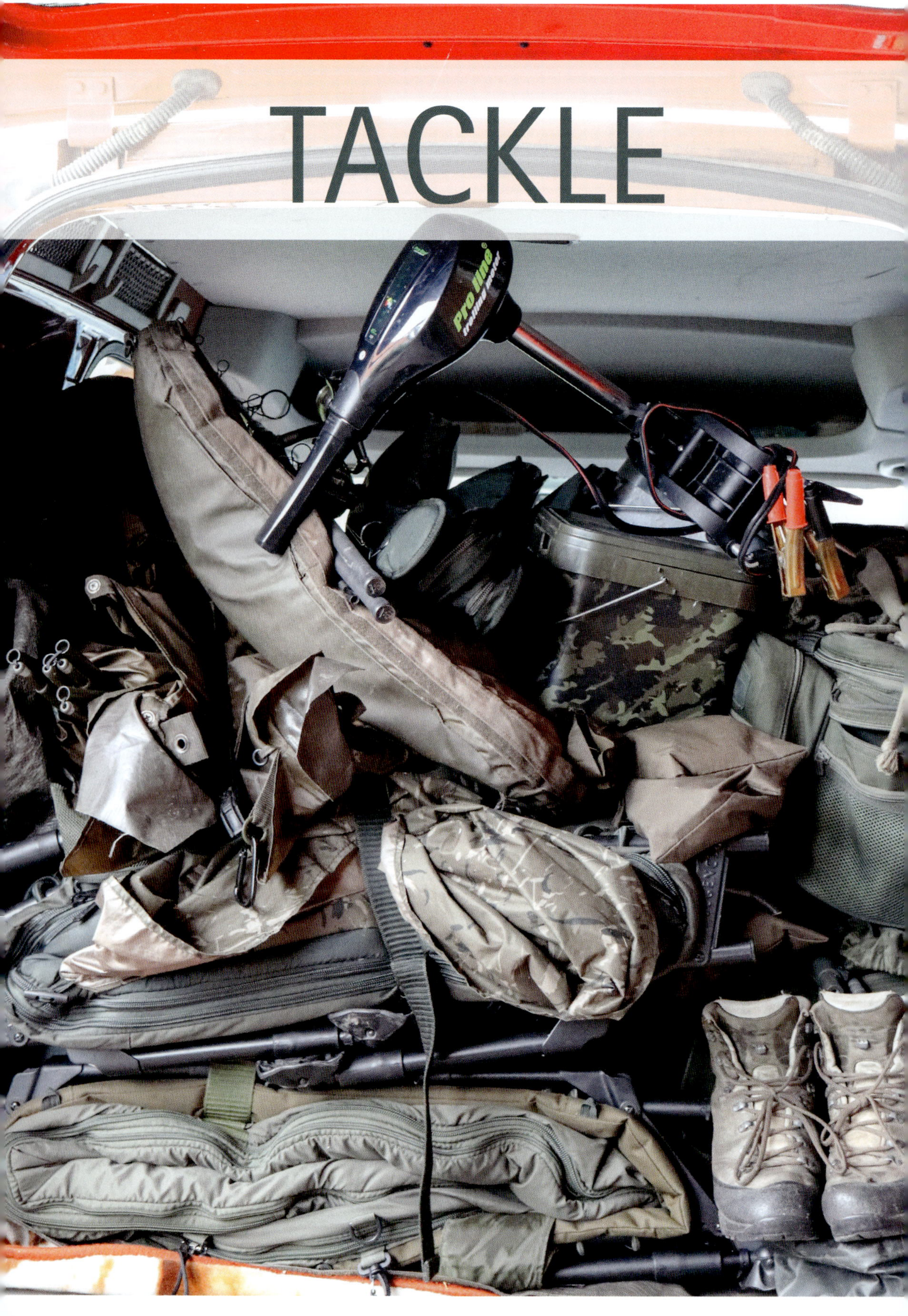

Voll bis unters Dach: der ganz normale Wahnsinn für eine Zwei-Tage-Session.

Eine gute Ausrüstung ist der Schlüssel zum Erfolg. Wohlgemerkt: gut heißt nicht teuer. Ich zeige Ihnen, worauf Sie beim Tackle-Kauf achten sollten, damit Ihnen Fehlinvestitionen erspart bleiben und Sie erfolgreicher angeln.

Ruten

Grundsätzlich gilt: Harte Ruten mit Spitzenaktion erlauben weite, präzise Würfe. Doch im Drill, speziell in der Endphase, wenn nur noch wenig Schnur und damit Schnurdehnung zwischen Ihnen und dem Fisch liegt, droht die Gefahr des Haken-Ausschlitzens. Da wäre eine weiche, parabolische Aktion von Vorteil. Bedenken Sie vor dem Rutenkauf Ihre Anforderungen: Müssen Sie wirklich weit werfen oder angeln Sie nur auf mittlere Distanzen? Oder legen Sie Ihre Montagen gar meist mit Boot oder Futterboot ab?

Lassen Sie sich nicht von den Testkurven-Angaben (in lb = englisches Pfund) auf den Ruten beirren: Eine gute 2,5 lb-Rute (ein englisches Pfund entspricht 28 Gramm empfohlenem Wurfgewicht) erlaubt Würfe bis 60 oder 70 Meter mit 140-Gramm-Bleien – ohne dass sie zerbricht.

Das perfekte Zusammenspiel von Rute und Rolle ist beim Werfen und Drillen ein Muss.

Ruten fürs Angeln vom Boot und in bewachsenem Gelände

Länge: 10 ft (ft = englisches Fuß, 10 ft entsprechen 3,04 Meter).
Testkurve: 2,75 bis 3,5 lb.
Aktion: bei Bootsruten parabolisch, dafür kraftvoll mit 3,5 lb – so kriegen Sie den Fisch, falls nötig, aus dem Kraut.
Weshalb nur zehn Fuß? Damit ich zwischen Bäumen besser werfen und drillen kann und vom Boot aus den Fisch leichter in den Kescher kriege. Als Nash-Teamangler kann ich hierfür die Scope-Serie (Teleskop-Steckruten, ab 140 Euro) empfehlen.

Weitwurfruten

Länge: 12 oder 13 ft (3,65 bis 3,96 Meter).
Testkurve: 3 bis 3,5 lb.
Aktion: Spitzenaktion, hartes Rückgrat.
Weitwurfruten sollten zwecks Reibungsminimierung beim Wurf wenige und große Ringe (5 + 1, 50er-Startring haben. Vor dem Kauf die Rute unbedingt testen! Klein gewachsene Angler oder Angler mit weniger Kraftreserven bekommen eine Rute mit einer Testkurve von 3,5 lb und 13 ft Länge im Wurf nicht aufgeladen. Für sie ist die Version 12 ft und 3 lb die bessere Wahl. Weitwurfruten eignen sich zudem für das Fischen mit schweren Method Feedern oder PVA-Bags.

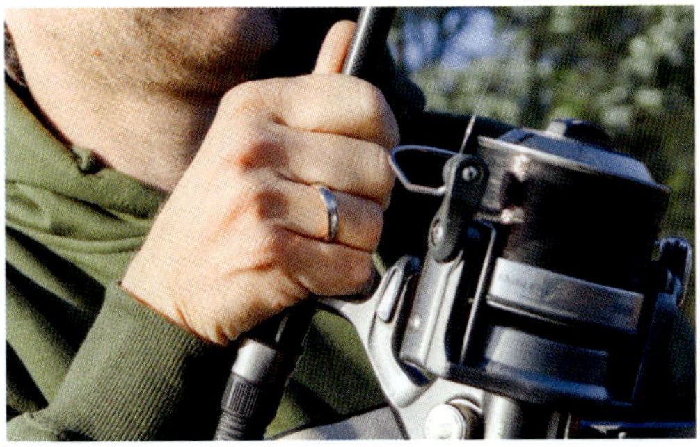

Spodding-Ruten (Anfüttern mit Futterrakete):

Länge: 12 ft.
Testkurve: 4,5 lb.
Aktion: sehr hart, extreme Spitzenaktion. Fast Taper Blank für extreme Wurfweiten mit schweren Raken, steife Spitze für verbessertes Auffinden von Unterwasserfeatures mit geflochtener Hauptschnur. Empfehlung: Nash Pursuit 12 ft Spod/ Marker Duo (zirka 179 Euro).

Ruten fürs Angeln auf kurze und mittlere Distanz:

Länge: bis 12 ft.
Testkurve: bis 2,75 lb.
Aktion: gerne vollparabolisch, da keine großen Wurfweiten nötig. Eine solch weiche Aktion erlaubt die Verwendung dünnerer Haken, ohne dass diese ausschlitzen.

Ruten fürs Posen- und Oberflächenangeln:

Länge: 10 ft.
Testkurve: 1,75 bis 3 lb (abhängig von Zielfisch, Schnurdurchmesser und Hindernissen bzw. Strömung).
Aktion: parabolisch. So schwere Ruten fürs Posenangeln, fragen Sie? Jawohl. Mit einer feinen Matchrute könnte ich kaum Paroli bieten, wenn der Fisch ins Kraut flüchtet. Auch für diesen Zweck verwende ich die Nash-Scope-Ruten: Ihre untere Hälfte bis zum Startring ist teleskopierbar, darauf kommt das Spitzenteil. Das ergibt ein angenehm kleines Packmaß.

Rollen

Auf folgende Punkte kommt es bei der Wahl der Rolle an:

Bremse: Kein Rollenkauf ohne Bremsen-Test. Lassen Sie Schnur aufspulen, ziehen Sie diese ab, variieren Sie dabei die Bremswirkung. Ruckelt die Bremse, ist das ein schlechtes Zeichen. Und: Stoppen Sie bei leicht eingestellter Bremse den Schnurabzug abrupt. Dreht die Rollenspule etwas nach, ist das ebenfalls ein Argument gegen diese Rolle, weil dann im Drill Schnurperücken drohen.

Freilauf: Freilaufrollen haben meist Heckbremsen. Diese benötigen Bremsscheiben, die bei Nässe gerne aufquellen – dann ruckelt die Bremse. Benötigen Sie wirklich einen Freilauf? Warum nicht beim Anhieb mit der linken Hand die Spule blockieren und danach die Bremse blitzschnell zwei Umdrehungen zudrehen? Grundsätzlich gilt: Je mehr Funktionen und Bauteile eine Rolle hat, desto mehr kann kaputtgehen.

Übersetzung: Sollte hoch sein, vor allem beim Long-Distance-Angeln. Mit hoher Übersetzung geht das Einkurbeln großer Schnurmengen einfacher.

Schnurverlegung: Eine gute Schnurverlegung ist extrem wichtig. Nichts ist schlimmer, als eine unsaubere, konische Schnurverlegung (vorne an der Spule viel Schnur, hinten weniger oder umgekehrt): Das kostet Wurfweite und führt im schlimmsten Fall zu Perücken.

Gehäuse: Ich schwöre auf Rollen mit Metallgehäuse. Seit über 15 Jahren fische ich die Daiwa Emblem Pro (170 Euro), dazu kleinere Freilaufrollen von Shimano (Baitrunner Aero GT, gebraucht ca. 70 Euro). Beide Modelle mögen in Sachen Technik überholt sein und sind zudem relativ schwer, aber ihre Robustheit hat es mir angetan.

Watstiefel und Wathose

Aus welchem Material sollten Watstiefel bzw. Wathose sein: Gummiertes Material oder Neopren? Ganz klar gummiert, weil

Watstiefel: bei ungemütlichen Bedingungen wie eine zweite, schützende Haut.

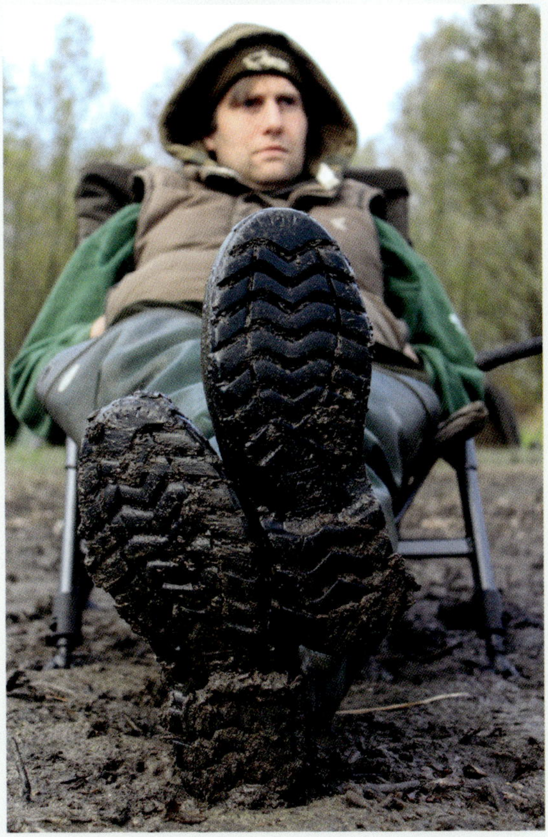

Hose und Stiefel aus diesem Material leichter sind, schneller trocknen und einfacher zu reparieren sind.
Der Friedfischangler muss beim Biss meist in großer Hektik und mit Rute in der Hand in seine Wathose schlüpfen. Probieren Sie deshalb die ausgewählte Wathose vor dem Kauf auf folgende Art an: Die Wathose steht mit heruntergekrempelten Hosenbeinen vor ihnen. Sie schlüpfen erst mit einem Bein, dann mit dem anderen Bein hinein und krempeln die Hose mit einer Hand hoch. Ja, Sie lesen richtig, mit einer Hand! Denn in der anderen halten Sie später Ihre Angelrute. Gelingt dieses Prozedere zügig, dann Daumen hoch. Dem schnellen An- und Ausziehen ist es außerdem zuträglich, wenn Sie die Hose/Stiefel eine Nummer größer kaufen.

Meine Watstiefel sind von Le Chameau. Sie bestehen aus Naturkautschuk, sind schön warm und robust und rutschen selbst ohne Festzurren nicht herunter. Mein erstes Paar hielt 13 Jahre.

Kescher

Für mein gesamtes Friedfischangeln, selbst beim Posenangeln auf Brassen und Schleien, nutze ich den großen Nash-Pursuit-Karpfenkescher (42“ Spannweite, 120 Euro). Achten Sie beim Kescher auf folgende Details: enge Maschen (fischschonend), nicht schimmelndes Netzmaterial, geringes Gewicht (evtl. Karbonstab).

Auch wenn ich darauf verzichte: Manche Angler schwören auf Auftriebskörper am oberen Ende des Kescherstabs. Damit sinkt der Kescher nicht ab, das Keschern fällt

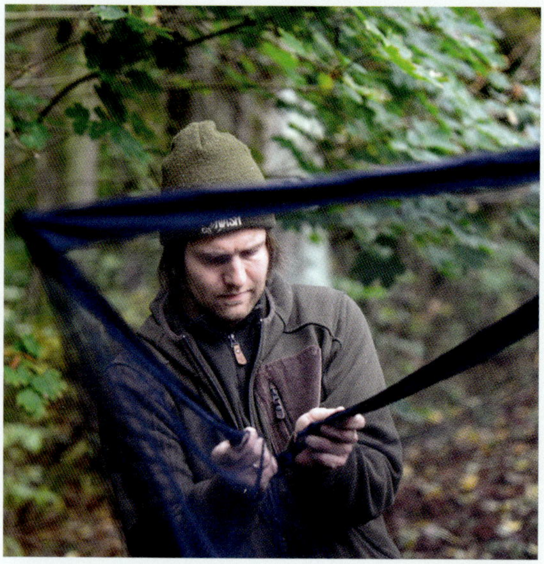

Beim Kescher gilt: lieber zu groß als zu klein. Und das Zusammenstecken muss schnell von der Hand gehen.

leichter. Und wenn in der Hitze des Drills vom Boot aus der Kescher ins Wasser fällt, geht er nicht verloren. Beim Flussangeln, in der Strömung, allerdings hinderlich.

Rod Pod und Bank Sticks

Einen Rod Pod verwende ich nur, wo ich keine Bank Sticks (Erdspeere) im Boden verankern kann, etwa an harten Kiesufern. Bank Sticks sind leichter, günstiger (zirka 10 Euro) und haben den Vorteil, dass ich beide Ruten – im Gegensatz zu einem Rod Pod – in jede beliebige Richtung ausrichten oder sogar getrennt voneinander platzieren kann.

Was mir beim Rod Pod wichtig ist:
• Vier Beine, damit standfester als 3-Bein-Pods (Tripods).

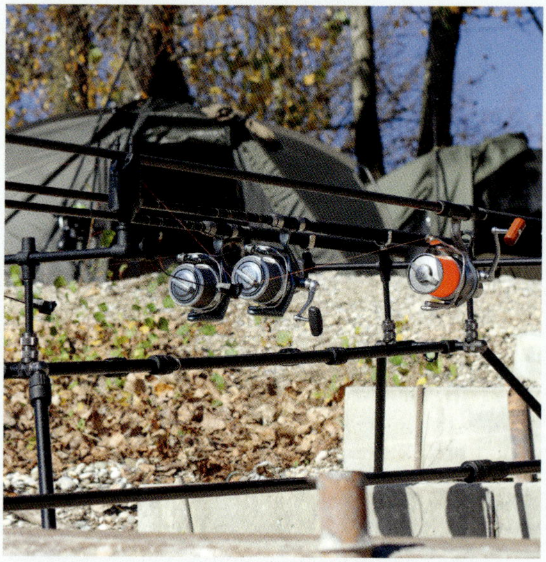

Ein Rod Pod ist nötig auf hartem Boden, wie hier auf einer Treppe in Kroatien.

• Lange und weit teleskopierbare Beine und Bank Sticks: So kann ich meine Ruten steil aufragend (Long-Distance-Angeln) oder mit den Spitzen im Wasser (starker Wind, Treibgut) fischen und zudem das Pod auch in tieferem Wasser aufbauen.

Bissanzeiger

Ich empfehle Funkbissanzeiger (Bissanzeiger plus Receiver) mit hoher Reichweite. Wenn Sie gerade vom Boot aus drillen, sollten Sie hören, wenn die andere Rute in 200 Meter Entfernung am Ufer ebenfalls abläuft. Auch wenn Sie schnell zum Auto zurück müssen, sollten Sie über einen etwaigen Biss im Bilde sein.

Weitere nützliche Features bei Bissanzeigern:
• Stummschaltung; nur Sie registrieren den Biss über den leise gestellten Receiver, andere Angler hören nichts.

• An-/Aus-Schalten des Receivers nur über langen Knopfdruck inklusive langem Piepton möglich (verhindert unbeabsichtigtes Ausschalten).

• Warnton, wenn die Batterie zur Neige geht.

• Wenig Stromverbrauch, garantiert lange Lebensdauer der Batterien.

Als optische Bissanzeiger nutze ich Hanger, auch Bobbins genannt. Sie zeigen selbst sensible Bisse an und sind einfach im Handling. Nur beim Long-Distance-Angeln, wenn mehr Gewicht/Zug nötig ist, angle ich mit Swingern (bevorzugt mit Federdruck). Damit bekomme sich selbst bei steil aufgebauten Ruten Fallbisse gut angezeigt.

Der Siren-Bissanzeiger von Nash: Dank der integrierten Snag Ears wird die Rute auch bei heftigen Bissen nicht ausgehebelt.

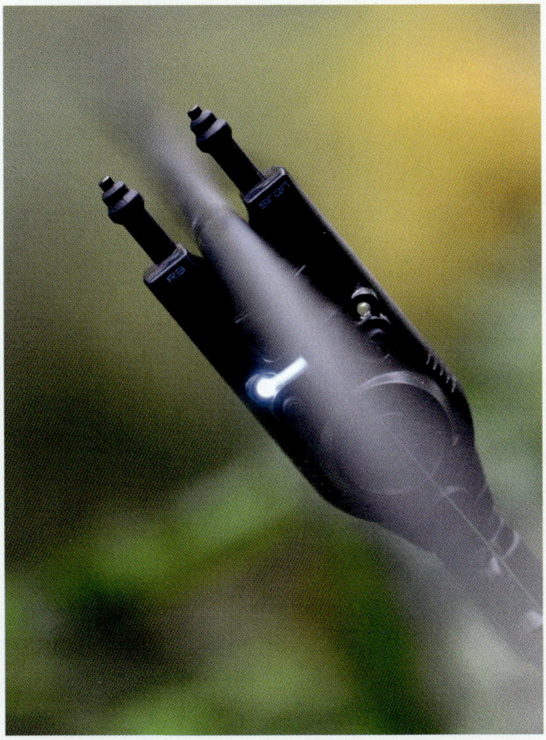

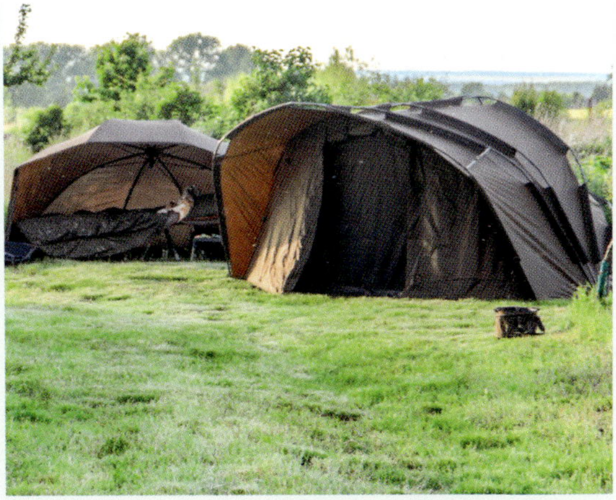

Behausungen sind Geschmackssache: offener Brolly-Schirm (links) und großes XXL-Bivvy mit Innenkabine.

Zelt und Schirm

Bei Ansitzen im Sommer schlafe ich unter einem Schirm oder komplett frei, nur im Winter verwende ich ein Zelt.

Wichtige Kriterien für Zelte/Schirme:
• Sie sollten auch ohne Heringe stabil stehen (falls Sie auf hartem Untergrund angeln, z.B. Asphalt, harter Kies).

• Ein passender Winterskin sollte verfügbar sein (verringert bei langen Sessions die Bildung von Kondenswasser).

• Nähte müssen gut verklebt sein, um Wassereinbruch zu verhindern. Checken Sie vor dem Kauf: Geht an einigen Stellen der Klebestreifen an der Naht vorbei? Wirft die Verklebung Blasen? Wenn Sie solche Stellen entdecken, lassen Sie besser die Finger von diesem Produkt.

• Kaufen Sie das Zelt so groß wie nötig und so klein wie möglich, damit Sie es auch an engen Spots aufbauen können. Nur für Longsessions und im Winter empfehle ich größere Zelte – weil ansonsten die Angelei mühsam wird. Wenngleich Sie dann, aufgrund des größeren Zeltvolumens, stärker heizen müssen.

• Eine robuste, dicke Außenhaut bietet Wasser mehr Widerstand. Sie ist jedoch auch schwerer und Wasser dringt sowieso eher über die Nähte ein.

• Zelt-System: Ich rate zu Pramhauben-Zelten (2 bis 4 Rippen). Sie werden wie eine Ziehharmonika aufgezogen. Vorsicht vor Iglu-Zelten, bei denen Sie das Gestänge einfädeln müssen: Mit kalten Fingern ist das kein Vergnügen.

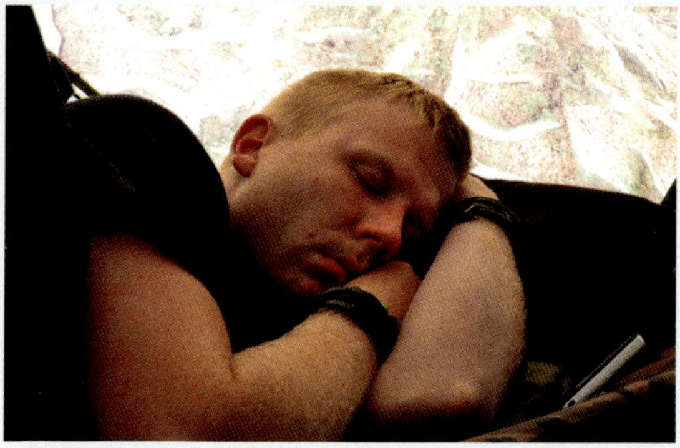

Proline-Angler Thomas Rechenbach nach einer erfolgreichen Nacht, jetzt wird Schlaf nachgeholt.

Liege

Wichtig beim Liegen-Kauf: Probeliegen. Jeder Angler ist anders, der eine schläft lieber hart, der andere lieber weich. Vorsicht also bei Internet-Käufen. Achten Sie auf stufenlose und weit teleskopierbare Füße. Mindestens zehn, besser 15 Zentimeter sollte man die Füße ausfahren können. Denn wer angelt schon an völlig ebenen Plätzen? Zudem können Sie, wenn Sie die Liege hochstellen, den Raum darunter für Tackleboxen etc. nutzen. Das geht jedoch kaum bei 8-Bein-Liegen, weshalb ich 6-Bein-Liegen bevorzuge. Ich schlafe auf einer Nash Indulgence SS3 5 Season-Liege mit integriertem Schlafsack (Preis ca. 470 Euro). Dieser besteht aus einer mehrschichtigen Decke für jede Witterung: Im Sommer die dünne Schicht, im Frühjahr und Herbst die dicke Schicht, im Winter beide.
Eine solche Liegen-/Schlafsack-Kombi erspart lästiges Ein- und Auspacken des Schlafsacks sowie das Verdrehen des Schlafsacks auf der Liege. Die Decke bleibt auf der Liege und wird mit ihr eingeklappt.

Boot

Im Gegensatz zu vielen anderen Friedfischanglern sind Faltboote nicht mein Ding: Sie sind kippelig, instabil und vollbeladen sinken sie schnell bei Wassereintritt.

Kapitän Rechenbach auf großer Fahrt: Mein Pro-Line-Trolling-Motor leistet ihm wertvolle Dienste.

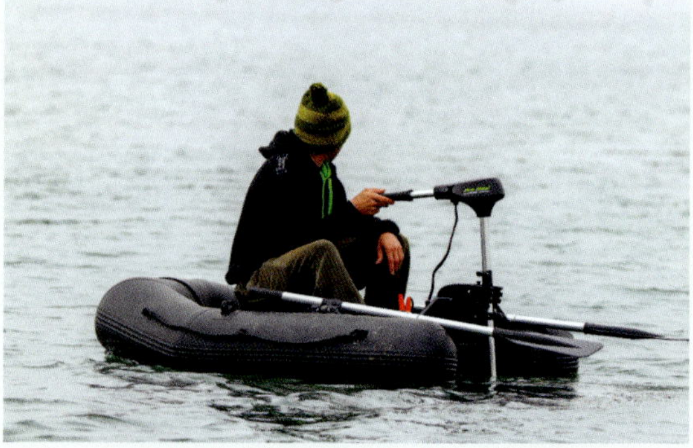

Ich bevorzuge Schlauchboote, obwohl dieser Bootstyp mehr Zeit beim Auf- und Abbau benötigt. Dafür liegt ein Schlauchboot wie ein Brett auf dem Wasser.
Ich verwende und empfehe das Zeepter Special 290 (max. vier Personen und 450 Kilo Zuladung, Gewicht 31 Kilo, 3+2 Luftkammern, Preis zirka 800 Euro). Mein E-Motor ist der Pro Line-Trolling 45 lb (mit Batteriestandsanzeige, 12-Volt-Batterie, 4 Vorwärts- und 2 Rückwärtsgänge, 220 Euro).

Abhakmatte

Ihre Abhakmatte sollte unbedingt (!) gut gepolstert sein. Schnell beginnt ein Fisch unkontrolliert zu schlagen. Dabei soll er sich nicht die Flossen brechen. Eine mit Klettverschluss zu fixierende Abdeckplane hilft ebenfalls dabei, den Fisch in der Matte zu halten. Sie glauben nicht, wie hoch ein zappelnder Fisch hüpfen kann. Darüber hinaus sollte die Matte kein Wasser ziehen. Denn das Wasser läuft nach dem Angeln, wenn die Matte im Auto verstaut ist, garantiert in den Kofferraum.
Zu empfehlen sind auch Abhakwannen, sogenannte Carp Cradles. Aber achten Sie auf teleskopierbare Beine – damit die Wanne auch auf unebenen Ufern gerade steht.

Schlafsack

Alljährlich auf den Winter-Messen dasselbe Szenario: Angler kaufen die dicksten Schlafsäcke: 5 Season-Modelle, bis minus 20 Grad. Doch welcher dieser Heroen geht im Winter überhaupt ans Wasser? Falls doch: Dann bollert die Gasheizung und im Zelt hat's 20 Grad – plus, nicht minus. Ich rate zu einem Medium-Schlafsack: günstig, geringes Packmaß. Sollte es mal die harte Herbstnacht (ohne Zeltheizung) sein: Verwenden Sie zusätzlich einen Winter Shroud (Überzug). Wer noch eine Wärmflasche ins Fußteil legt, hat es dann mollig warm.

Weitere wichtige Details beim Schlafsack:
• Wasserfeste Außenhaut (falls beim Camp-Aufbau oder bei der Überfahrt mit dem Boot zur Angestelle der Regen einsetzt).

• Weit überstülpbares Kopfteil. So bleibt Ihr Kopf warm und Sie müssen nicht mit Wollmütze schlafen. Den Hauptteil seiner Körperwärme verliert der Mensch über den Kopf.

• Fixierriemen an Kopf- und Fußteil, damit beim hastigen Aufstehen der Schlafsack auf der Liege bleibt und nicht über den Heizstrahler rutscht. Stellen Sie sich vor, Sie drillen einen Fisch und hinter Ihnen geht Ihr Camp in Flammen auf.

Wiegeschlinge

Ich empfehle Retainer Weigh Slings, also Wiegeschlingen, welche mittels Reißverschluss komplett verschließbar sind. Sie eignen sich nicht nur zum Wiegen oder für den Transport des Fisches vom Wasser zur Abhakmatte – sondern auch zum Hältern des Fisches im Wasser. Vorteil gegenüber Karpfensäcken: Das mühsame und für den Fisch stressige Umladen von Sack auf

Abhakmatte und von dort in die herkömmliche Wiegeschlinge entfällt. Der Fisch bleibt nach dem Umladen aus dem Kescher immer in der Sling: Transport zur Matte, Abhaken, Wiegen, Fotografieren, Rücktransport zum Wasser – immer ist der Fisch in oder über der Sling. Achten Sie auf eine lange Kordel (4 Meter) Damit Sie den Fisch auch an flachen Ufern weit genug draußen hältern können.

Wasserbehälter

Es mag banal anmuten, aber einen Wasserbehälter sollten Sie immer parat haben. Egal ob Falteimer oder kleiner Plastikeimer. Einsatzbereiche: Futter mischen, Fisch auf der Abhakmatte nass halten, Hände waschen.

Da freut sich der Fisch: Wassereimer im Einsatz.

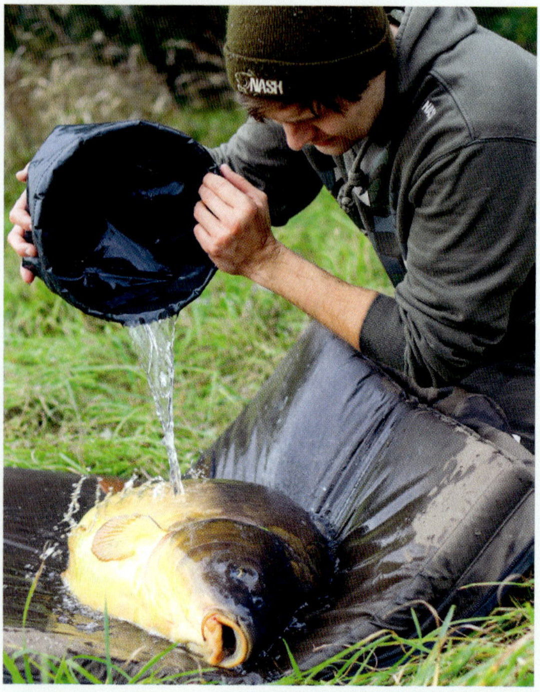

Futterboot

Vorweg: Ich besitze kein Futterboot. Wenn ich mal eines benötige, leihe ich es mir aus. Mit einem Futterboot können Sie Stellen beangeln, die Sie sonst nicht erreichen würden. Weil diese zu weit entfernt oder an unzugänglichen Stellen liegen (z.B. unter Bäumen) oder weil Sie die Stelle nur mit einem GPS-Futterboot derart präzise beangeln können. Ein Futterboot bietet Vorteile, man sollte allerdings auch folgende Aspekte bedenken:

• Ein gutes Futterboot, mit Echolot, GPS und Autopilot kostet rund 4000 Euro. Vermutlich mehr als Ihre gesamte restliche Ausrüstung.

• Diese High-Tech-Vehikel gehen gerne mal kaputt.

• Weil Sie und Ihre Kollegen damit die Montagen kreuz und quer durchs Gewässer (und über die Spots und Schnüre der anderen Angler) ziehen, ist Ärger vorprogrammiert.

• Futterbootangler verlernen (oder im Falle von Neueinsteigern erlernen nie) die Basics: Werfen, Umgang mit Wurfrohr oder Futterrakete, Markern, Binden von verhedderungsfreien Vorfächern.

• An vielen Gewässern sind Futterboote verboten.

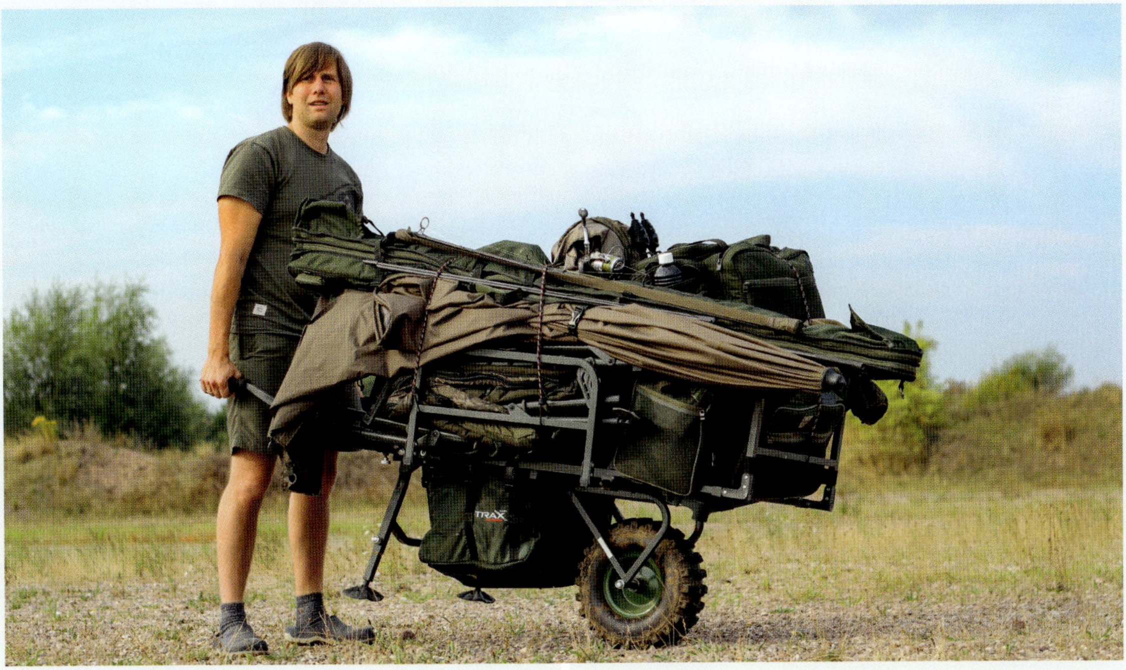

Auf geht's! Dank meines Trolleys ist mir kein Weg zu einem Angelplatz zu weit.

Mein Fazit: Beim Futterboot-Angeln fühle ich mich nicht wohl. Sorry, ich bin da Purist oder old school.

Trolley

Was bringt die beste Ausrüstung, wenn wir sie nicht ans Wasser bringen? Aus diesem Grund kann der Trolley zu Ihrem wichtigsten Ausrüstungsgegenstand werden.

• Achten Sie darauf, dass beim Trolley Vierkantrohre verbaut werden. Die biegen nicht so schnell durch wie Rundrohre.

• Eine starke Achse ist das A und O.

• Ideal sind Trolleys, die wahlweise mit einem oder zwei Rädern ausgestattet werden können. Ein Rad für unwegsames Gelände, zwei Räder für Asphalt und gut ausgebaute Waldwege.

• Der Trolley muss unbedingt in Länge und Breite verstellbar sein, damit Sie ihn auf Ihre Taschen und Futterale einstellen können.

• Beladen Sie den Trolley vor dem Kauf mit Ihrem Tackle und schauen Sie, ob sich alles darauf unterbringen lässt. Außerdem muss der beladene Trolley ausbalanciert sein: Sie sollten ihn schieben können, ohne ihn hinten an den Griffen mit viel Krafteinsatz anheben zu müssen. Denn das geht in die Unterarme.

Meine Trolley-Tipps: Das Trax-Modell Evo MK.2 von Nash und der Giant Truck von B.Richi.

DANKSAGUNG

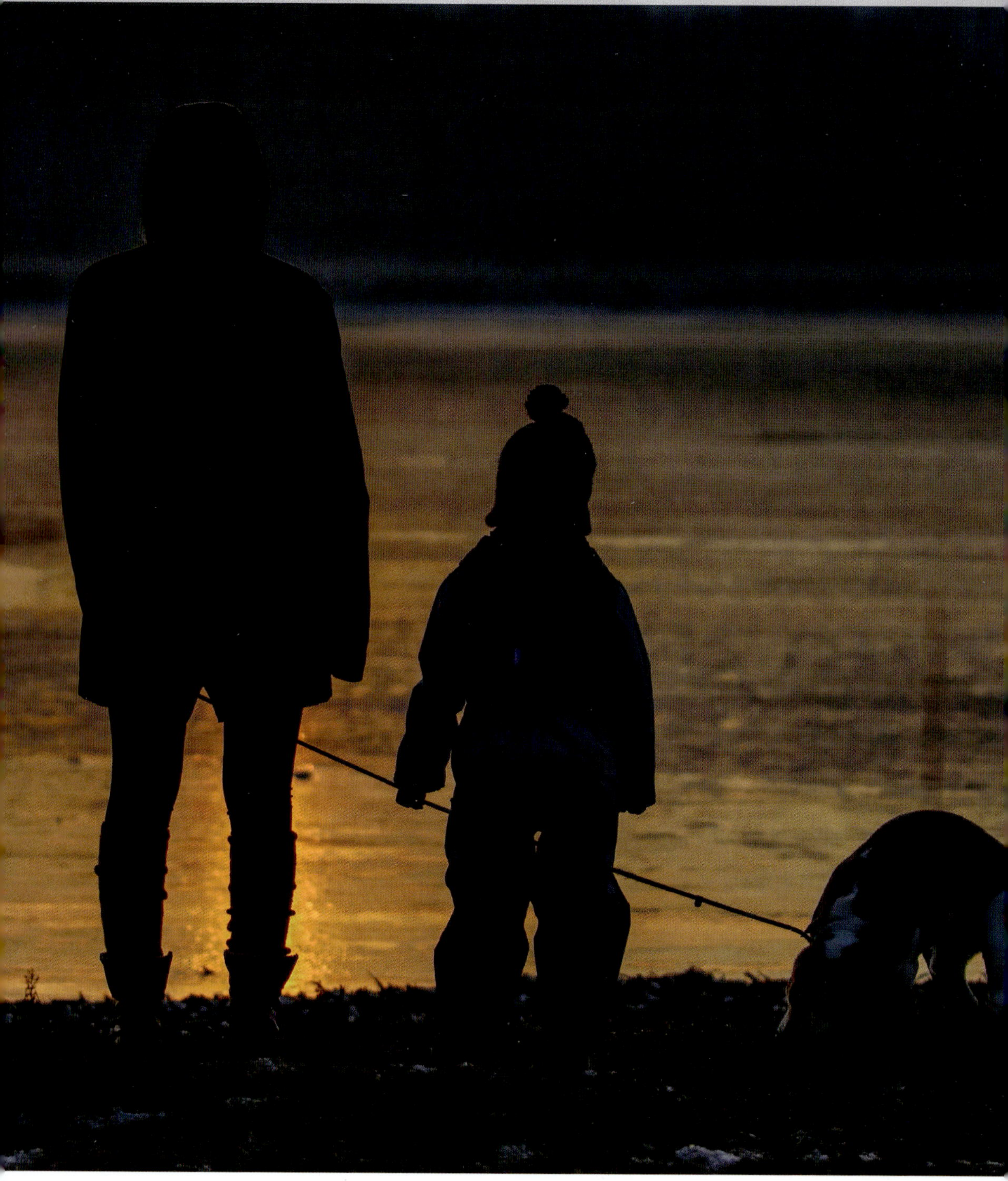

Es war bei der Fishing Masters Show Ende April 2018 in Brandenburg an der Havel, als ich mit Gregor Bradler, Chefredakteur des Magazins KARPFEN, ins Gespräch kam. Ich hatte bereits etliche Artikel für Gregors Magazin geschrieben, nun aber überraschte mich Gregor mit einer neuen Idee: Ich solle doch ein Buch übers Friedfischangeln schreiben. Ich? Ein Buch schreiben? Ich angle zwar schon seit über 20 Jahren auf Friedfische, aber wäre ich wirklich der richtige Mann für solch ein Projekt? Gregor zerstreute meine anfänglichen Zweifel, stellte die Kontakte zum Müller-Rüschlikon-Verlag her, kümmerte sich während der Schreibarbeiten rührend um meine Befindlichkeiten und war selbst auf fernen Reisen stets erreichbar. Später übernahm er das Lektorat. Darum gebührt Gregor ein ganz großes Dankeschön.

Solch ein Buch ist ein Mammut-Projekt, zumal meine Ansprüche hoch waren. Beim Schreiben benötigte ich journalistischen Beistand. Den lieferte Markus Schocker. Der erfahrene Motorsport-Journalist, der seine Passion für Karpfenangeln auch als Textredakteur der Fachzeitschrift Carp in Focus auslebt, stellte sich als ideale Besetzung heraus: offen, ehrlich, um keinen Spruch verlegen.

Schocki redigierte jede Zeile dieses Buches, immer voller Hingabe. Unzählige Male während der folgenden Wochen und Monate telefonierten wir, oftmals bis tief in die Nacht. Gut möglich, dass ich mit ihm in dieser Zeit mehr gesprochen habe als mit meiner Gattin.

Ein Dankeschön haben sich selbstverständlich auch meine Gastautoren Kay Synwoldt, Marc Voosen, Alan Blair, Ronny de Groote, Simon Crow und Jens Wolber verdient. Ihr glaubt gar nicht, wie froh ich über eure Beiträge bin! Inmitten der vielen Seiten, die ich selbst schrieb, waren Eure unterhaltsamen und informativen Stories wie Verschnaufpausen für mich.

Reiko Jung, Inhaber der Köderfirma Carptime Baits, steuerte die Boilie-Rezepte bei. Reiko, ich bin mir sicher, dass die Leser noch lange von Deinen hervorragenden Futterkenntnissen profitieren werden!

Mein Angelkollege Mario Winter verfügt über exzellente Englischkenntnisse. Er hat die Texte von Alan, Simon und Ronny übersetzt. Zudem schoss der Exil-Schwabe an unseren gemeinsamen Thüringer Gewässern unzählige Bilder, die ihren Weg in dieses Buch gefunden haben. Des hosch subber g'macht, Mario!

Und schließlich seien jene Personen erwähnt, denen ich zu ganz besonderem Dank verpflichtet bin: meine Frau Anja und unser Sohn Askjell. Wie oft mussten die beiden mich entbehren! Telefonate mit Schocki, das Sortieren der Bilder, die Organisation der Gastbeiträge und selbstverständlich Schreiben, Schreiben, Schreiben: Da blieb nicht mehr viel Zeit für die Familie. Doch Anja und Askjell zeigten sich immer verständnisvoll. Sie, werter Leser, dürfen mir glauben: Ohne einen starken familiären Rückhalt lässt sich ein solches Buchprojekt nicht stemmen. Also: danke Anja, danke Askjell.

WEITERE BÜCHER ZUM THEMA

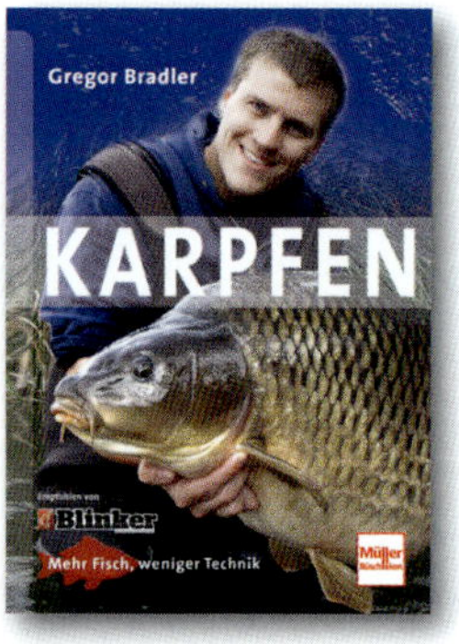

Gregor Bradler
Karpfen – Mehr Fisch, weniger Technik
160 Seiten, gebunden
ISBN 978-3-275-02039-3
€ 24,90 / € (A) 25,60

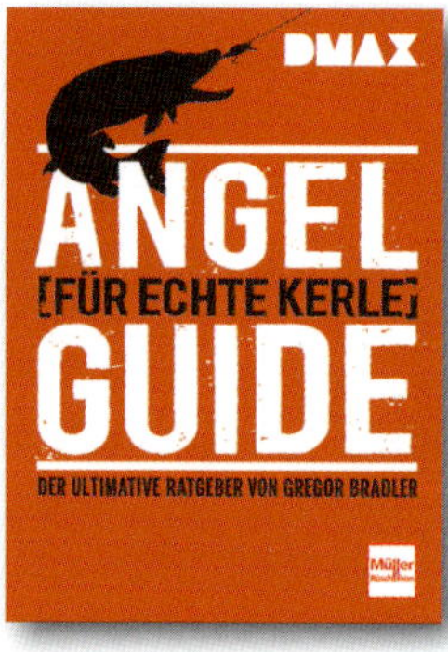

Gregor Bradler
DMAX Angel-Guide für echte Kerle – Der ultimative Ratgeber von Gregor Bradler
256 Seiten, gebunden
ISBN 978-3-275-02062-1
€ 19,95 / € (A) 20,60

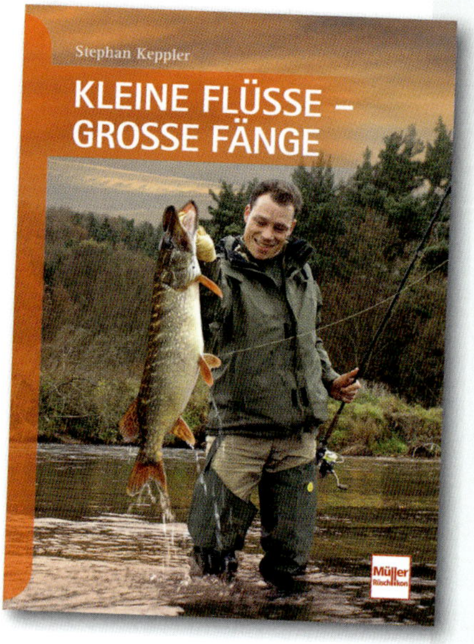

Stephan Keppler
Kleine Flüsse — Große Fänge
160 Seiten, broschiert
ISBN 978-3-275-02150-5
€ 19,95 / € (A) 20,60

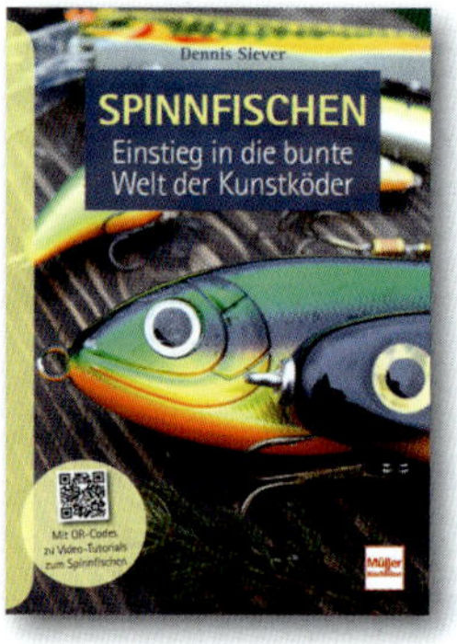

Dennis Siever
Spinnfischen – Einstieg in die bunte Welt der Kunstköder
144 Seiten, broschiert
ISBN 978-3-275-02106-2
€ 19,95 / € (A) 20,60

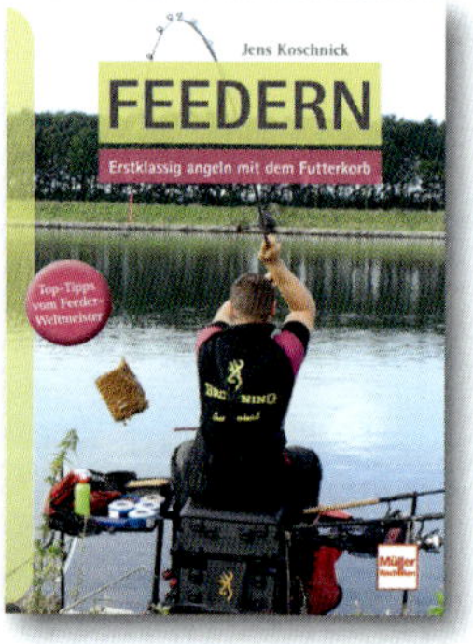

Jens Koschnick
Feedern – Erstklassig angeln mit dem Futterkorb
176 Seiten, gebunden
ISBN 978-3-275-02084-3
€ 24,90 / € (A) 25,60

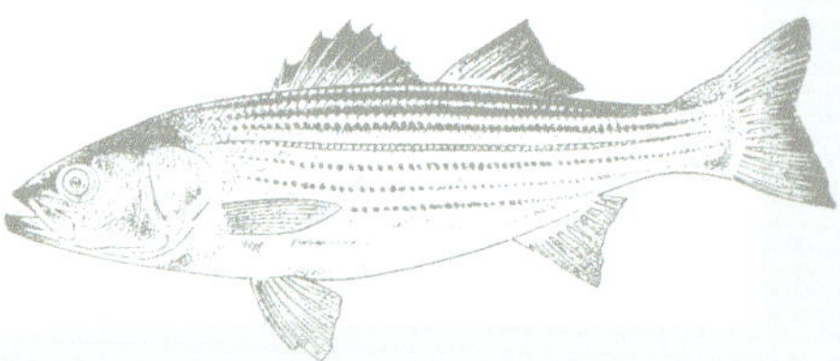

Änderungen in Preis und Lieferfähigkeit vorbehalten.

Überall, wo es Bücher gibt oder
www.mueller-rueschlikon.de
Service-Hotline: 0711-78 992 151

Müller Rüschlikon